Gruberová, Helmut Zeller

CITY|TRIP
PRAG

Nicht verpassen!   Karte S. 3

② Gemeindehaus [J6]
Das schönste Jugendstilgebäude der Stadt ist ein Kunstwerk und es hat Symbolkraft: In dem Haus wurde 1918 die Geburt der ersten Tschechoslowakischen Republik gefeiert (s. S. 22).

④ Altstädter Ring [H6]
Mittelalterlich anmutende Häuserfassaden, Märkte, Fiaker, Musikanten und Straßencafés – das Herz der Stadt schlägt im Takt der über 500 Jahre alten Astronomischen Uhr am Rathausturm (s. S. 24).

⑬ Bethlehemskapelle [H7]
Hier hat der Kirchenreformator und Märtyrer Jan Hus vor 600 Jahren seine Protestpredigten gehalten – auf Tschechisch, versteht sich. Sein rebellischer Geist lebt noch heute in den Pragern fort (s. S. 32).

⑯ Karlsbrücke [G6]
Die berühmteste Brücke Prags vibriert unter den Schritten Tausender von Touristen, aber das 650 Jahre alte Bauwerk ist stabil: Die Baumeister haben einst unzählige Eier als Bindemittel in den Mörtel gemischt (s. S. 34).

⑲ Alter Jüdischer Friedhof [H6]
Unter schattigen Baumkronen drängen sich 12.000 verwitterte und teilweise abgesunkene Grabsteine aneinander und zeugen von der großen Vergangenheit der Prager jüdischen Gemeinde (s. S. 38).

㉕ Wenzelsplatz [I8]
Das Bild ging um die Welt: Tausende Prager stellten sich im August 1968 sowjetischen Panzern in den Weg. Die Flaniermeile war Schauplatz wichtiger politischer Umwälzungen (s. S. 42).

㊳ Kirche des hl. Nikolaus auf der Kleinseite [E6]
Ein barockes Meisterwerk: Ihre mächtige Kuppel zählt zu den Wahrzeichen Prags, das prunkvolle Deckenfresko über dem Hauptschiff ist mit fast 1500 m² eines der größten in Europa (s. S. 52).

㊷ Prager Burg [E5]
Die Prager Burg erzählt von 1000 Jahren Kampf der Tschechen um nationale Selbstbestimmung – und ist Baukunstwerk von europäischer Bedeutung (s. S. 56).

㊾ Vyšehrad [H12]
Ein Ort des Gedenkens: Neben der sagenumwobenen Burgruine der Fürstin Libuše auf dem Moldaufelsen ruhen große Tschechen wie Antonín Dvořák oder Alfons Mucha auf dem Ehrenfriedhof (s. S. 68).

Leichte Orientierung mit dem cleveren Nummernsystem
Die Sehenswürdigkeiten sind im Text und im Kartenmaterial mit derselben **magentafarbenen ovalen Nummer** ❶ markiert. Alle anderen Lokalitäten wie Geschäfte, Restaurants usw. tragen ein **Symbol und eine fortlaufende rote Nummer** (🔴1). Die Liste aller Orte befindet sich auf S. 152, die Zeichenerklärung auf S. 156.

Prag auf einen Blick

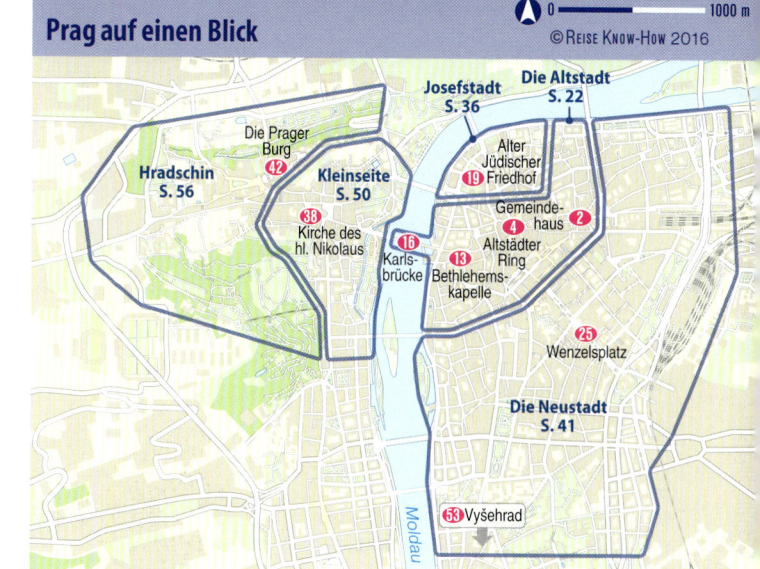

© Reise Know-How 2016

7 Prag entdecken

- 8 Prag für Citybummler
- 9 Prag an einem Wochenende
- 10 *Das gibt es nur in Prag*
- 11 Stadtspaziergänge

22 Die Altstadt

- 22 ❶ Pulverturm (Prašná brána) ★ [J6]
- 22 ❷ Gemeindehaus (Obecní dům) ★★★ [J6]
- 24 ❸ Haus zur schwarzen Madonna (Dům U Černé Matky Boží) ★ [I6]
- 24 ❹ Altstädter Ring (Staroměstské náměstí) ★★★ [H6]
- 25 *Die Astronomische Uhr*
- 26 ❺ Altstädter Rathaus (Staroměstská radnice) ★★ [H6]
- 27 ❻ Teynkirche (Týnský chrám) ★★ [I6]
- 28 ❼ Goltz-Kinský-Palais (Palác Golz-Kinských) ★ [I6]
- 28 ❽ St. Nikolaus-Kirche (Chrám sv. Mikuláše) ★ [H6]
- 28 ❾ Ständetheater (Stavovské divadlo) ★★ [I6]
- 29 ❿ Karolinum ★ [I6]
- 29 ⓫ Agneskloster (Anežský klášter) ★★ [I5]
- 30 ⓬ Rudolfinum ★★ [G6]
- 31 *Gottlose Nation: Jan Hus – oder warum die Tschechen Hussiten sind*
- 32 ⓭ Bethlehemskapelle (Betlémská kaple) ★★ [H7]
- 32 ⓮ Klementinum ★★ [H6]
- 33 ⓯ Kreuzherrenkirche (Kostel sv. Františka z Assisi) ★ [G6]
- 34 ⓰ Karlsbrücke (Karlův most) ★★★ [G6]
- 36 ⓱ Brückentürme (Mostecké věže) ★★ [F6, G6]

◁ *Kalorien von der Stange: Trdelník, ein traditionell slowakisches Gebäck (Foto: 065pr-he)*

4 Inhalt

36 Josefstadt
- 37 ⑱ Pinkas-Synagoge (Pinkasova synagoga) ★ [H6]
- 38 ⑲ Alter Jüdischer Friedhof (Starý židovský hřbitov) ★★★ [H6]
- 38 ⑳ Klausen-Synagoge (Klausova synagoga) ★★ [H6]
- 39 ㉑ Maisel-Synagoge (Maiselova synagoga) ★★ [H6]
- 39 ㉒ Spanische Synagoge (Španělská synagoga) ★★ [H6]
- 39 ㉓ Altneue Synagoge (Staronová synagoga) ★★★ [H6]
- *40 Jüdische Literatur in Prag*
- 41 ㉔ Jüdisches Museum (Židovské muzeum) ★ [H6]

41 Die Neustadt
- 42 ㉕ Wenzelsplatz (Václavské náměstí) ★★★ [I8]
- 43 ㉖ Nationalmuseum (Národní muzeum) ★★ [J8]
- 44 ㉗ Staatsoper (Státní opera) ★★ [J8]
- 44 ㉘ Mucha-Museum ★★ [J7]
- 44 ㉙ Karlsplatz (Karlovo náměstí) ★ [H9]
- *45 Legende um den Karlsplatz: das Faust-Haus*
- *46 Gasthaus „Zum Kelch" (Restaurace u Kalicha) – Stammkneipe der literarischen Figur Schwejk*
- 46 ㉚ Emmaus-Kloster (Klášter Emauzy) ★ [H10]
- 47 ㉛ Kathedrale des hl. Kyrill und Method (Katedrála sv. Cyrila a Metoděje) ★ [H9]
- 47 ㉜ Nationaltheater (Národní divadlo) ★★ [G8]
- 49 ㉝ Tanzendes Haus (Tančící dům) ★ [G9]

50 Kleinseite
- 50 ㉞ Kampa ★★ [F6]
- *50 Die Lennon-Wand am Großprioratsplatz [F6]*
- 51 ㉟ Museum Kampa ★★★ [F7]
- 51 ㊱ Kirche der hl. Muttergottes vom Siege (Kostel Panny Marie Vítězné) ★★ [E7]
- 52 ㊲ Kleinseitner Platz (Malostranské náměstí) ★ [E6]
- 52 ㊳ Kirche des hl. Nikolaus (Kostel sv. Mikuláše) ★★★ [E6]
- 53 ㊴ Palastgärten unter der Prager Burg (Palácové zahrady pod Pražským hradem) ★★ [F5]
- 54 ㊵ Waldsteinpalais (Valdštejnský palác) ★★ [F6]
- 54 ㊶ Nerudagasse (Nerudova ulice) ★★ [E6]

56 Hradschin
- 56 ㊷ Prager Burg (Pražský hrad) ★★★ [E5]
- *58 Der Zweite Prager Fenstersturz*
- 60 ㊸ Veitsdom (Katedrála sv. Víta) ★★★ [E5]
- *60 Der Streit um den Veitsdom*
- 62 ㊹ Alter Königspalast (Starý královský palác) ★★ [E5]
- 62 ㊺ Hl. Georgkirche (Bazilika sv. Jiří) ★★ [E5]
- 63 ㊻ Das Goldene Gässchen (Zlatá ulička) ★★★ [E5]
- 63 ㊼ Königsgarten (Královská zahrada) ★★ [E5]
- 64 ㊽ Hradschinplatz (Hradčanské náměstí) ★★ [D6]
- 65 ㊾ Neue Welt (Nový svět) ★★ [C5]

65	50 Loretokapelle (Loreta) ★★	
65	51 Kloster Strahov (Strahovský klášter) ★★ [C6]	
66	52 Laurenziberg (Petřín) ★★ [D7]	

Entdeckungen außerhalb des Zentrums

- 68 53 Vyšehrad ★★ [H12]
- 69 54 Villa Bertramka ★ [D10]
- 70 55 Schloss Trója (Trojský zámek) ★★
- 71 56 Kloster Břevnov (Břevnovský klášter) ★

Zeichenerklärung

★★★ nicht verpassen
★★ besonders sehenswert
★ wichtig für speziell interessierte Besucher

[A1] Planquadrat im Kartenmaterial. Orte ohne diese Angabe liegen außerhalb unserer Karten. Ihre Lage kann aber wie von allen Ortsmarken mithilfe der begleitenden Web-App angezeigt werden (s. S. 155).

Vorwahl

Vorwahl für Tschechien und Prag: 00420 – dann die meist mit 2 beginnende Teilnehmernummer (ohne Ortsvorwahl!)

Abkürzungen siehe Seite 156.

73 Prag erleben

- 74 Prag für Kunst- und Museumsfreunde
- *76 Die unsichtbare Ausstellung*
- 78 Prag für Genießer
- *79 Es muss nicht immer Bier sein: tschechischer Wein und Sekt*
- *82 Mehr als nur eine Kneipe: Zum Goldenen Tiger (U Zlatého tygra)*
- 93 Prag am Abend
- 98 Prag für Kauflustige
- 105 Prag zum Träumen und Entspannen
- 106 Zur richtigen Zeit am richtigen Ort

109 Prag verstehen

- 110 Das Antlitz der Metropole
- *111 Alles im Fluss*
- 112 Von den Anfängen bis zur Gegenwart
- 115 Leben in der Stadt
- *116 Homo Pragensis: die komplizierte Seele des Pragers*
- 117 Prag als Filmkulisse

119 Praktische Reisetipps

- 120 An- und Rückreise
- 121 Autofahren
- 123 Barrierefreies Reisen
- 123 Diplomatische Vertretungen
- 123 Geld
- *124 Prag preiswert*
- 125 Informationsquellen
- *127 Unsere Literaturtipps*
- 127 Internet und Internetcafés
- 128 Medizinische Versorgung
- 129 Mit Kindern unterwegs
- 130 Notfälle
- 131 Öffnungszeiten
- 131 Post
- 131 Radfahren
- 131 Schwule und Lesben
- 132 Sicherheit
- 132 Sprache
- 133 Stadttouren und Rundfahrten
- 134 Telefonieren
- 134 Unterkunft
- 139 Verkehrsmittel
- 140 Wetter und Reisezeit

141 Anhang

- 142 Kleine Sprachhilfe
- 144 Register
- 147 Die Autoren
- 147 Impressum
- 148 Metroplan
- 152 Liste der Karteneinträge
- *155 Prag mit PC, Smartphone & Co.*
- 156 Zeichenerklärung
- 156 Abkürzungen

Längst schon ist die Zukunft in Prag angekommen. Aus der grauen und düsteren Stadt der Wendezeit ist eine glanzvolle mitteleuropäische Metropole geworden. Mittlerweile gehört die tschechische Kapitale zu den weltweit beliebtesten Reisezielen. Es sind vor allem die märchenhafte Kulisse und die einzigartige Konzentration verschiedener Baustile und Denkmäler, die die Besucher so faszinieren. Die Stadt hat aber noch andere Reize, und jedes Jahr kommen neue hinzu:

Schräge Kanten, kristalline Formen

In der neu eröffneten Dauerausstellung „Tschechischer Kubismus" im Haus zur schwarzen Madonna können Besucher faszinierende Beispiele kubistischer Möbel und kubistischen Designs von führenden Vertretern dieser Stilrichtung bewundern (s. S. 76).

Gastronomietipp

In dem kleinen, charmanten Café Nový Svět wird man freundlich bedient und genießt dabei die Atmosphäre einer der schönsten Gassen Prags, der Nový svět (s. S. 65). Der Duft frisch gebrühten Kaffees und selbstgemachter Plätzchen hüllt den Besucher an diesem wohligen Ort ein (s. S. 85).

Sommerabend auf der Moldau

Auf der Slawischen Insel kann man sich abends ein Boot mit einer Petroleumlampe ausleihen und seinen romantischen Gefühlen freien Lauf lassen (s. S. 105).

PRAG ENTDECKEN

Prag für Citybummler

Wie zu Kafkas Zeiten

Die Moldaumetropole bietet viel mehr als nur Bierkneipen und Hradschin: Das gesamte historische Zentrum gleicht einem Freilichtmuseum, sowohl Liebhaber der barocken Architektur und klassischer Musik als auch Bewunderer der modernen Kunst oder Fans der Kaffeehauskultur kommen voll auf ihre Kosten.

Prag lädt dazu ein, sich treiben zu lassen. Die Stadt bietet an fast jeder Ecke Sehenswertes und Überraschendes. Die Stadtbesichtigung kann man am **Wenzelsplatz** 25 beginnen, dem einzigen Prager Boulevard. Über die Einkaufstraße Na Příkopě [I7–J6] geht es weiter ins Herz der Altstadt. Es wäre schade, nach Hause zu fahren, ohne zumindest einmal auf eigene Faust auf Entdeckung gegangen zu sein. Schon wenige Schritte vom Altstädter Ring 4 entfernt, stößt man auf stille Gassen. Zum Beispiel die **Kozí**, die kopfsteingepflasterte Ziegenstraße, die an einer Stelle so eng ist, dass man mit ausgestreckten Armen die gegenüberliegenden Hausmauern berühren kann. Im Straßenwirrwarr der Altstadt, ob in seinem nördlichen oder in seinem südlichen Teil, findet man nette Cafés, Museen, Kneipen und Boutiqen. Besonders schön sind Spaziergänge am Abend und in der Nacht, wenn die Gassen von spärlichem Laternenlicht beleuchtet werden. Bei Nacht erwacht in den Gassen das **mystische Prag** zum Leben. Über die Karlsbrücke 16, die einen unvergesslichen Blick auf die Prager Burg bietet, gelangt man auf die romantische Kleinseite (s. S. 50). Auch durch die Burghöfe auf dem Hradschin kann man nach der Abenddämmerung unbesorgt bummeln und das Goldene Gässchen 46 mit ein bisschen Glück für sich allein haben. Von der Burgrampe blickt der Besucher auf das erleuchtete **Prag und die Moldau**. Vielleicht öffnet man dann im Gewirr der Gassen die Tür zu einer authentischen Kneipe und findet sich etwa im **Lokal U zavěšenýho kafe** (s. S. 55) mitten unter Pragern, die im Zigarettenqualm über Gott und die Welt philosophieren.

Auf Prager Art

Am Tag nimmt der Flaneur die **Straßenbahn**. Die **Linie 22** fährt am Nationaltheater 32 vorbei, überquert die Moldau und bringt die Fahrgäste bis zur Kleinseite. Von hier aus ist es nur ein Stück zur Prager Burg 42 oder zum Kloster Strahov 51, Haltestelle Pohořelec. Die **Linie 17** führt am Moldauufer entlang zum Vyšehrad 53 (Haltestelle Výtoň) und am extravaganten Tanzenden Haus 33 vorbei (Haltestelle Jiráskovo nábřeží), dessen herausdrehende schwungvolle Fassade die Prager zu dem Spitznamen „Ginger & Fred" nach Hollywoods Tanzduo inspirierte. Mit der **Seilbahn** gelangt man auf den Laurenziberg 52, ein beliebtes Ausflugsziel der Prager. Ein Spazierweg über den Berg führt zum Prager Aussichtsturm, einer Kopie des Eiffelturms, der einen grandiosen Ausblick auf die Stadt und das geschwungene Band der Moldau gewährt.

◁ *Vorseite: Die Astronomische Uhr am Rathaus* 5 *zählt seit 500 Jahren die Zeit in Prag*

Prag an einem Wochenende

1. Tag

Morgens

Den Prag-Besuch beginnt man am besten mit einem Frühstück im **Jugendstilcafé des Gemeindehauses** (s. S. 83). Zum **Altstädter Ring** ❹ ist es von hier aus nicht weit. Den schönsten Blick auf seine prächtigen Bauwerke hat man von der **Aussichtsgalerie des Rathausturms** ❺.

Der auf S. 11 beschriebene Spaziergang führt zu den wichtigsten Sehenswürdigkeiten der Altstadt, der Kleinseite und der Burganlage. Wer eher shoppen möchte, geht am besten in die Straße **Na Příkopě** [I7–J6]. Dort, wie auch am Wenzelsplatz ㉕, findet man mehrere schicke Boutiquen und moderne Einkaufspassagen, für exklusive Designergeschäfte ist die Pařížská-Straße [H5/6] bekannt.

Ein Bummel über den **Gallus-Markt** (s. S. 104) mit seinen Obst- und Souvenirständen lohnt sich schon allein wegen der Atmosphäre. Für Kunstinteressierte empfiehlt sich die neue **Kubismus-Ausstellung im Haus zur Schwarzen Madonna** ❸, eine gute Auswahl an moderner Kunst bieten das **Kampa-Museum** ㉟ und der auch in architektonischer Hinsicht sehenswerte **Messepalast** (s. S. 77).

Für Kinder eignen sich das **Spielzeugmuseum** (s. S. 75) und das **Spiegellabyrinth** (s. S. 66) am **Laurenziberg** ㊾.

Mittags

Gute und preiswerte böhmische Küche bietet das Lokal **Kolkovna** (s. S. 86), französische Gemütlichkeit strahlt das Bistro **Chéz Marcel** (s. S. 90) am malerischen Platz Haštalské náměstí aus. An beiden führt der auf S. 13 beschriebene Spaziergang vorbei. Abseits der Touristenwege entdeckt man dabei die pittoreske Welt der Altstadtgassen und des ehemaligen Judenviertels.

An der Kasse der **Spanischen Synagoge** ㉒ erhält man das Sammelticket für die Sehenswürdigkeiten dieses Viertels (⓲–㉓), das nun besichtigt werden kann.

Abends

Zum Abendessen empfiehlt sich das Restaurant **Století** (s. S. 92), für Vegetarier das **Lehká hlava** (s. S. 92).

Jazz-Fans müssen unbedingt in den berühmten **Reduta-Klub** (s. S. 96), Jazz auf hohem Niveau wird auch im **AghaRTA** gespielt (s. S. 96).

Opernliebhaber können je nach Programm die **Staatsoper** ㉗, das **Nationaltheater** ㉜ oder das **Ständetheater** ❾ besuchen.

Ein Erlebnis für alle Altersgruppen ist eine romantische **Schifffahrt** (s. S. 133), im Sommer kann man bis Mitternacht sogar selbst auf der Moldau paddeln (s. S. 105).

Eine angesagte Adresse für einheimische und internationale Partyfans ist der **Club Roxy** (s. S. 94). Im **Karlovy Lázně** (s. S. 95) an der Karlsbrücke ⓰ amüsieren sich hauptsächlich junge Touristen bis in die frühen Morgenstunden. Wer sich lieber unter die Prager mischen will und Kontakt zu den Einheimischen sucht, wird in einer der zahllosen böhmischen Kneipen bestens unterhalten – sprichwörtlich steckt ja in jedem Tschechen ein Musiker.

2. Tag

Vormittags

Für den zweiten Tag kann man sich die **Kleinseite** und die **Prager Burg** ❷ vornehmen. Der schönste Weg dorthin führt über die **Karlsbrücke** ❶. Für eine Besichtigung der Burganlage sollte man mind. drei bis vier Stunden einplanen. Ein Spektakel für Klein und Groß ist die **Wachablösung** (s. S. 58) vor dem Haupteingang. Wer schon am Vortag den Spaziergang 1 absolviert hat, kann sich für den dritten (s. S. 16) oder vierten (s. S. 19) entscheiden.

Familien werden den Besuch des **Zoos** (s. S. 129) nicht bereuen.

Für Liebhaber klassischer Malerei sind die verstreuten Museen der **Prager Nationalgalerie** (s. S. 77) ein Muss, wem barocke Baukunst gefällt, der sollte die **Kirche des hl. Nikolaus** ❸ besuchen. Die schönsten (und teuersten) Marionetten bekommt man im Laden **Truhlář Marionety** (s. S. 104), Souvenirshops säumen auch die Nerudagasse ❹.

Mittags

Sehr gut speist man im eleganten Lokal **Hergetova cihelna** (s. S. 91) an der Moldau, wo man als Zugabe eine tolle Sicht auf die Brücken hat. Am Nachmittag geht man entspannt im **Kampa-Park** ❹ oder auf dem **Laurenziberg** ❺ spazieren, besucht das ehrwürdige **Klementinum** ⓮ oder das **Tschechische Musikmuseum** (s. S. 77).

Abends

Musicalfans können es den Pragern nachmachen und den Abend im **Musiktheater Karlín** (s. S. 96) oder im **Hybernia-Theater** (s. S. 97) verbringen. Auf der Schützeninsel finden im Sommer fast täglich **Open-Air-Konzerte** statt (s. S. 105). Ein Erlebnis ist auch das **Black Light Theatre Srnec** (s. S. 97), mit Kindern kann man auch ins **Nationale Marionettentheater** (s. S. 97) gehen. Eine abendliche **Rundfahrt in einem Oldtimer** (s. S. 133) bietet sich als stimmungsvoller Schlussakkord eines Pragbesuches an.

Das gibt es nur in Prag

› *Die Bierkneipe als Ort, an dem aus Stammtischgesprächen Literatur entsteht und wahre Geschichten über das Leben erzählt werden.*

› *Ein Volk von Lesern: Nirgendwo sonst sieht man so viele Menschen in der Metro und an öffentlichen Plätzen in Bücher vertieft.*

› *Schwarzer Humor und Selbstironie: Wo sonst trägt ein Café den Namen „Leichenhaus", heißt eine ganze Siedlung „Halsabschneider", ein Krankenhaus „Schwindelgefühl" oder der Weg zu einer mittelalterlichen Hinrichtungsstätte „Zum Paradiesgarten"?*

› *In der Stadt lebt die Undergroundkultur noch heute: Hier werden Rockstars und Popkünstler wie Lou Reed, Frank Zappa und Andy Warhol verehrt – von jungen Menschen, die ihr Haar so lang wie in den 1970er-Jahren tragen.*

› *Keine andere Stadt hat so viele Türme. Deshalb nennt man Prag die hunderttürmige Stadt, tatsächlich sind es fast eintausend.*

Stadtspaziergänge

Spaziergang 1: der Klassiker mit Abstechern

> **Länge:** knapp 5 km
> **Dauer:** 3–3½ Stunden (ohne Besuch der Sehenswürdigkeiten)
> **Startpunkt:** Pulverturm ❶,
>   Metro B: Náměstí Republiky
> **Endpunkt:** Metro A: Staroměstská

Im Mittelpunkt dieses Spazierganges steht das Wichtigste, was man in Prag in kurzer Zeit besichtigen kann. Man folgt dabei dem Weg, den früher die tschechischen Könige am Tag ihrer Krönung gingen. Entlang der touristischen Hauptroute, die von der Altstadt hinauf zum Veitsdom ㊸ und wieder zurück führt, verlässt man immer wieder den ausgetretenen Pfad.

Der Spaziergang beginnt am gotischen **Pulverturm** ❶. Wer keine Kaffeepause einlegen möchte, sollte wenigstens einen kurzen Blick in das wunderschöne **Jugendstilcafé** (s. S. 83) im Erdgeschoss des **Gemeindehauses** ❷ werfen. Hochrangige böhmische Künstler der Jahrhundertwende beteiligten sich an seiner Ausschmückung.

Danach geht es weiter über die Straße Celetná – unterwegs passiert man das kubistische Haus zur Schwarzen Madonna ❸ – zum **Altstädter Ring** ❹. Hier ragen die Türme der **Teynkirche** ❻ hoch in den Himmel und zu jeder vollen Stunde drehen sich in den Fenstern der Astronomischen Uhr des **Altstädter Rathauses** ❺ zwölf Apostelfiguren. Über das verschlungene Teyngässchen (Týnská), das vom Altstädter Ring nach Osten führt, gelangt man über einen Durchgang in den etwas versteckten Teynhof [I6]. Der Häuserkomplex rund um den **Innenhof Ungelt** war im 11.

> Der hier beschriebene Spaziergang ist mit einer rotbraunen Linie im Faltplan eingezeichnet

△ *Der Weg vom Hradschin hinunter auf die Kleinseite*

Jh. ein umzäunter Hof, in dem Kaufleute aus fremden Ländern übernachteten. Dafür mussten sie Zoll – Ungelt – bezahlen. Heute befinden sich hier kleine Geschäfte, Galerien und Lokale.

Zurück auf dem Altstädter Ring, geht man in Richtung **St.-Nikolaus-Kirche** ❽ und setzt den Spaziergang fort, indem man durch die Straße Kaprova in Richtung Moldau geht.

Fast dort angekommen, biegt man nach links ab und geht entlang der Straßenbahnlinie bis zur **Kreuzherrenkirche** ❺, die am Fuß der **Karlsbrücke** ❻ steht.

Der Weg über die berühmteste Brücke des Landes bietet einen unvergesslichen Blick auf den Hradschin. Jenseits der Karlsbrücke folgt die **Kleinseite**, ein pittoresker Stadtteil mit verwinkelten Gassen, schattigen Innenhöfen und Barockpalästen. Sein Zentrum bildet der **Kleinseitner Platz** ㊲ mit mittelalterlich anmutenden Laubengängen und der schönsten Barockkirche Prags, der **Kirche des hl. Nikolaus** ㊳. Auf der Nordseite des unteren Platzes steht das Smiřický-Palais (Nr. 18), in dem sich 1618 Vertreter der protestantischen böhmischen Reichsstände zu einer Geheimsitzung trafen und den sogenannten **Zweiten Prager Fenstersturz** beschlossen (s. S. 58). Das Hinauswerfen der kaiserlichen Statthalter führte zur Eskalation der Proteste gegen die Habsburger und schließlich zum Dreißigjährigen Krieg.

Um dem größten Touristenstrom auszuweichen, biegt man nach rechts in die Zámecká-Straße ein. Über die Straße Thunovská und die Schlosstreppe gelangt man zum Vorplatz der **Prager Burg** ㊷. Man durchquert die ersten zwei Burghöfe und steht dann vor dem größten und wichtigsten Sakralbau Prags, dem **Veitsdom** ㊸. Für seine Besichtigung – mit Ausnahme des kostenlos zugänglichen Eingangsbereichs – sowie für einen Besuch des unweit gelegenen **Goldenen Gässchens** ㊻ und weiterer Sehenswürdigkeiten, benötigt man ein Sammelticket (s. S. 59). Wer nur kurz in Prag ist, kann sich das Geld und die Zeit sparen – schon an den Warteschlangen vor den Kassen kann man in der Hochsaison verzweifeln. Stattdessen erkundet man lieber den barocken, kostenlos zugänglichen **Königsgarten** ㊼.

Für einen kleinen Imbiss eignet sich am besten das **Café im Erdgeschoss des Museums im Lobkowicz-Palais** (10–18 Uhr, s. S. 75). Von seiner nur in Sommermonaten geöffneten Terrasse hat man einen umwerfenden Blick auf die Dächer der Kleinseite.

Über das östliche Tor verlässt man die Burganlage und steigt über die Alte Schlossstiege und die Straße Pod Bruskou zur Metrostation Malostranská hinab. Nach der Überquerung der Brücke Mánesův most ist man wieder in der Altstadt.

Am Moldauufer steht das im Stil der Neorenaissance erbaute **Rudolfinum** ⑫, in dem jedes Jahr das bekannte Festival „Prager Frühling" (s. S. 107) stattfindet. Der Platz vor dem Gebäude ist nach Jan Palach benannt, jenem Studenten, der sich 1969 am Wenzelsplatz ㉕ aus Protest gegen die Besetzung seines Landes verbrannte. An der Fassade des Gebäudes der Philosophischen Fakultät schräg gegenüber vom Rudolfinum erinnert eine Gedenktafel an diesen Akt der Verzweiflung. Gleich nebenan befindet sich die Metrostation, wo der Spaziergang endet.

▷ *Abseits der Touristenwege durch die nördliche Altstadt*

Stadtspaziergänge

Spaziergang 2: durch die Gassen der Altstadt und der Josefstadt

Länge: ca. 4 km
Dauer: 2½–3 Stunden (ohne Besuch der Sehenswürdigkeiten)
Startpunkt: Rudolfinum ⑫, Metro A: Staroměstská
Endpunkt: Metro B: Národní třída

Enge Gassen, alte Straßenlaternen, prachtvolle Palais – die Plätze rund um den Altstädter Ring üben einen magischen Zauber aus. Die Synagogen und der Alte Jüdische Friedhof bezeugen wiederum den einstigen Reichtum des Prager jüdischen Lebens, wecken aber auch Erinnerungen an das Leid der Juden.

Der Spaziergang beginnt beim **Rudolfinum** ⑫, in dem während der Besatzung im Zweiten Weltkrieg der stellvertretende Reichsprotektor Heydrich häufig zu Gast war. Nach Prag kam er mit dem klaren Auftrag, die Deportation der Juden einzuleiten.

Wie bedeutend einst die Prager Judenstadt war, wird schon nach einigen Schritten sichtbar: Man überquert die viel befahrene Straße 17. Listopadu und biegt in die Široká (Breite)-Gasse ein. Linker Hand erstrecken sich die Mauern des berühmten **Alten Jüdischen Friedhofs** ⑲, nebenan erblickt man die **Pinkas-Synagoge** ⑱. Auf der anderen Seite des Friedhofs stehen die barocke **Klausen-Synagoge** ⑳ und das pseudo-romanische **Gebäude der ehemaligen Begräbnisbruderschaft** (s. S. 37). Von dessen Balkon wurden früher die Grabreden gehalten.

Im **Jüdischen Rathaus** (s. S. 40) in der Maiselova 8, die die Široká kreuzt, tagte früher der Ältestenrat. Heute hat hier die Prager jüdische Gemeinde ihren Sitz. Das Gebäude erkennt man an seinem Turm mit den zwei Uhren: Eine hat ein lateinisches Ziffernblatt, die andere ein hebräisches. Wie die Straße ist auch die **Maisel-Synagoge** ㉑ nach Mordechai Maisel benannt, Ende des 16. Jh. Gemeindevorsteher der Judenstadt. Er besaß einen ausgeprägten Geschäftssinn und finanzierte nicht nur wichtige Bauten im Getto, sondern auch Rudolfs II. Krieg gegen die Türken.

14 Stadtspaziergänge

Von der Maiselova-Straße geht es nach rechts in die Červená-Gasse, wo die gotische **Altneue Synagoge** ㉓ steht. Noch heute werden hier Gottesdienste abgehalten. Man biegt wieder nach rechts in die elegante Einkaufsstraße Pařížská (Pariserstraße) ab, die auf beiden Seiten von Jugendstilhäusern gesäumt ist, schreitet sie einige Meter ab und geht nach links in die Široká-Straße. Über die Vězeňská-Straße kommt man zur **Spanischen Synagoge** ㉒. In ihrer Nachbarschaft steht seit mehreren Jahren ein eigenwilliges Kafka-Denkmal.

Der Haštalská folgend gelangt man zum malerischen Platz **Haštalské náměstí** mit der Kirche des hl. Haštal [I5]. 1968, während der Besatzung der Tschechoslowakei, befand sich im Gebäude des heutigen Hotels Haštal (Haštalská 16) das sowjetische Hauptquartier. Auch die Seitenstraßen im Norden des Platzes sind eine Erkundung wert: In der verwinkelten Řásnovka (man geht um die Kirche herum und biegt im Nordosten des Platzes nach rechts ab) oder der schattigen U Milosrdných (von der Anežská im Norden des Platzes nach links) führen Prager gerne ihre Hunde aus, in der Anežská 1043/4 steht zudem das kleinste Haus der Altstadt (s. S. 29). Hier befindet sich auch der Eingang zum **Agneskloster** ⓫.

Zurück am Haštal-Platz, geht es durch die Rybná-Straße im Süden des Platzes weiter. Nach einigen Metern biegt man nach rechts in die Dlouhá ein. Am **Altstädter Ring** ❹ angekommen, überquert man diesen in Richtung **Rathaus** ❺. Über den Platz Malé náměstí, dessen auffälligstes Gebäude (Nr. 3) die europaweit größte Filiale der Restaurantkette Hard Rock beherbergt, führt der Weg in die stets überfüllte **Karlsgasse** (Karlova). Im Haus Nr. 4 wohnte 1608–1612 der deutsche Astronom Johannes Kepler (s. S. 27). Heute ist hier das Johannes-Kepler-Museum untergebracht.

Durch den Häuserdurchgang fast am Ende der Karlova gelangt man links in die Aněnská-Straße und zum kleinen **Anna-Platz** (Aněnské náměstí). Nur einige Meter von der Haupttouristenroute entfernt herrscht hier eine wohltuende Ruhe. Im Südwesten steht das Gebäude des Theaters am Geländer, wo in den 1960er-Jahren als Kulissenschieber, später als Bühnenautor der damalige Dissident und spätere tschechische Präsident **Václav Havel** arbeitete.

Die Silbergasse (Stříbrná) im Süden ist so eng, dass nur zwei Fußgänger nebeneinander gehen können. Sie mündet in die Náprstkova, der man nach links folgt, um zum beschaulichen Betlehemsplatz (Betlehémské náměstí) zu gelangen. Zwischen 1402 und 1412 predigte in der **Betlehemskapelle** ⓭ der Reformator Jan Hus (s. S. 31).

Der östlich gelegene Gebäudekomplex beherbergt das ethnologische **Náprstek-Museum**. Über die Straße Na Perštýně im Süden des Platzes gelangt man vorbei am Bierlokal U Medvídků (s. S. 81), in dem es Bier aus eigener Herstellung gibt, zur belebten Einkaufsstraße Národní třída. Man überquert sie und geht in die Spálená Straße. An der Metrostation Národní třída, vor dem Gebäudekomplex Quadrio, erblickt man das neueste Werk des provokativen Künstlers David Černý: eine 39 Tonnen schwere Franz-Kafka-Büste, die an eine Diskokugel erinnert. Das Kunstwerk hat in Prag für viel Aufregung und Diskussionen gesorgt. Gleich nebenan steht das Kaufhaus My (s. S. 100).

Spaziergang 3: über die Alt- in die Neustadt

Länge: ca. 4 km
Dauer: 2½–3 Stunden (ohne Besuch der Sehenswürdigkeiten)
Startpunkt: Pulverturm ❶, Metro B: Náměstí Republiky
Endpunkt: Straßenbahnhaltestelle Jiráskovo náměstí, Linie 17 bis zur Metro-Stration Staromeěstská

Der Spazierweg führt von der nördlichen Altstadt in Richtung Süden. Man trifft dabei auf kleine Plätze, verwinkelte Passagen und Häuserdurchgänge, taucht kurz am Wenzelsplatz auf und erkundet schließlich das pulsierende Herz der Neustadt, den Karlsplatz.

Vom **Pulverturm** ❶ führt der Weg zuerst durch die Celetná-Straße. Am **Haus zur Schwarzen Madonna** ❸ biegt man nach links zum Obstmarkt (Ovocný trh) ab, an dem das klassizistische **Ständetheater** ❾ steht. Vis-à-vis erblickt man das zentrale Gebäude der Karlsuniversität, das ehrwürdige **Karolinum** ❿. Von dem ursprünglichen Bau ist nur der gotische Kerker der Hauskapelle erhalten.

Einige Schritte weiter in südliche Richtung stößt man in der Straße Havelská auf die **St.-Gallus-Kirche** (Kostel sv. Havla, [I7]) aus dem ersten Drittel des 13. Jh. Sie entstand zusammen mit der damals selbständigen Gallusstadt, die innerhalb der Altstadt wichtige Geschäftsprivilegien besaß. Hier befand sich der größte städtische Warenumschlagplatz, der vom Obstmarkt bis zum **Kohlenmarkt** (Uhelný trh, [H7]) reichte und die Straßen **Rytířská**, **Havelská** mit

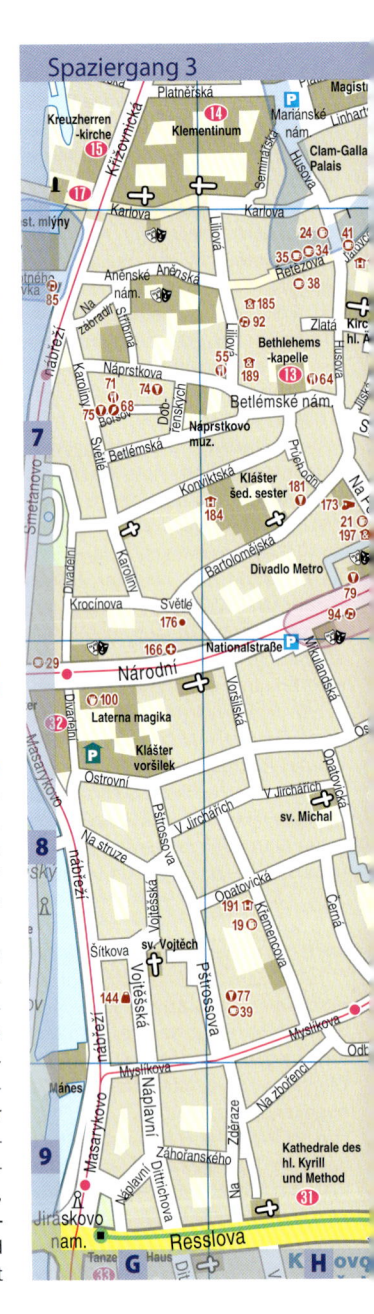

Stadtspaziergänge 17

1 cm = 80 m © REISE KNOW-HOW 2016

St. Město (Altstadt)

St. Město (Altstadt)

- Kleiner Ring
- Altstädter Rathaus
- Muz. středověku
- schwarzen Madonna
- Karolinum
- Ovocný trh
- Ständetheater
- Divadlo Broadway
- Pulverturm
- Palace Cinemas
- Na Příkopě
- Slovanský dům
- sv. Kříž
- St-Gallus-Kirche
- Havelská
- Rytířská
- Melantrichova
- Michalská
- Havelská
- V Kotcích
- Na můstku
- Příkopě
- Muzeum komunismu
- Mucha-Museum
- Panská
- Nekázanka
- Jindřišská
- Muz. vosk. figurin
- Můstek
- Můstek
- Václavské náměstí
- Bredov. palác
- Politických vězňů
- 28. října
- Platýz-Hof
- St Martin in der Mauer
- Jungmannovo nám.
- Maria-Schnee-Kirche
- Jindřišská
- Národní třída
- Mořepřavba Adria
- Jungmannova
- Františkánská zahrada
- Opletalova
- Národní třída
- Charvátova
- Purkyňova
- Palackého
- Vodičkova
- Div. Rokoko
- Lucerna Palais
- Wenzelsplatz
- Štěpánská
- Ve Smečkách
- Krakovská
- Vladislavova
- Jungmannova
- V Jámě
- Školská
- Spálená
- Myslíkova Religiové
- Lazarská
- Vodičkova
- Navrátilova
- Štěpánská
- Řeznická
- Měst. soud
- Novoměstská radnice
- Pštrossova
- Reznická
- Pštrossová
- Kladská
- Mezibranská
- V. Hálek
- Zítná
- Žitná
- Sokolská
- Karlovo náměstí
- Karlsplatz
- Vodičkova
- Malá Štěpánská
- Fakultní poliklinika
- Na Rybníčku
- sv. Štěpán
- V. Iných
- Hálkova
- Ječná
- Ječná
- Ječná

ihren schönen Laubengängen und **V Kotcích** (Zu den Marktbuden) umfasste. Bis 1807 stand in der Mitte des mittelalterlich anmutenden Kohlenmarktes eine alte Köhlerei, doch statt Kohle verkaufte man hier Gemüse und Blumen.

Dominiert wird der Platz von einem Brunnen aus dem Jahr 1797. Eine Gedenktafel an der Fassade des Arkadenhauses Nr. 1 erinnert daran, dass dort 1787 **Mozart** wohnte.

Eine weniger ruhmvolle Geschichte weist die **Perlová-Straße** auf, die linkerhand vom Uhelný trh wegführt: Bis vor einigen Jahren war hier der bekannteste Straßenstrich Prags. Im Haus Platýz in der Martinská-Straße 10 einige Schritte südlich vom Kohlenplatz trat 1840 **Franz Liszt** auf. Unter seinen Zuhörern war auch der 16-jährige **Bedřich Smetana**, der später einer der bekanntesten tschechischen Komponisten wurde.

In der nahen Kirche **St. Martin in der Mauer** [H7] – sie entstand im 12. Jh. als Teil der Stadtmauer – setzten Hussiten 1414 eine ihrer Hauptforderungen um und reichten den Kelch mit Messwein erstmals auch den einfachen Gläubigen.

Über den Platýz-Hof am Kohlenmarkt gelangt man in die Geschäftsstraße Národní (Nationalstraße) und geht dort nach links zum **Jungmannovo náměstí** (Jungmann-Platz). An seiner Ecke (Haus Nr. 40) steht das architektonisch bemerkenswerte rondokubistische **Palais Adria** aus den 1920er-Jahren (mehr über Rondokubismus s. S. 23). Ein kurzer Rundgang durch seine mit Marmor und Messing verzierte Passage lohnt sich, gehört sie doch zu den schönsten in Prag. Im oberen Stockwerk ist das **Adria Café-Restaurant** (s. S. 83) untergebracht.

Die imposante **Maria-Schnee-Kirche** ([I7], tägl. 9–18 Uhr) gab Karl IV. in Auftrag. Ihr frühbarocker Altar ist der höchste in ganz Prag. Den Eingang findet man im Innenhof des österreichischen Kulturinstituts.

Rechter Hand geht es in den versteckt liegenden **Franziskanergarten**, wo sich Prager zwischen blühenden Rosensträuchern von der Hektik der Großstadt erholen. Über die Alfa-Einkaufspassage gelangt man zum **Wenzelsplatz** ㉕, geht ihn kurz hinauf und biegt nach rechts in die Vodičkova-Straße ein. In der nostalgischen Passage des **Lucerna-Palais** (Nr. 36, s. S. 43) sollte man sich ein beliebtes Fotomotiv nicht entgehen lassen: Von der Decke hängt kopfüber ein riesiges Pferd, auf dessen Bauch der heilige Wenzel sitzt. Das provokative Werk stammt von tschechischem Star-Künstler David Černý.

Der Vodičkova folgend, passiert man das Gebäude Dům U Nováků (Nr. 30), das durch seine farbenfrohe Jugendstilfassade besticht. In seinem verwinkelten Passagensystem lohnt das kleine **Café und die Konditorei Saint Tropéz** (s. S. 85) eine Einkehr. Die leckeren Kuchen und das duftende Gepäck lassen wohl jeden schwach werden.

Vorbei an der populären Neustädter Brauerei (Novoměstský pivovar, s. S. 81) erreicht man den **Karlsplatz** (Karlovo náměstí ㉙), dessen Wahrzeichen der markante Eckturm des Neustädter Rathauses (s. S. 44) ist.

Musikinteressierte können einen Abstecher in östliche Richtung machen: In der Žitná Nr. 14 lebte von 1877 bis zu seinem Tod der bedeutendste tschechische Komponist, **Antonín Dvořák**.

An der Ecke des Karlovo náměstí zur Ječná-Straße erhebt sich die **Jesuitenkirche des hl. Ignatius** aus dem 17. Jh. [H9]. Man biegt nach rechts ab. Der Straßenbahnlinie folgend überquert man die nächste Kreuzung. Über die Resslova geht man weiter bis zum Symbol des modernen Prags, dem **Tanzenden Haus** ㉝. Unterwegs passiert man rechter Hand die geschichtsträchtige **Kathedrale des hl. Kyrill und Method** ㉛. Rechts vom Tanzenden Haus befindet sich auf der gegenüberliegenden Straßenseite eine Straßenbahnhaltestelle.

◁ *Auf der Kampa-Insel* ㉞
ist vor allem im Sommer viel los

Spaziergang 4: von der Kleinseite zum Hradschin und der grünen Kampa-Insel

Länge: 7,3 km (inkl. Besichtigung der Gärten)
Dauer: 4 Stunden (ohne Besuch der Sehenswürdigkeiten)
Startpunkt: Metro A: Malostranská
Endpunkt: Metro A: Malostranská

Der Spaziergang bringt Sie zu den schönsten Plätzen, Gärten und Gassen der Kleinseite und des Hradschin. Abseits der Touristenwege findet man faszinierende Fotomotive und geschichtsträchtige Gebäude.

Links von der Metrostation Malostranská erstreckt sich ein kleiner Garten, den man durchquert und links in die Valdštejnská-Straße einbiegt.

Im Häuserdurchgang Nr. 12 bis 14 befindet sich der Eingang in die miteinander verbundenen, nicht kostenlos zugänglichen **Palastgärten** ㉙ (geöffnet: April–Okt.).

Weiter geht es zum Platz Valdštejnské náměstí, der vom mächtigen **Waldsteinpalais** ㊵ beherrscht wird. Sein einstiger Besitzer, Albrecht von Waldstein (auch als **Wallenstein** bekannt) starb auf tragische Weise: Einer der einflussreichsten Männer der europäischen Gegenreformation wurde 1634 ermordet. Heute hat hier der tschechische Senat seinen Sitz.

Durch den ersten Hof gelangt man in den schönen (und erfreulicherweise kostenlos zugänglichen) **Waldsteingarten**, in dem nicht nur Besucher, sondern auch ein paar Pfauen gerne umherstolzieren (April–Okt.).

Von der Tomášská Straße, die vom Platz wegführt, biegt man nach rechts in die enge **Thunovská-Gasse**. Wenn

Stadtspaziergänge

Spaziergang 4

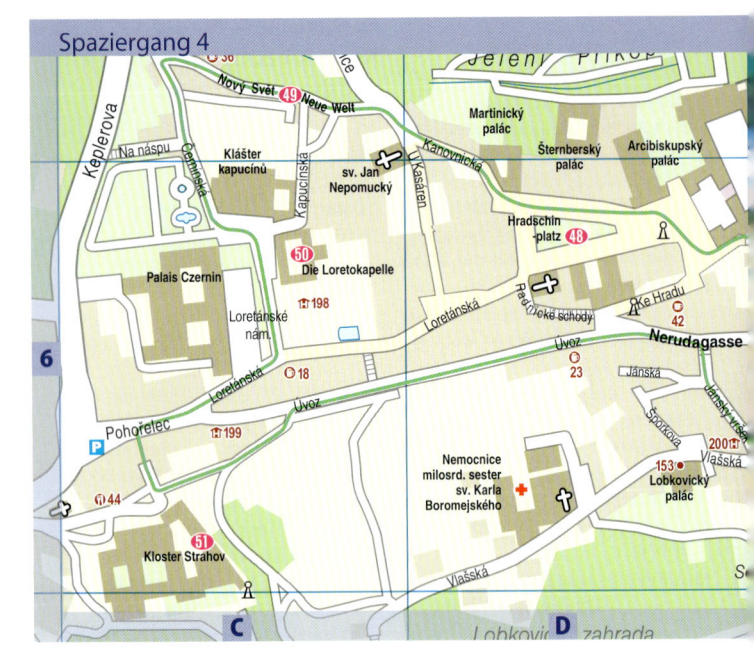

man die alten Torbögen und Laternen sieht, versteht man, warum Filmproduzenten dieses Viertel lieben.

Man erklimmt die Schlosstreppe (Zámocké schody) und wird am **Burg-Vorplatz** ❷ mit einem fantastischen Panoramablick belohnt.

Nach einem Rundgang durch die Burghöfe verlässt man die Burg über den Haupteingang und überquert den **Hradschinplatz** ❽, an dessen rechter Seite das Erzbischöfliche Palais (Nr. 16) steht. Der Platz ist von Renaissance- und Barockpalais umgeben, in dreien von ihnen sind Dauerausstellungen der **Prager Nationalgalerie** zu sehen. Bei der Abzweigung geht man nach rechts in die Kanovnická-Gasse, sie führt in die pittoreske **Neue Welt** ❾ (Nový svět). Viele halten sie für die schönste Gasse Prags.

Eine gemütliche Atmosphäre herrscht im gleichnamigen **Café** (s. S. 85). Am Ende der Gasse biegt man nach links in die **Černínská-Gasse** ein, rechter Hand erblickt man ein dörflich wirkendes Holzhaus, in dem ein Hotel untergebracht ist.

Am Platz Loretánské náměstí sorgt die **Loretokapelle** ❿ zu jeder vollen Stunde zwischen 9 und 18 Uhr mit ihrem melancholischen Glockenspiel für eine entsprechende Stimmung. Direkt gegenüber erstreckt sich das imposante Gebäude des **Černín-Palais**, in dem das tschechische Außenministerium untergebracht ist.

Von dem Platz Pohořelec führt eine Treppe im Häuserdurchgang rechts neben dem Café Melvin (Nr. 8) hinauf zur Straße **Úvoz**. Wer will, kann noch bergauf zum **Strahov-Kloster** ⓫ gehen. Ansonsten gelangt man über die absteigende Úvoz-Straße in die **Nerudagasse** ❹ und passiert dabei rechter Hand das belieb-

Stadtspaziergänge 21

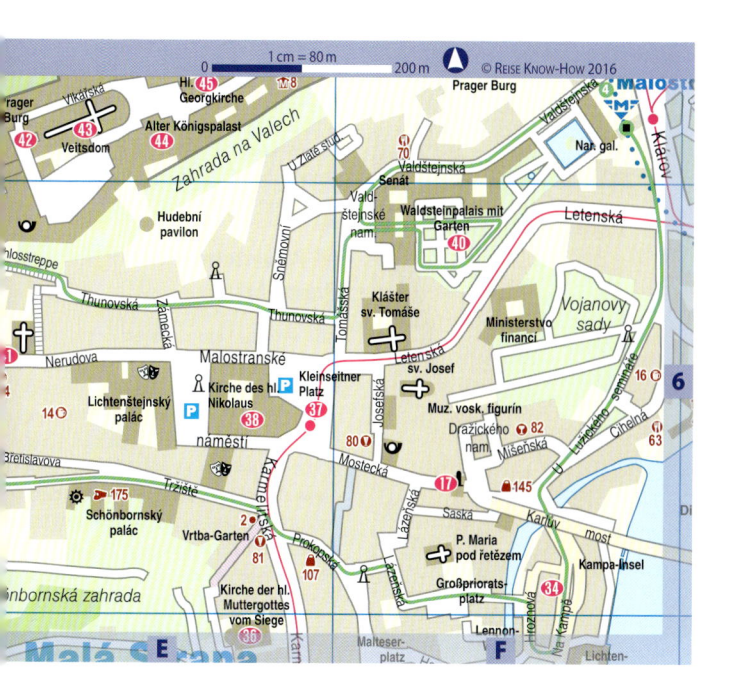

te Bierlokal **Zum erhängten Kaffee** (s. S. 55).

Eine Treppe führt von der Nerudova-Straße nach rechts zum **Johannesbergl** (Jánský vršek, s. S. 55). Rund um die Gasse findet man weitere schöne Fotomotive.

Im barocken **Palais Lobkowicz**, dem Sitz der Deutschen Botschaft (nicht zu verwechseln mit dem gleichnamigen Palais auf der Burg) in der steilen Vlašská, wurde ein Stück deutscher Geschichte geschrieben: Vom Balkon des Gebäudes sprach der westdeutsche Außenminister Hans-Dietrich Genscher am Abend des 30. 9. 1989 zu Tausenden dort kampierenden DDR-Flüchtlingen und verkündete, dass deren Ausreise genehmigt werde.

Die Straße Tržiště mündet in die Karmelitská, man überquert diese und geht in die kurze Prokopská-Straße. Es folgt ein Bummel zu den malerischen **Malteser-** und **Großprioratsplätzen,** die Miloš Forman als Drehorte für seinen Film „Amadeus" nutzte. Mehrere kleine Cafés und Bistros (darunter Café de Paris, s. S. 85) laden zum Verweilen ein. An der „Lennon-Wand" am Großprioratsplatz [F7] – man erkennt sie an den bunten Graffiti – versammelten sich vor 1989 zu jedem Todestag von John Lennon dessen Fans mit Kerzen und Gitarren.

Über eine kleine Brücke gelangt man zur **Insel Kampa** ❹, auf der man wunderbar spazieren oder in einem Café sitzen kann. Fans der modernen Kunst sollten sich das **Kampa-Museum** ❺ nicht entgehen lassen. Anschließend geht man unter einen Brückenbogen der **Karlsbrücke** ⓰ hindurch, die Straße U Lužického semináře führt zur Metrostation, wo dieser Spaziergang endet.

Die Altstadt

Bereits im 10. Jh. erstreckte sich am rechten Moldauufer eine Marktsiedlung. An keinem anderen Prager Platz wie dem **Altstädter Ring** ❹ herrscht so viel Trubel und Gedränge unzähliger Touristen. Die historischen Gebäude mit Zinnen und Erkern, Kirchen, die weltberühmte **Astronomische Uhr** am Rathaus ❺ und das Denkmal des Jan Hus verleihen dem Ort einen besonderen Charme. Der Pulverturm ❶ steht an der Grenze zwischen der Alt- und Neustadt. Hier beginnt auch der symbolische **„königliche Weg"**, heute die wichtigste Touristenroute durch Prag. Sie führt über die Celetná Straße zum Altstädter Ring ❹, windet sich in die enge Karlsgasse zur **Karlsbrücke** ⓰ und endet oben auf der Prager Burg ㊷. Ganz intensiv spürt man den Genius Loci der Altstadt abseits auf malerischen Plätzen und in verwinkelten, stillen Gassen.

❶ Pulverturm (Prašná brána) ★ [J6]

Hier wird auf den ersten Blick klar: Durch den markanten, 65 m hohen Turm an der Ecke der Straßen Celetná und Na Příkopě betritt man historischen Boden. 13 Tore führten einst in die befestigte Altstadt. 1475 ließ König Władysław II. Jagełło einen neuen Turm bauen, als er in unmittelbarer Nachbarschaft seinen Hof errichtete. Zum Ärger der Stadträte musste die Stadt das Bauwerk finanzieren. Sie rächten sich mit der Inschrift „Zur Ehre und zum Ruhm der Einwohner der Stadt". Als Wladislaw II. nach Unruhen und einer Pestepidemie 1483 auf die Burg ㊷ umsiedelte, verlor der Turm seine repräsentative Funktion. Später diente er als Schießpulverarsenal. Im 19. Jh. wurde der Turm neogotisch umgebaut. Ein weiter Blick über die Dächer der Stadt belohnt den Aufstieg über 186 Steinstufen.

› Na Příkopě, Metro B: Náměstí Republiky, Okt./März tägl. 10–20 Uhr, Nov.–Febr. 10–18 Uhr, April–Sept. 10–22 Uhr, Eintritt 90 Kč

❷ Gemeindehaus (Obecní dům) ★★★ [J6]

Reich verziert mit Blütenornamenten, fröhlich und bunt präsentiert sich das Gemeindehaus. Das Symbol des tschechischen Bürgertums müssen sich die Prager heute mit vielen Touristen teilen.

Hinter dem Pulverturm beginnt die Altstadt

Die Altstadt

EXTRATIPPS: Abstecher in die Na Poříčí [K6]

Restaurant Imperial

Das Café-Restaurant liegt zwar streng genommen nicht mehr in der Altstadt, ist aber nur einen kurzen Fußweg vom Pulverturm und Gemeindehaus ❷ entfernt. Seine Geschichte reicht bis ins Jahr 1914 zurück, als sich in ihm die Prager Avantgarde traf. Die schöne Jugendstil-Wandkeramik im Restaurantteil ist nicht der einzige Grund, warum das Lokal beliebt ist. Viele Gäste kommen wegen der Kochkünste. Chefkoch Zdeněk Pohlreich ist den Pragern aus vielen Fernsehauftritten bekannt. Die Küche bietet tschechische und internationale Gerichte zu eher hohen Preisen, aber die Leistung stimmt. Ein Teil des Restaurants dient als Café. Zum Espresso oder Kaffee wird ein Krapfen gratis gereicht – eine schöne Tradition, die aus der ersten Republik stammt (s. S. 84).

Prager Rondokubismus

Liebhaber der modernen Architektur sollten sich neben dem Haus der Schwarzen Madonna ❸ ein weiteres sehenswertes Werk von Josef Gočár nicht entgehen lassen: die ehemalige Legiobank in der Straße Na Poříčí 24 [K6] (Metro B: Náměstí Republiky). Das in den Jahren 1921–1923 erbaute Gebäude ist das herausragendste Beispiel des Rondokubismus, einer spezifisch tschechischen Stilrichtung, der sich Gočár nach der Gründung der Tschechoslowakischen Republik im Jahre 1918 zuwandte. Zu ihren charakteristischen Merkmalen zählen die plastische Fassadengestaltung und überwiegend runde Formen. Die Fassade ist ein Werk von Otto Gutfreund und Jan Štursa. Im rechten Flügel im Erdgeschoss ist das Café Archa Barista untergebracht (s. S. 84).

1997 war es soweit: Die bislang umfangreichste Rekonstruktion eines der prächtigsten Jugendstilgebäude Prags wurde beendet. Das Haus am Platz der Republik zählt zu den architektonischen Juwelen der Hauptstadt. Es steht an historisch bedeutsamer Stelle, an der vom Ende des 14. bis Ende des 15. Jahrhunderts die böhmischen Könige residierten. Ende des 19. Jahrhunderts wuchs der Wunsch nach einem repräsentativen Haus des neuen selbstbewussten tschechischen Bürgertums. Viele **Künstler der tschechischen Sezession** haben sich an seiner Gestaltung 1905 bis 1911 beteiligt. An der Ecke seiner Hauptfassade, die in eine Kuppel gipfelt, ist im Bogengiebel ein Mosaikbild „Huldigung Prags" von Karel Špillar angebracht. Im Erdgeschoss befinden sich ein Café (s. S. 83) und das Restaurant Francouzská restaurace (s. S. 90), im Souterrain eine gepflegte Bierstube mit bunten Zeichnungen des tschechischen Künstlers Mikoláš Aleš und bemalten Wandkacheln anderer Vertreter der Prager Sezession. Eine breite Treppe führt zum beeindruckenden **Smetana-Saal** mit seinen Deckenfresken, in dem klassische Konzerte und Bälle stattfinden. In der Nachbarschaft stehen weitere Jugendstilbauten, das **Hotel Paris** (s. S. 135) und **Hotel Bohemia.**

› Náměstí Republiky 5, Metro B: Náměstí Republiky, www.obecnidum.cz, Tel. 222002101. Besichtigungen kann man im Informationszentrum des Gemeindehauses vereinbaren. (Tägl. 10–20 Uhr, Kosten pro Person 290 Kč. Die Rundgänge werden in englischer Sprache durchgeführt, es gibt Infoblätter auf Deutsch.)

❸ Haus zur schwarzen Madonna (Dům U Černé Matky Boží) ★ [I6]

An der Ecke der Straße Celetná zum Altstädter Ring ❹ und Ovocný trh steht ein viergeschossiges Haus mit zwei zurückspringenden Mansardenetagen, das zu den bekanntesten Beispielen des Prager Kubismus Anfang des 20. Jh. zählt: Dům U Černé Matky Boží, Haus zur schwarzen Madonna. Die kleine schwarze Madonna hinter Gittern schmückte schon das frühere barocke Gebäude. Die kubistische Form mit ihren gebrochenen, steigenden und fallenden Flächen ist an dem Bauwerk von **Josef Gočár** im Detail wie an der Gesamtkonstruktion sichtbar. Im Obergeschoss ist das Grand Café Orient (s. S. 84) untergebracht, im Erdgeschoss eine Verkaufsgalerie (Di.–Sa. 10–19, So. 12–19 Uhr). Hier kann man Schmuck, Textilien, Gemälde, Bücher, Kleinmöbel etc. aus der Zeit des Kubismus und aus der Art-déco-Ära (Originale und Repliken) erwerben.

› Ovocný trh 19. Seit Ende 2015 ist in der ersten und in der zweiten Etage die neue Dauerausstellung „Tschechischer Kubismus" zu sehen (s. S. 76).

❹ Altstädter Ring (Staroměstské náměstí) ★★★ [H6]

Er ist geschichtsträchtiger Mittelpunkt und lebendiges Herz der Prager Altstadt. Auf engem Raum stehen hier die meisten Sehenswürdigkeiten.

Fremdenführer recken Schirme in die Luft und bahnen sich energisch einen Weg durch die Menschenmasse, um ihre Gruppen rechtzeitig zur Astronomischen Uhr am Rathausturm ❺ zu bringen. Zwischen 9 und 23 Uhr beginnt zu jeder vollen Stunde das Schaulaufen der Apostelfiguren im oberen Teil der Astronomischen Uhr. Studenten mit Perücken und in barocken Kostümen drücken Touristen Flugblätter mit Konzert- und Theaterankündigungen in die Hand, Kunsthandwerker bieten an Marktständen ihre Waren an. Kutscher striegeln ihre Pferde und rufen auf Englisch und Deutsch in singendem tschechischen Akzent: „Eine Stadtfahrt in der Pferdekutsche gefällig?". Kellner der aneinandergereihten Restaurants und Cafés auf der Süd- und Westseite des Platzes spannen bereits in den frühen Morgenstunden riesige Sonnenschirme auf. Im Sommer belagern vor allem Jugendliche den Rasen östlich vom Rathaus, die einzige unverbaute Stelle. Trotz mehrerer Architektenwettbewerbe ist immer noch nicht klar, wie die „prominenteste Baulücke der Stadt", so titelte eine Prager Zeitung, angemessen geschlossen werden kann. Am 8. Mai 1945 war der neogotische Ostflügel des **Altstädter Rathauses** ❺ von deutschen Soldaten zerstört und anschließend abgerissen worden.

Der Altstädter Ring war Schauplatz wichtiger politischer Ereignisse der Geschichte: der Unruhen nach der Hinrichtung des Hussitenführers Jan Želivský im Jahre 1422 und der Krönung Georgs von Poděbrady im Jahre 1458. Am 21. Juni 1621, sieben Monate nach der Niederlage der böhmischen Stände am Weißen Berg, wurden 27 adelige Anführer der Revolte hingerichtet. 27 Kreuze auf dem Pflaster davor markieren den Ort der Hinrichtung. Am 25. Februar 1948 verkündete vom Balkon des **Goltz-Kinský-Palais** ❼ der erste kommunistische Präsident, Klement Gottwald, den Umsturz im Lande. Vom selben Platz aus sprach im Februar 1990 der Dissident und erste nichtkommunistische Präsident Václav Havel über seine Vision von der demokratischen Erneuerung des Landes.

Aber von besonderer Bedeutung für die Prager ist das monumentale **Jan-Hus-Denkmal**, das 1915 zum 500. Todestag des Kirchenreformators (s. auch Exkurs S.31) enthüllt worden ist. Nachdem Jan Hus von der Inquisition in Konstanz auf dem Scheiterhaufen verbrannt worden war, brachen in Prag Unruhen aus, die zu den Hussitenkriegen führten. Das Denkmal schuf der tschechische Bildhauer Ladislav Šaloun, dessen Arbeiten mit Plastiken Rodins verglichen werden. Die Prager überqueren den Platz stets in auffallender Eile. Aber sie lieben ihren „Staromák", auch wenn er voll von Touristen ist.

Die Astronomische Uhr

„Die Zeit ist an allem schuld", heißt es in einem tschechischen Lied. Wenn die Zeiger der Astronomischen Uhr (auf Tschechisch „orloj") am Altstädter Rathaus ❺ *in der Silvesternacht stehen bleiben, droht dem tschechischen Volk eine Katastrophe. In dieser Nacht haben der Legende nach die Geister der 27 vor dem Rathaus hingerichteten böhmischen Adligen die Kontrolle über die Uhr. Deshalb passt der Prager Uhrmacher Otakar Záměčník, dessen Firma das historische Uhrwerk wartet, ganz besonders zu Silvester auf den „Orloj" auf. Nicht, dass er auf den Aberglauben etwas gäbe, aber in der Silvesternacht 2001 blieb die Uhr stehen – und Tschechien wurde im folgenden Jahr von einer gewaltigen Überschwemmung heimgesucht.*

Aber die Uhr muss schon wegen der unzähligen Touristen, die zu jeder vollen Stunde das Apostel-Figurenspiel sehen wollen, funktionieren. Das verläuft so: Zunächst erscheint oben im Turm der Sensenmann zu hellem Glockengeläut. Danach treten aus blauen Türchen über der astronomischen Tür die zwölf Apostel heraus.

Zum Schluss kräht ein Hahn und die Turmuhr schlägt die Stunde. Die Astronomische Uhr läuft seit 1410 beinahe ununterbrochen. Das komplizierte Uhrwerk von Meister Hanusch, einem Astronomen der Karls-Universität, zeigt nicht nur die Zeit, sondern auch die Position der Planeten an. Auf dem äußeren Scheibenring zeigen arabische Ziffern die mitteleuropäische Zeit an. Der innere Kreis markiert die Stellung der Tierkreiszeichen. Bei der Restaurierung der Uhr im Jahr 1865 wurde ein kreisförmiges Kalendarium mit einem Medaillon für jeden der 12 Monate vom Maler Josef Mánes hinzugefügt. Das Original befindet sich im Museum der Hauptstadt (s. S. 75), es wurde 1962 durch eine Kopie ersetzt.

Und es gibt noch eine Legende um den Orloj. Der Stadtrat habe Meister Hanusch mit dem Schwert blenden lassen, damit er nie mehr ein ähnliches Uhrwerk bauen konnte. Jedenfalls sind keine Konstruktionszeichnungen gefunden worden. Keine leichte Aufgabe also für die Firma von Otakar Záměčník, die als einzige in Prag das Uhrwerk in Gang halten kann.

Die Altstadt

❺ Altstädter Rathaus (Staroměstská radnice) ★★ [H6]

Viele junge tschechische Paare träumen davon, im Altstädter Rathaus zu heiraten. Dafür müssen sie sich aber frühzeitig anmelden, denn der Ansturm ist riesengroß. Die erste Ehe wurde hier am 5. März 1871 geschlossen.

Seit Ende des 13. Jh. bemühten sich die Altstädter um ein Rathaus. Doch erst 1338 gewährte ihnen Johann von Luxemburg diese Gunst. Das Rathaus symbolisierte ja die Schwächung der Macht des Königs zugunsten der des Bürgertums. 1458 ließ sich Georg von Poděbrady hier sogar zum böhmischen König wählen. Den Kern des Gebäudekomplexes, der im Laufe der Zeit entstand, bildet das ursprünglich einstöckige Steinhaus aus dem 14. Jh. Den südlichen Flügel begrenzt das **Haus U Minuty** (Zur Minute) vom Anfang des 15. Jh. Seine Fassade schmückt ein Renaissancegraffiti mit mythologischen und biblischen Motiven. Zwischen 1869 und 1896 bewohnte das Haus der Schriftsteller Franz Kafka mit seinen Eltern, 1892 kam hier seine geliebte Schwester Ottla auf die Welt. An der Ostseite des Rathauses entstand Mitte des 14. Jh. der Turm und 1381 eine Erkerkapelle. Nach der Schlacht auf dem Weißen Berg mussten die Stadträte vor ihren Sitzungen in der Kapelle beten. In der zweiten Hälfte des 19. Jh. wurde das Rathaus um das **Haus U Kohouta** (Zum Hahn) mit seiner klassizistischen Fassade erweitert. Zur **Aussichtsgalerie** in 70 m Höhe gelangt man auch mit einem Lift. Von oben blickt man bis zur Burg jenseits der Moldau. Im Erdgeschoss liegt ein Touristenbüro.

Die Teynkirche ❻ überragt die Altstadt

> Staroměstské náměstí 1/3, www.staromestskaradnicepraha.cz, Tel. 236002629, Metro A: Staroměstská, ganzjährig Mo. 11–18 Uhr, Di.–So. 9–18 Uhr, Turm Mo. 11–22 Uhr, Di.–So. 9–22 Uhr, Eintritt Rathaus 100 Kč, Turm 130 Kč, Turm und Rathaus 180 Kč. Eine Führung durch das Rathaus zeigt neben dem mittelalterlichen Sitzungssaal auch die Kellerräume. An der Kasse kann man auch eine Abendbesichtigung in deutscher Sprache buchen (ab 20 Uhr, pro Person 160 Kč).

❻ Teynkirche
(Týnský chrám) ★★ [I6]

Die Kirche ist ein weiteres Wahrzeichen des Altstädter Rings. Ihre schlanken Türme mit vergoldeten Verzierungen tauchen den Platz in eine märchenhafte Atmosphäre.

Während der hussitischen Reformation war sie die städtische Hauptkirche. Ihren gotischen Giebel schmückte ein großer goldener Kelch, Symbol der Utraquisten. Darunter stand die Statue des Königs Georg von Poděbrady mit dem Schwert in der Hand. Nach der Niederlage der Hussiten fiel die Kirche an die Katholiken, die die Symbole der Rebellion beseitigten und an ihrer Stelle 1626 eine Figur der Jungfrau Maria aufstellten. Die Teynkirche wurde im 14. Jh. auf romanischen und frühgotischen Fundamenten erbaut. An ihrem Nordportal arbeitete die Bauhütte des Lieblingsarchitekten von Karl IV., Peter Parléř. Beachtenswert sind vor allem die kunstvollen Steinmetzarbeiten. Der Südturm wurde Anfang des 16. Jh. fertiggestellt. Im Februar 2008 bekam die Teynkirche drei neue Glocken und somit ihren alten Klang zurück. 1942 hatten die deutschen Besatzer die Originalglocken geraubt. Im Innenschiff der Kirche liegt hinter der gotischen Kanzel das **Grab des dänischen Astronomen Tycho Brahe** (1546–1601, siehe Extrainfo oben). In Prag gab er Johannes Kepler seine Daten über die Berechnung der Marsbahn. Mit ihrer Hilfe entwickelte das mathematische Genie die nach ihm benannten Gesetze. Der Eingang zur Kirche führt über die Laubengänge der frühgotischen

---

KLEINE PAUSE

Týnská literární kavárna
Gleich neben dem Altstädter Ring, in der Týnská Straße, liegt das vor allem von Studenten besuchte Literarische Café, das wegen seiner versteckten Lage, niedriger Preise und eines Innenhofs als Geheimtipp gilt (s. S. 86).

EXTRAINFO

Wer war der Mörder von Tycho Brahe?
2010 exhumierte ein tschechisch-dänisches Expertenteam medienwirksam die sterblichen Überreste des dänischen Astronomen Tycho Brahe, um nach jahrzehntelangen Diskussionen endlich die Todesursache des berühmten Wissenschaftlers zu klären. Ihr Fazit: Brahe starb, weil er sich während eines Banketts bei Rudolf II. nicht auf die Toilette getraut hatte. Allerdings halten die Experten eine ohne äußere Einmischung gerissene Blase für eher unwahrscheinlich. Spekulationen zufolge könnte Brahe vergiftet worden sein. Zum „Kreis der Verdächtigen" zählte auch der Wissenschaftler und Rivale **Johannes Kepler**. Das wiederum bestreitet der Rostocker Wissenschaftler Ludwig Jonas, der 2012 Brahes Barthaare untersucht hatte. Ihm zufolge starb der Astronom wohl deshalb, weil er bei der Herstellung von Quecksilberpräparaten giftigen Dämpfen ausgesetzt war.

Teynschule mit ihren schönen venezianischen Giebeln aus dem 16. Jh. Nebenan im gotischen „**Haus zur steinernen Glocke**" werden Ausstellungen und Konzerte veranstaltet.
› Staroměstské náměstí (Durchgang im Haus Nr. 14), Metro A: Staroměstská, www.tyn.cz, Öffnungszeiten für Touristen: März–Dez. Di.–Sa. 10–13 und 15–17 Uhr, So. 10–12 Uhr, Jan./Feb. Mi. 17–18.30, Do. 10–12 und 17–18.30, Fr. 10–12 und 14.30–16, Sa./So. 10–12 Uhr, Eintritt 25 Kč oder 1 € (auf freiwilliger Basis), sonst nur zum Gottesdienst. Reisegruppen müssen sich vorher per Mail unter dkc@cmail.cz anmelden.

❼ Goltz-Kinský-Palais (Palác Golz-Kinských) ★ [I6]

Das Rokokogebäude, das in den Altstädter Ring ❹ vorspringt, ist das **Goltz-Kinský-Palais** (18. Jahrhundert). Sein Besitzer bestach angeblich drei Stadträte, um sein Palais zum Neid der Nachbarn weiter in den Platz hinein bauen zu können. Als das Baugerüst beseitigt war, reagierten die anderen Stadtväter ausgesprochen verärgert und ließen die drei korrupten Kollegen am nächsten Morgen am Platz erhängen. Der Graf aber blieb unangetastet. Im Erdgeschoss betrieb Kafkas Vater Hermann sein Geschäft, Franz besuchte von 1893–1901 das deutschsprachige Humanistische Gymnasium im hinteren Hausteil. Auch Max Brod, Franz Werfel und Karl Kraus waren dort Schüler. Heute ist hier eine Zweigstelle der Nationalgalerie untergebracht. In der Ausstellung wird Kunst aus Japan, China, Korea, Tibet, Südostasien und Afrika präsentiert.
› Staroměstské náměstí 12, Metro A: Staroměstská, www.ngprague.cz, Di.–So. 10–18 Uhr, Eintritt 150 Kč (für Jugendliche bis 18 und Studenten bis 26 Jahre mit Ausweis freier Eintritt zur Dauerausstellung).

❽ St. Nikolaus-Kirche (Chrám sv. Mikuláše) ★ [H6]

An der Nordwestseite des Altstädter Rings ❹ erhebt sich die **Barockkirche St. Nikolaus**. Sie ist eine der drei Kirchen dieses Namens in Prag, ein Werk von Kilian Ignaz Dientzenhofer, Böhmens größtem Barockmeister, aus den Jahren 1732–1735. Die schöne Stuckdekoration im Kirchenschiff stammt von Bernardo Spinetti, die Wandfresken von dem bayerischen Maler Damian Asam und die Plastiken von Antonín Braun. Die Kirche wurde 1787 säkularisiert und und diente als Lagerhaus. Später wurde sie an die russisch-orthodoxe Gemeinde vermietet, seit 1920 gehört sie der Hussitischen Kirche.
› Staroměstské náměstí, Metro A: Staroměstská, www.svmikulas.cz, Mo.–Sa. 10–16 Uhr, So. 11.30–16 Uhr. Konzerte Apr.–Nov. tägl. 17 und 20 Uhr

❾ Ständetheater (Stavovské divadlo) ★★ [I6]

„Meine Prager verstehen mich." Mozart war gerührt, als ihm das Publikum nach der Uraufführung seiner Oper „Don Giovanni" im Oktober 1787 stürmisch applaudierte. Dieses Theater muss jeder Mozartfan gesehen haben.

Das klassizistische Gebäude des Ständetheaters am Obstmarkt (Ovocný trh) bleibt für immer mit dem Namen von **Wolfgang Amadeus Mozart** verbunden. Im Januar 1787 dirigierte er hier „Die Hochzeit des Figaro", einige Monate später folgte die Weltpremiere von „Don Giovanni". Seine berühmte Oper widmete Mozart – natürlich – den Pragern. Er war nicht der einzige berühmte Künstler, der hier wirkte. Im Dezember 1828 spielte auf derselben Bühne an sechs Abenden der berühmte Geigenvirtuose Niccolo Paganini; Carl Maria von Weber und Gustav Mahler leiteten zeitweise das Theater. Das Gebäude hatte ein Prager Deutscher, Kunstmäzen Graf Franz Anton Nostiz-Rieneck, in den 1780er-Jahren auf seinem Grundstück erbauen lassen. Er wollte damit die deutsche Oper und das deutsche Theater fördern, ab und zu erlaubte er eine tschechische Produktion. Nach seinem Tod erwarben die böhmischen Stände das Theater, das fortan das „Königliche Ständetheater" hieß. Aber der Kampf um das Hausrecht ging weiter: Mitte des 19. Jh. zog das Deutsche Landestheater ein, in den Anfangsjahren der 1. Tschechoslowakischen Republik wurde das Theater von tschechischen Kunstschaffenden beschlagnahmt. Das verstimmte den Präsidenten Masaryk derart, dass er seitdem das Gebäude nie mehr betrat. 1948 wurde die Bühne in Tyl-Theater umbenannt, 1990 erhielt sie ihren ursprünglichen Namen zurück und wurde dem Prager Nationaltheater ❷ eingegliedert.

› Ovocný trh 1, Metro A, B: Můstek, www.narodni-divadlo.cz, Kasse tägl. 10–18 Uhr, Tel. 224901448

❿ Karolinum ★ [I6]

Viele tschechische Eltern träumen davon, dass ihr Kind aus dem ehrwürdigen Karolinum (Karlsuniversität) mit einem Hochschuldiplom herausspaziert. Der Studienabschluss an der Karlsuniversität gilt in Tschechien nach wie vor als besondere Auszeichnung. Kaiser Karl IV. gründete 1348 die älteste Universität Mitteleuropas. Als Hörsaal dienten zunächst Räume in umliegenden Klöstern. 1383 stiftete Wenzel IV. der Universität ein eigenes Lehrgebäude, von dessen einstiger Pracht heute noch der gotische Erker zeugt. Zu den berühmtesten Rektoren zählte Jan Hus. Die Universität wuchs zu einem stattlichen Gebäudekomplex, der später von den Jesuiten übernommen und barockisiert wurde.

› Železná/Ovocný trh 3

⓫ Agneskloster (Anežský klášter) ★★ [I5]

Es war das erste Klarissinnenkloster nördlich der Alpen, gegründet von der Tochter des Königs Přemysl Ottokar I., einer bemerkenswerten Frau.

Nahe der Moldau im Stadtviertel Na Františku erstreckt sich der älteste frühgotische Baukomplex Böhmens. 1231–1234 gründete die hl. Agnes zwei Klöster: eines für Minoriten und das andere für Klarissinnen, deren Äbtissin sie drei Jahre später wurde. Agnes galt als Vorbild für eine demütige und asketische Lebensführung. Obwohl um ihre Hand mehrere Könige

EXTRATIPP

Rund um den Haštal-Platz [I5]
Viel Charme haben Gassen und Plätze rund um den **malerischen Haštalské náměstí**, nur einen Steinwurf vom Altstädter Ring entfernt. Die enge Kozí **(Ziegengasse)** findet Erwähnung im Werk gleich dreier großer Schriftsteller: Jaroslav Hašek, Bohumil Hrabal und Egon Erwin Kisch. Das Haus in der Anežská 1043 dürfte mit seiner nur 2,25 m hohen Straßenfront das **kleinste Haus in der Altstadt** sein.

warben – darunter der englische König Heinrich III. – wandte sie sich dem geistlichen Leben zu. Aber sie nahm auch Einfluss auf die Politik: Die Herrscher schätzten sie als Ratgeberin bei Staatsgeschäften. Nach ihrem Tod sollen sich mehrere Wunder ereignet haben. Das Kloster wurde von Josef II. aufgelöst, in den verfallenden Gebäuden später ein Armenheim eingerichtet. Bei der Rekonstruktion 1980 fanden Arbeiter in der frühgotischen **Salvator-Kirche** die Gräber der hl. Agnes und weiterer Přemysliden. 1989, 700 Jahre nach ihrem Tod, wurde Agnes heiliggesprochen. In den Klosterräumen wird mittelalterliche Kunst ausgestellt. Erhalten blieben der **hochgotische Kreuzgang** aus dem 14. Jh., der **Alte Kapitelsaal** und das **Alte Refektorium**.

› Anežská 12, Metro A: Staroměstská, Tel. 221810628, www.ngprague.cz, ganzjährig Di.–So. 10–18 Uhr, Eintritt 150 Kč (für Kinder und Jugendliche unter 18 Jahren und Studenten bis 26 Jahre frei)

⑫ Rudolfinum ★★ [G6]

Ob für die Prager Hochkultur oder für die internationale Filmbranche: Das Rudolfinum am rechten Moldauufer ist das Haus herausragender Konzerte und verwandelt sich auch mal in die Bank of England oder den Berliner Reichstag.

Das Neorenaissancegebäude ist ein Werk der tschechischen Architekten Josef Zítka und Josef Schulz, die auch das Nationaltheater ㉜ und das Nationalmuseum ㉖ entwarfen. Die deutsche Filiale der Böhmischen Sparkasse spendete Prag dieses repräsentative Kunstzentrum. Zur feierlichen Einweihung 1885 wurde u. a. Antonín Dvořáks „2. Slawische Rhapsodie" aufgeführt. Elf Jahre später stand der Maestro selbst auf der Bühne und dirigierte seine Symphonie „Aus der neuen Welt". Seitdem trägt der große Konzertsaal mit seiner Weltklasse-Akustik den Namen des berühmten tschechischen Komponisten. Auch während des Zweiten Weltkriegs wurde Musik gespielt – allerdings nur die der deutschen Besatzer. Seit 1946 ist das Rudolfinum Sitz der Tschechischen Philharmonie und Zentrum des Musikfestivals Prager Frühling.

› Alšovo nábřeží 12, Metro A: Staroměstská, www.ceskafilharmonie.cz, Tel. 227059227, Ticketschalter Mo.–Fr. 10–18 Uhr, Juli/Aug. 10–15 Uhr, Eintrittskarten kann man aber auch online kaufen. Neben Konzerten und anderen kulturellen Veranstaltungen finden in der Galerie interessante Wechselausstellungen statt, Di./Mi. u. Fr.–So. 10–18 Uhr, Do. 10–20 Uhr: www.galerierudolfinum.cz, Eintritt 130–180 Kč.

Gottlose Nation: Jan Hus – oder warum die Tschechen Hussiten sind

„Wir mögen keine Kirchen und keine Predigten. Kneipe und fette Wurst, darauf stehen wir." In diesem ironischen Satz des tschechischen Musikers Michael Kocáb steckt Wahres: Die vielen majestätischen Kirchen im Stadtbild Prags trügen. Anders als etwa Polen oder die Slowakei gehört Tschechien zu den am wenigsten religiösen Ländern Mitteleuropas. Fast zwei Drittel der Tschechen gehören keiner Kirche an.

Das Trauma mit der Kirche entstand durch die Ermordung von Jan Hus. Die Tschechen warten bis heute auf die Bitte um Verzeihung. Papst Johannes Paul II. hat das Verbrechen und die „nachfolgende Wunde" lediglich bedauert. Das aber ist den meisten Tschechen zu wenig, denn ihr Jan Hus starb „für die Wahrheit", wie sie sagen.

Über die Kindheit des Mannes, den alle Schulkinder in Tschechien kennen, weiß man nur wenig. Er wurde um 1372 in Husinec, einem südböhmischen Städtchen, geboren. Sein Vater war wahrscheinlich Bauer. 1390 kam Hus nach Prag, um Theologie und Philosophie zu studieren, 1400 wurde er zum Priester geweiht.

Beeinflusst von der radikalen Lehre John Wyclifs von der Universität Oxford und vom aufkommenden Nationalbewusstsein an der Prager Universität, predigte Hus von nun an in tschechischer Sprache von der Kanzel der Bethlehemskapelle vehement gegen die Verweltlichung der Kirche. Er sah in der Bibel die einzige Autorität in Glaubensfragen und in Jesus Christus das einzige Oberhaupt der Kirche, an das sich Christen direkt und ohne Vermittlung durch Priester wenden können.

1408 war Jan Hus in ganz Europa bekannt, Papst und Inquisition beschuldigten ihn der Ketzerei und vertrieben ihn aus Prag. Im Exil schrieb er seine bedeutendsten Aufsätze und predigte weiter. 1414 wurde er mit dem Versprechen eines freien Geleits zum Konstanzer Konzil gerufen. Hus weigerte sich standhaft, seine Thesen zu widerrufen und wurde am 6. Juli 1415 auf dem Scheiterhaufen verbrannt.

Die Nachricht von seinem Tod rief in Prag gewaltige Proteste hervor und führte zu den Hussitenkriegen (1415–1422), die sich gegen König, Kaiser, Kirche und den Papst richteten. Nach der Niederlage der tschechischen Protestanten gegen die Habsburger im Jahr 1620 erlitt das Land dann eine Zwangsrekatholisierung. Der Kampf gegen den Katholizismus spielte auch während der tschechischen Nationalbewegung des 19. Jh. eine wichtige Rolle. Präsident T. G. Masaryk berief sich 1914 auf die Hussiten als Vorbild.

Für die Tschechen ist Jan Hus ein Wegbereiter der Nation, sein Märtyrertod schuf einen Opfermythos. Der Gedanke „Europa hat uns verlassen" kehrte immer wieder zurück: 1938 beim Münchener Abkommen oder 1968, nach der Zerschlagung des Prager Frühlings.

◁ Das Jan-Hus-Denkmal ist seit 1915 das Wahrzeichen des Altstädter Rings

⓭ Bethlehemskapelle (Betlémská kaple) ★★ [H7]

Auch wenn das Gebäude nur eine Rekonstruktion ist, hat es für die Tschechen eine besondere Symbolkraft. Die Kapelle, in der Jan Hus in tschechischer Sprache predigte, ging als das bedeutendste Prager Gotteshaus in die europäische Geschichte ein.

Zwei Prager Bürger, Johann von Mühlheim und Krämer Kříž, ließen das Haus 1391 in einem Armenviertel der Altstadt errichten. Die schlichte Bauart war Programm: Das Gotteshaus spiegelte die neue revolutionäre Sicht von der eigentlichen Stellung der Kirche wider und war somit der erste Kirchenbau Europas, der dem Geist der Reformation entsprach. Zwischen 1402 und 1412 strömten die Menschen zu den Predigten des Kirchenreformators Jan Hus. Bis zu 3000 Menschen sollen sich in der Kirche und davor versammelt haben. Auch nach dem päpstlichen Verbot 1410 predigte Hus weiter. Die Kapelle wurde zum Symbol der hussitischen Bewegung in Böhmen. 1622 verwandelten die Jesuiten das Haus in eine katholische Kirche. 1786 wurde die Kapelle abgerissen. Nach dem Zweiten Weltkrieg wurde nach alten Zeichnungen und Illustrationen die Kapelle als Symbol der nationalen Identität rekonstruiert. Nur die Tür, durch die Jan Hus die Kanzel betrat, ist original. Die Wände zieren Repliken der ursprünglichen Malereien sowie Texte hussitischer Lieder.

› Betlémské náměstí 255/4, Tel. 224248595, www.bethlehemchapel.eu/de/die-bethlehem-kapelle, tägl. 10–18 Uhr, Eintritt 60 Kč, Dauer der Besichtigung ca. 45 Min.

⓮ Klementinum ★★ [H6]

1556 ließen sich die Jesuiten im ehemaligen Dominikanerkloster östlich der Karlsbrücke nieder. Auf einer zwei Hektar großen Fläche erbaute der Orden in 150 Jahren das Klementinum, das zum Zentrum der Gegenreformation wurde.

Nach der Prager Burg ⓬ ist das Klementinum der größte Gebäudekomplex Prags mit fünf Höfen und drei Kirchen. Zu ihnen gehört die 1578 erbaute und bis Mitte des 17. Jh. ausgebaute **St.-Salvator-Kirche**, damals die jesuitische Hauptkirche in Böhmen. Neben der Kirche, die dem Kreuzherrenplatz zugewandt ist, führt der Eingang zum ersten Hof.

Ein bemerkenswert reiches barockes Interieur weist die zu Beginn des 18. Jh. erbaute und von außen eher schlicht wirkende **St.-Clemens-Kirche** auf, die ebenfalls wie die ältere **Welsche Kapelle** über den gemeinsamen Säuleneingang in der Karlsgasse erreichbar ist. In das Gebäudeensemble sind mehrere Profanbauten integ-

---

KLEINE PAUSE

Café Montmartre

Die Gästeliste des ehemaligen **Künstlercafés Montmartre** in der engen Řetězová Straße liest sich wie ein „Who's who" in der Prager deutschsprachigen Literatur. Zu den Stammgästen zählten Franz Kafka, Max Brod, Jaroslav Hašek, Gustav Meyrink, Johannes Urzidil oder Egon Erwin Kisch. Damals befand sich hier ein Kabarett, die Schriftsteller entspannten sich bei Tanz und Musik. Besonders der „rasende Reporter" Kisch soll auf dem Tanzboden eine gute Figur gemacht haben. Trotz seiner Geschichte ist das Café keine Touristenfalle, sondern ein Treffpunkt der Studenten, die das Café „Montík" nennen (s. S. 85).

Die Altstadt 33

> **EXTRATIPP**
>
> **Durch die Innenhöfe des Klementinums**
> Wer die meist sehr volle **Karlova-Straße** mit ihren vielen Souvenirgeschäften meiden will, kann einen Weg nehmen, den eigentlich nur die Prager kennen: über die Innenhöfe des Klementinums, dessen Ostflügel am Marienplatz (Mariánské náměstí) endet. Von hier aus sind es nur ein paar Schritte zum Altstädter Ring und zur Josefstadt. Der Südflügel grenzt an den Kreuzherrenplatz (Křižovnické náměstí) am Fuße der Karlsbrücke ⓰.

riert – Schulen, Bibliotheken und das Kolleg. Die Jesuiten hatten ein Theater, eine Sternwarte und eine eigene Druckerei. Im Ostflügel, der an den Marienplatz grenzt, liegen **Spiegelkapelle**, **Bibliothekssaal** und **Mathematischer Saal**.

Das Jesuitenkolleg gehörte neben der Karlsuniversität zu den führenden Bildungseinrichtungen im böhmischen Königreich. Nach der Aufhebung des Jesuitenordens 1773 wurde in den Gebäuden ein Teil der Prager Universität untergebracht. Heute ist im Klementinum die Sammlung der Nationalbibliothek mit mehr als sechs Millionen Büchern, darunter viele wertvolle alte Manuskripte, aufbewahrt. Das älteste Buch ist der sogenannte **Vyšehrad-Kodex**. Auch die Spiegelkapelle und der 52 m hohe astronomische Turm sind für Besucher geöffnet.

> **EXTRATIPP**
>
> 2015 wählten die Leser des populären amerikanischen Kunst-, Kultur- und Kreativ-Servers **Bored Panda** die barocke Bibliothek im Klementinum ⓮ zur **schönsten Bibliothek der Welt**.

› Křižovnická 190/Mariánské náměstí 5, Metro A: Staroměstská, Tel. 733129252, www.klementinum.com, Jan./Febr. tägl. 10–16.30, März–Okt. 10–19, Nov./Dez. 10–18 Uhr. Die Räumlichkeiten können nur im Rahmen einer Führung auf Englisch besichtigt werden. (Es gibt einen deutschen Text, Dauer ca. 45 Min., Eintritt 220 Kč.)

⓯ Kreuzherrenkirche (Kostel sv. Františka z Assisi) ★ [G6]

An der Nordseite des stets überfüllten Kreuzherrenplatzes (Křižovnické náměstí) steht die barocke Kreuzherrenkirche, eine Nachbildung der Peterskirche in Rom. Das Bauwerk entstand im letzen Drittel des 17. Jahrhunderts bewusst als Gegenstück zur gegenüberliegenden jesuitischen Hauptkirche St. Salvator. Der um 1230 gegründete einzige böhmische Orden der Kreuzherren stand in Konkurrenz zu den mächtigen Jesuiten.

Am Kreuzherrenplatz: links die Kreuzherrenkirche, rechts die jesuitische St.-Salvator-Kirche

Das **Kuppelfresko** zeigt das Jüngste Gericht von Wenzel Lorenz Reiner (1689–1743). Das Klostergebäude wurde nach Plänen von Carlo Lurago 1661–1662 erbaut. Der nördliche Gebäudeteil entstand Anfang des 20. Jahrhunderts. Vor der Kirche ragt eine **Statue Karls IV.** auf, die 1848 zum 500-jährigen Bestehen der Prager Universität errichtet wurde.

Im angeschlossenen Gebäude, dem ehemaligen Spital der Kreuzherren, ist heute das **Museum der Karlsbrücke** untergebracht. Ausgestellte Modelle, Bilder und Kopien der Statuen informieren über die Entstehungsgeschichte und Gegenwart des berühmten Bauwerks.

› Křižovnické náměstí 3, Metro A: Staroměstská, www.krizovnici.eu, April–Nov. tägl. 10–19 Uhr. In den Wintermonaten kann man durch eine Glastür in das Kircheninnere sehen.
› **Muzeum Karlova mostu** (Museum der Karlsbrücke), www.muzeumkar lovamostu.cz, Mai–Sept. 10–20, Okt.–April 10–18 Uhr, Eintritt 170 Kč. Angeschlossen ist ein gemütliches Nichtraucher-Café.

⓰ Karlsbrücke (Karlův most) ★★★ [G6]

Sie erlebte Krönungs- und Begräbniszüge der böhmischen Könige, Ritterturniere, Hussitenkriege und mehrere Hochwasserkatastrophen. An einem ihrer Brückenerker befand sich ein Hinrichtungsplatz. Die „Mutter aller tschechischen Brücken" wird verehrt wie ein Nationalheiligtum.

Von daher ist auch zu verstehen, dass Karl IV., der die weltberühmte Brücke im Jahr 1357 erbauen ließ, in einer landesweiten Umfrage zum „größten Tschechen aller Zeiten" gekürt worden ist. Seinen Namen trägt die 520 m lange, 9 m breite und von 16 Pfeilern getragene Brücke übrigens erst seit dem 19. Jh. Früher hieß sie einfach die „Steinerne" oder „Prager Brücke". Sie erlebte Krönungs- und Begräbniszüge der böhmischen Könige, Ritterturniere, Hussitenkriege, Revolutionsschlachten und mehrere Hochwasserkatastrophen. Auf ihr wurde gelebt, gekämpft und gelitten und an einem ihrer Brückenerker war ein Hinrichtungsplatz.

Nur wenige europäische Städte können sich eines so imposanten mittelalterlichen Brückenbauwerks rühmen, dessen Vorbild die **Regensburger Brücke** war. Die frühere Judithbrücke wurde 1342 fast vollständig von der Moldauflut zerstört, weshalb sich Karl IV. für die Grundsteinlegung der neuen Brücke den **Rat der Astrologen** holte. Und sie planten minutiös: Am 9. Juli 1357 um 5.31 Uhr war es soweit – angeblich deshalb, damit die ungeraden Zahlen in aufsteigender und absteigender Folge angeordnet werden konnten: 135797531. Einer weiteren Legende nach beschloss der erste Baumeister Peter Parléř, der auch den Veitsdom ❸ entwarf, den Mörtel mit Eidotter anzureichern, um dadurch die Brücke haltbarer zu machen. Aus allen Landesteilen mussten die Untertanen Eier nach Prag bringen. Noch heute eilt einer Kleinstadt der Spott der Prager nach, weil ihre Bürger angeblich die Eier vor dem Transport sicherheitshalber hart kochen ließen. Seit mehr als sechs Jahrhunderten verbindet die Karlsbrücke nun die Stadtteile Altstadt und die Kleinseite.

Heute drängen sich unzählige Touristen auf der Brücke – zur Freude der einheimischen Musiker, Souvenirverkäufer und Porträtzeichner. Den Spaziergang über die Karlsbrücke, den Blick auf den Hradschin und über die Moldau bis zum Nationaltheater ❷ wird niemand vergessen.

Die **Freilichtgalerie von Barockplastiken** auf der Brücke stammt aus der Zeit an der Wende vom 17. zum 18. Jh. Führende Bildhauer wie Matthias B. Braun, Johann Brokoff und seine Söhne Michael Johann und Ferdinand Maximilian haben die Statuen geschaffen. Die bekannteste und älteste ist die des heiligen Johannes von Nepomuk (von der Altstadtseite kommend die achte auf der rechten Seite) von Johann Brokoff aus dem Jahr 1683. Vor mehr als 600 Jahren fiel Nepomuk bei König Wenzel IV. in Ungnade, er wurde gefesselt von der Brücke in die Moldau geworfen. Das Plattenrelief an der Statue ist blank gerieben: Wer die Hand darauf legt, hat in seinem Leben – wenn er daran glaubt – viel Glück. Die bildhauerisch wertvollste Statue ist die der heiligen Luitgard aus dem Jahr 1710 (die 13. auf der linken Seite) von Matthias Bernhard.

Die meisten kostbaren Originalstatuen wurden durch Kopien ersetzt. Eine gute Entscheidung: Im März 2007 mussten die Taucher der Stadtpolizei einen Monat lang in den Tiefen der eiskalten Moldau nach Bruchstücken der Statuen suchen, die von randalierenden Touristen in die Moldau geworfen worden waren. Jetzt sollen Überwachungskameras für die Sicher-

◁ *Die Karlsbrücke mit ihren Statuen ist für die Tschechen ein Nationalheiligtum* heit der Brückenheiligen sorgen. Einsame Spaziergänge auf der Brücke, wie im 19. Jh. beschrieben, sind heute unmöglich, es sei denn, man kommt um drei Uhr nachts oder am frühen Morgen. In den nächsten Jahren stößt der Besucher auf wandernde Baustellen: Seit 2008 wird die Brücke einer **Generalüberholung** unterzogen. Dafür haben die Tschechen landesweit viel Geld gespendet. Die erste Phase wurde im November 2010 beendet, die zweite hat noch nicht begonnen (Stand: Anfang 2016). Sie wird voraussichtlich 10 Jahre dauern. Die Brücke ist weiterhin begehbar.

❶⓿ Brückentürme (Mostecké věže) ★★ [F6, G6]

Das Kommen und Gehen auf der Karlsbrücke lässt sich aus luftiger Höhe, vom gotischen Altstädter-Brückenturm am Kreuzherrenplatz, sehr gut beobachten.

Baumeister Peter Parléř aus Schwäbisch Gmünd begann unter Karl IV., fertigstellen konnte er das Bauwerk erst 1385 unter dessen Sohn Wenzel IV. Die beiden Herrscher sind oberhalb des Torbogens als Sitzfiguren abgebildet. Über ihnen thronen die Statuen der böhmischen Schutzheiligen, St. Adalbert und St. Sigismund. Noch weiter oben waren zehn Jahre lang die Köpfe der Anführer des böhmischen Ständeaufstandes aufgepfählt.

An der Turmseite, die der Altstadt zugewandt ist, sind zwei erotische Steinplastiken angebracht, die eine Nonne und einen Mönch darstellen. Um die Karlsbrücke ❶⓰ aus der Vogelperspektive betrachten zu können, muss man 138 Treppenstufen überwinden. Am anderen Ende der Brücke erheben sich die **Kleinseitner Brückentürme**, durch die ein Tor führt. Nur der höhere Turm ist öffentlich zugänglich, der niedrigere ist sogar noch älter als die Karlsbrücke ❶⓰ und gehörte zur Befestigung vom 12. Jahrhundert.

› www.muzeumprahy.cz/prazske-veze, tägl. Okt./März 10–20 Uhr, Nov.–Febr. 10–18 Uhr, April–Sept. 10–22 Uhr. Eintritt jeweils 90 Kč. Von beiden Türmen hat man eine wunderbare Aussicht auf die Dächer der Altstadt und der Kleinseite, im Altstädter Brückenturm kann man auch das Untergeschoss aus dem 14. Jh. besichtigen.

Josefstadt

Glanz und Trauer sind hier ineinander verwoben: Fünf Synagogen, das Jüdische Rathaus und der Alte Jüdische Friedhof zeugen von der reichen Vergangenheit der Prager jüdischen Gemeinde – die 77.297 Namen der Naziopfer an den Wänden der Pinkas-Synagoge von ihrem Untergang.

Vergeblich suchen heute Touristen das Prager Getto des sagenhaften Golems. Ende des 19. Jh. ist die überfüllte Josefstadt (Josefov) mit ihren desolaten hygienischen Wohnverhältnissen abgerissen worden. Erhalten geblieben sind Synagogen, das Jüdische Rathaus und ein Teil des **Alten Jüdischen Friedhofs** ❶⓴. Bedeutende Rabbiner lehrten im Getto und die Juden prägten die Geschichte Prags. Von Beginn an wurden die Juden aber auch diskriminiert und verfolgt. Zum ersten großen Pogrom mit mehr als 3000 Opfern kam es 1389, als den Juden die Schuld an der Pest gegeben wurde. Eine Blütezeit erlebte die Gemeinde im 16. Jh. Der Alt-Prager Jude und Bürgermeister Mordechai Maisel baute ein Spital, öffentliche Badehäuser, eine Talmudschule, schuf das Rathaus in jener Zeit, als der **berühmte Rabbi Löw** in Prag lebte. 1744 verfügte Kaiserin Maria Theresia die Vertreibung der Juden, nahm dann aber den Erlass zurück. Im 18. Jh. stellten die etwa 12.000 Juden ein Drittel der Prager Einwohnerschaft. Die mittelalterliche Gettomauer wurde 1848 abgerissen. 1867 wurden Juden erstmals rechtlich Christen gleichgestellt. In der Tschechoslowakischen Republik von 1918 schien die Überwindung des Antisemitismus möglich. Dabei spielte Staatspräsident Masaryk eine große Rolle, der antijüdischem Denken energisch entgegentrat. Aber schon in der 1930er-Jahren kam es erneut, zunächst in deutschen Siedlungsgebieten, zu Ausschreitungen. Die Nazis schließlich deportierten die etwa 135.000 Juden Böhmens und Mährens nach Theresienstadt und in Vernichtungslager. Von 35.000 Juden im Vorkriegsprag überlebten nur wenige Hundert. Heute zählt die Gemeinde ungefähr 1700 Mitglieder.

❶ 1 [H6] **Informations-und Reservierungszentrum**, Maiselova 15, Tel. 222317191, Nov.–März Mo.–Fr. und So. 9–16.30, April–Okt. Mo.–Fr. und So. 9–18 Uhr, Sa. und an jüdischen Feiertagen geschlossen. Hier kann man sich Eintrittskarten für die Objekte des Prager jüdischen Viertels kaufen (Ticketpreise siehe rechts) sowie Audioguides ausleihen. Ein kleines Café mit kosheren Produkten ist ebenfalls angeschlossen, auch Toiletten sind vorhanden.

⓲ Pinkas-Synagoge (Pinkasova synagoga) ★ [H6]

Die zweitälteste Synagoge Prags, die Pinkas-Synagoge, ist eine **Gedenkstätte für die Opfer des Holocausts in Böhmen und Mähren**. Im ersten Stock sind Kinderzeichnungen ausgestellt, die zwischen 1942 und 1944 im Konzentrationslager Theresienstadt entstanden sind. Vor ihrer Deportation nach Auschwitz hat die Malerin Friedl Dicker-Brandeis 4500 Zeichnungen von Kindern versteckt. Fast alle Kinder und die Künstlerin sind in Auschwitz vergast worden.

Rabbi Pinkas ließ um 1492 das Haus an der Široká ulice, der ehemaligen Hauptstraße der Josefstadt, auf den Resten einer romanischen Synagoge aus dem 11. Jh. erbauen. Unter dem gotischen Netzgewölbe von 1535 ist Platz für 177 Männer, auf der Frauenseite sind weitere 100 Sitze sowie noch einmal 143 Sitze auf der Galerie. Die Synagoge wurde von 1984 bis 1996 gründlich restauriert. Seit 2014 kann man im Souterrain die historische Mikwe (Ritualbad) besichtigen.

› Široká 3, Metro A: Staroměstská, www.jewishmuseum.cz, Jan.–Ende März 9–16.30, Ende März–Ende Okt. 9–18, Ende Okt.–Dez. 9–16.30 Uhr, Sa. und an jüdischen Feiertagen geschlossen. **Sammelticket** für den Besuch der Pinkas-Synagoge inkl. Altem Jüdischen Friedhof, Klausen-, Maisel-, Spanischer und Altneuer Synagoge und des **Zeremoniensaals der Begräbnisbruderschaft** 480 Kč, für Kinder zwischen 6 und 15 Jahren sowie für Studenten 320 Kč, Sammelticket ohne die Altneue Synagoge Erwachsene 300 Kč, Kinder zwischen 6 und 15 Jahren/Studenten 200 Kč, Familien: Erwachsene 300 Kč, Kinder 100 Kč. Einzeltickets sind nur für den Besuch der Spanischen ㉒ sowie der Altneuen Synagoge ㉓ erhältlich. Die Sammeltickets kann man in der Pinkas-Synagoge, in der Klausen- ⓴ und in der Spanischen Synagoge ㉒ sowie im Informations- und Reservierungszentrum kaufen (siehe links) erstehen. Die Eintrittskarte ist sieben Tage gültig.

⑲ Alter Jüdischer Friedhof (Starý židovský hřbitov) ★★★ [H6]

Das meistbesuchte Grab ist das des Rabbiners Jehuda Löw ben Bezalel aus dem Jahr 1609. Bis heute hat sich der Brauch erhalten, an seiner Grabstätte kleine Zettel zu verstecken, auf die Besucher ihre Wünsche geschrieben haben.

An der Pinkas-Synagoge ⑱ befindet sich auch der Eingang zum Alten Jüdischen Friedhof, der wohl bekanntesten jüdischen Begräbnisstätte der Welt. Da der Platz im Getto knapp war, wurden hier von 1439 bis 1787 etwa 100.000 Tote übereinander bestattet. Unter Baumkronen drängen sich etwa 12.000 verwitterte und schiefe, teilweise abgesunkene Grabsteine aneinander. Abseits des gekrümmten Weges ist fast kein Durchkommen zu den einzelnen Gräbern. Inschriften und Symbole auf den Steinen erzählen vom Alltag des Gettolebens, geben Auskunft über Namen und Beruf der Toten. So ist etwa eine Krone auf dem Grabstein ein Symbol gelehrter Männer, eine Pinzette steht für einen Arzt, ein Frauenrelief mit Ring erinnert an eine Frau, die als Braut gestorben ist.

Die alten Grabmäler sind aus Sandstein, die jüngeren aus Marmor und mit Plastiken verziert. Das älteste Grab gehört dem Dichter Avigdor Karo, der hier 1439 bestattet worden ist. Der Friedhof ist von einer Mauer umschlossen, auf der einen Seite begrenzt ihn die Pinkas-Synagoge ⑱, auf der anderen die Klausen-Synagoge ⑳. Am Ausgang erhebt sich das neoromanische Gebäude mit dem **Zeremoniensaal der Begräbnisbruderschaft**. Ein 15-teiliger Bilderzyklus (1772) zeigt die Aufgaben der Brüderschaft, die Kranke und Sterbende betreute. Die Mitglieder durften weder Spiel noch Trunk ergeben sein.

› Široká 3, Tickets siehe ⑱

⑳ Klausen-Synagoge (Klausova synagóga) ★★ [H6]

Die barocke Klausen-Synagoge wurde im Jahr 1689 an einer Stelle erbaut, an der ein rituelles Badehaus, eine Synagoge und jene berühmte Talmudschule standen, an der unter anderem Rabbi Löw lehrte. Wie in den anderen beiden Synagogen befindet sich hier eine Dauerausstellung über jüdische Traditionen, Bräuche und die Geschichte der Juden in Böhmen und Mähren.

› U starého hřbitova 1, Tickets siehe ⑱

◁ *Weltweit bekannt: der Alte Jüdische Friedhof*

㉑ Maisel-Synagoge
(Maiselova synagóga) ★★ [H6]

Die einst größte Prager Synagoge ließ Ende des 16. Jh. Mordechai Maisel bauen. Vor der Naziokkupation feierten hier die reformierten Juden den Gottesdienst.
› Maiselova 10, Tickets siehe ⓲

㉒ Spanische Synagoge
(Španělská synagóga) ★★ [H6]

Architektur und Fassade der Spanischen Synagoge mit maurisch anmutenden Ornamenten sowie ihre Innenausstattung erinnern an die Alhambra in Granada. František Škroup, der Komponist der tschechischen Nationalhymne, war hier als Organist tätig. Die Nazis schlossen das Gotteshaus 1941 und benutzten es als Lagerhalle für geraubtes jüdisches Eigentum. Seit 1998 ist die Synagoge wieder geöffnet und wird wegen ihrer guten Akustik als Konzertsaal genutzt. Im hinteren Trakt des Gebäudes zeigt die **Galerie Roberta Guttmanna** interessante Wechselausstellungen (April–Okt. 9–18, Nov.–März 9–16.30 Uhr, tägl. außer Sa. und den jüdischen Feiertagen, Eintritt 40 Kč, in Kombination mit der Synagoge 70 Kč.)
› Vězeňská 1, Kombitickets siehe ⓲

㉓ Altneue Synagoge
(Staronová synagóga) ★★★ [H6]

Durch ein Eisentor geht der Besucher ein paar Stufen hinab in den düsteren Innenraum des Hauses, das seit dem 13. Jh. kaum verändert worden ist. Die Synagoge ist die älteste in Europa und eines der ältesten gotischen Bauwerke Prags.

Um die Entstehung der Altneuen Synagoge ranken sich viele Legenden. Eine besagt, Engel hätten die Synagoge aus dem gelobten Land nach Prag gebracht und jede Veränderung verboten, weshalb auch alle Baumeister und ihre Auftraggeber verunglückt seien. Das Gebetshaus soll um 1270 wegen des Zuzugs von Juden aus Worms, Speyer und Regensburg entstanden sein. Die Tür auf der Südseite öffnet sich in einen niedrigen Umgang und führt zum Raum der Frauen, die nur durch schießschartenartige Öffnungen den Gottesdienst verfolgen konnten. Der hohe zweischiffige Saal ist für die Männer gedacht, **ein Sitz** bleibt **zu Ehren von Rabbi Löw** bis heute leer. In das Gewölbe ist eine fünfte Rippe eingezogen, vermutlich um kein Kreuz als Symbol entstehen zu lassen. Der Altarraum ist von einem Eisengitter

---

EXTRATIPP

Franz Kafkas letzte Ruhestätte

Franz Kafka (1883–1924) ist auf dem **Neuen Jüdischen Friedhof** beerdigt worden. Der Schriftsteller wurde in der ersten Gräberreihe an der Mauer bestattet und ruht hier zusammen mit seinen Eltern. Ein Schild neben der Zeremonienhalle gegenüber vom Eingang weist den Weg dorthin. Seit seiner Entstehung im Jahre 1890 ist der Neue Jüdische Friedhof die zentrale Begräbnisstätte der Prager jüdischen Gemeinde. Auch die Gräber der Schriftsteller Ota Pavel (1930–1973) und Arnošt Lustig (s. S. 40) kann man hier besuchen.
› Izraelská 1, Metro A: Želivského, Tel. 226235248, www.synagogue.cz, April–Okt. So.–Do. 9–17 Uhr, Fr. 9–14 Uhr, Nov.–März So.–Do. 9–16 Uhr, Fr. 9–14 Uhr, samstags und an jüdischen Feiertagen geschlossen. Letzter Einlass ist eine halbe Stunde vor Schließung.

Jüdische Literatur in Prag

„No? Haben Sie den Golem gefunden?" forscht der Hausmeister der Altneuen Synagoge ㉓ ironisch. In seinen Gettogeschichten hat **Egon Erwin Kisch** (1885-1948) augenzwinkernd über seine Suche nach dem Golem auf dem Dachboden der Synagoge berichtet. Kisch gehörte zum **Prager Kreis** wie **Franz Werfel** (1890-1945), **Max Brod** (1884-1968) und **Franz Kafka** (1883-1924), die sich im Café Arco regelmäßig trafen und auf Deutsch schrieben. Zunächst waren die Juden Prags der deutschen Sprache und Kultur zugewandt. Aber 1900, mit der wachsenden Nationalbewegung der Tschechen, bekannte sich bereits mehr als die Hälfte der rund 18.000 Juden in Prag zur tschechischen Kultur. Viele deutschsprachige Schriftsteller verließen die Stadt: Rainer Maria Rilke, Franz Werfel, Paul Kornfeld, Ernst Weiss.

Kafkas Werk spiegelt die zerrissene Identiät jüdischer Schriftsteller am eindringlichsten wider. Auch er war nach Berlin gegangen, kehrte aber wieder zurück, denn Prag - „dieses Mütterchen hat Krallen". Kafka konnte kaum Tschechisch und war zum Deutschen gezwungen, während er noch am Judentum klebte, das ihm aber auch keine Heimat mehr war. Egon Erwin Kisch schrieb für die Anerkennung der tschechischen Kultur und schuf die literarische Reportage. Franz Werfels frühe Lyrik war Ausdruck der expressionistischen Revolte. Die Verlorenheit des modernen Menschen hat aber in Kafkas Werk gültigen Ausdruck gefunden.

Die meisten jüdisch-deutschen Schriftsteller wurden in den Gaskammern der Nazis ermordet. Paul Eisner überlebte diese Zeit (1973 in Prag gestorben) und schrieb 1945: „Der Zweite Weltkrieg liquidierte fast alle Juden bei uns. Und wer blieb, der wird schon nie mehr ein deutscher und von der deutschen Kultur befruchteter Jude sein." Überlebende wie Arnošt Lustig (1926-2010) schrieben auf Tschechisch über das Schicksal der Juden unter den Nazis. Zu nennen wären noch Ivan Klíma (1931), Johannes Urzidil (1896-1970), Egon Hostovský (1908-1973) und der wunderbare Romancier Ota Pavel (1930-1973).

EXTRAINFO

Jüdisches Rathaus

Nirgendwo sonst als in Prag hatten jüdische Bürger in der Diaspora ein eigenes Rathaus. Das Gebäude, 1541 erstmals erwähnt, liegt in der Maiselova (Maiselgasse) und hat einen Turm mit zwei Uhren, eine mit lateinischem Zifferblatt, die andere mit hebräischem, deren Zeiger sich in entgegengesetzter Richtung bewegen. Für Touristen ist es nicht zugänglich.

umschlossen, der große neunarmige Leuchter, ein goldbestickter Thora-Vorhang und andere Kultgegenstände schimmern geheimnisvoll in dem dunklen und stillen Raum.

› Červená 2, Metro A: Staroměstská, www.synagogue.cz, Tel. 224800812, Nov.-März So.-Do. 9-17 Uhr, April-Okt. So.-Do. 9-18 Uhr, Fr. Schließung eine Stunde vor Beginn des Sabbats, Sa. und an jüdischen Feiertagen geschlossen, Eintritt 200 Kč oder als Teil eines Rundgangs. Preise siehe ⓲.

㉔ Jüdisches Museum (Židovské muzeum) ★ [H6]

1994 war es so weit, die jüdische Gemeinde erhielt vom tschechischen Staat das von Hugo Lieben 1906 gegründete Museum zurück.

Ursprünglich hatte Hugo Lieben Archivalien und Kultgeräte von zwei Synagogen gerettet, die bei der Sanierung der Josefstadt abgerissen wurden. Die Nazis erlaubten 40 jüdischen Fachleuten, kulturelle Güter der jüdischen Gemeinden in Böhmen zu erfassen, nicht etwa um das jüdische Erbe zu bewahren, sondern wegen des finanziellen Werts. Auf diese Weise blieben **über 100.000 Exponate** – Thorarollen, Handschriften, Silbergegenstände, Mäntel, Tempelvorhänge – erhalten. Hana Volávková, die als einzige von den Fachleuten überlebte, leitete nach 1945 das Museum. Heute sitzt im Gebäude die Verwaltung; es beherbergt eine Bibliothek und ein Archiv. Die Sammlungen des Museums sind in den Objekten ⓲–㉒ zu besichtigen.

› U Staré školy 1, Metro A: Staroměstská, Tel. 222749211, www.jewishmuseum.cz, Tickets und Öffnungszeiten siehe Pinkas-Synagoge ⓲.

Die Neustadt

Nachdem die Altstadt nicht mehr wachsen konnte, beschloss Karl IV. 1348, eine neue Stadt zu gründen. Im Gegensatz zur Altstadt mit ihren engen Gassen bot sie genug Platz für den Handel mit Pferden, Vieh und Geflügel. Nach den radikalen Bauveränderungen in der zweiten Hälfte des 19. Jh. ging der historische Charakter der Neustadt fast verloren. Deshalb bietet sie heute weniger Sehenswürdigkeiten als Altstadt, Hradschin oder Kleinseite. Die ursprüngliche Architektur ist zersplittert, konzentrierter lässt sie sich noch am Karlsplatz ㉙ oder in Straßen wie Hybernská oder Panská finden. Dennoch: In keinem anderen Viertel schlägt der **Puls der tschechischen Hauptstadt** schneller – das merkt der Besucher rasch

Der zentrale Wenzelsplatz ㉕ mit dem Nationalmuseum

Die Neustadt

am geschäftigen Wenzelsplatz ㉕, während einer Straßenbahnfahrt über den Karlsplatz ㉙ oder beim Einkaufen an den zwei großen Boulevards, Národní und Na příkopě, die die Neustadt von der Altstadt trennen. Auch kulturell hat die Neustadt viel zu bieten.

㉕ Wenzelsplatz (Václavské náměstí) ★★★ [I8]

Der Wenzelsplatz war Schauplatz und Bühne aller großen und tragischen Momente in der Geschichte. Wann immer Anlass zu Jubel oder Protest war – die Prager versammelten sich zu Füßen der Reiterstatue des heiligen Wenzel, des Schutzpatrons der Tschechen, auf dem seit 1912 nach ihm benannten Platz.

So war es am 28. Oktober 1918, als die 1. Tschechoslowakische Republik ausgerufen wurde. Im **August 1968** protestierten Tausende gegen die brutale Zerstörung des Traumes

> **EXTRATIPP**
>
> **Lucerna Music Bar**
> Jeden Freitag und Samstag finden in der Lucerna Music Bar (s. S. 95) in der Lucerna Passage Retrodiscos und Videopartys mit Musik der 1980er- und 1990er-Jahre statt. Vor allem die Samstagspartys genießen unter den Fans geradezu Kultstatus.

> **EXTRAINFO**
>
> **Grandhotel Evropa – Schauplatz der einzigen öffentlichen Lesung von Franz Kafka**
> Im Spiegelsaal des Grandhotels Evropa (derzeit geschlossen, Stand: 2016) hat Franz Kafka im November 1912 das erste und einzige Mal in Prag aus seinem Werk öffentlich gelesen. Der Schriftsteller las bei einem Prager Autorenabend aus seiner Erzählung „Das Urteil". Der so scheue Kafka hat sich nicht einmal daran gestört, dass er wegen der lauten Musik aus den Hotelsälen fast schreien musste. An seine spätere Verlobte Felice Bauer schrieb er: „Liebste, ich lese nämlich höllisch gerne vor, in vorbereitete und aufmerksame Ohren der Zuhörer zu brüllen, tut dem armen Herzen so wohl."

von einem Sozialismus mit menschlichem Antlitz. Die Bilder von Pragern, die sich in ohnmächtiger Wut und Verzweiflung den sowjetischen Panzern in den Weg stellten, gingen um die Welt. Der 21-jährige Philosophiestudent **Jan Palach verbrannte sich aus Protest** nahe der Wenzelstatue. Die friedlichen Massendemonstrationen, die zum Fall des Regimes führten, erreichten im Dezember 1989 auf dem Wenzelsplatz ihren Höhepunkt. Aber man kann ihn auch anders sehen: Als „stolzesten Boulevard der Welt" hat der deutsche Dichter Detlev von Liliencron den 700 m langen und 60 m breiten Platz 1898 beschrieben. An seinen Längsseiten und in verwinkelten Einkaufspassagen reihen sich Geschäfte, Banken, Cafés, Restaurants, Hotels, Kinos, Nachtklubs und Diskotheken. Eigentlich wirkt der Wenzelsplatz gar nicht wie ein Platz, sondern wie eine **Flaniermeile**, auf der tagsüber Prager und Touristen unterwegs sind. In der Nacht strömen erlebnishungrige Jugendliche aus aller Welt herbei, aber auch Gauner und Prostituierte. Die Stadt versucht sie durch ein Alkoholverbot an touristisch wichtigen Orten zu vertreiben. Auch die vielen Imbissbuden sollen bald verschwinden; überhaupt soll der Wenzelsplatz ein neues Gesicht erhalten, mit viel mehr Bäumen, weniger Autoverkehr und breiteren Gehsteigen.

Die Neustadt

Seine heutige Gestalt erhielt der Platz erst 1890, nach der Fertigstellung des Nationalmuseums ㉖. Das älteste Haus ist das **Hotel Adria** aus dem letzten Drittel des 18. Jh. (Nr. 26), ansonsten ist nach der Stadtsanierung nicht mehr viel erhalten geblieben. Doch auch Häuser jüngeren Datums haben etwas zu erzählen – allen voran das **Grandhotel Evropa** (Nr. 25). 1904 errichteten Alois Dryák und Bedřich Bendelmayer dieses Glanzstück des Jugendstils der „Prager Schule". Gegenüber liegt der **Lucerna-Palais** (Nr. 38) von 1912–1916 mit einer für diese Zeit typischen verwinkelten Einkaufspassage. Vom Balkon des **Melantrich-Gebäudes** (Nr. 36) verkündeten am 26. November 1989 der Dissident Václav Havel und die Symbolfigur des Prager Frühlings 1968, der ehemalige Parteichef Alexander Dubček, der jubelnden Menschenmenge das Ende der kommunistischen Ära. Durch die Einkaufspassage des **Alfa-Palastes** (Nr. 28) führt ein Weg in den abgeschiedenen **Franziskanergarten**, in dem die Prager sich gerne zwischen blühenden Rosensträuchern und Apfelbäumen entspannen.

㉖ Nationalmuseum (Národní muzeum) ★★ [J8]

In seiner fast 200 Jahre langen Geschichte ist das monumentale Bauwerk am oberen Ende des Wenzelsplatzes zur Zielscheibe von Luftangriffen und 1968 von Panzergranaten der sowjetischen Armee geworden. Die kommunistischen Stadtplaner bauten direkt vor der Tür des Museums eine Autobahn.

Die Stadtautobahn schneidet den Wenzelsplatz ㉕ und das Nationalmuseum voneinander ab.

Das 1818 im Neorenaissancestil erbaute Gebäude beherbergt die größte und älteste Sammlung mit fast 20 Millionen Exponaten. Dabei hat das Heimatmuseum, wie es bis 1922 hieß, ganz bescheiden angefangen: Böhmische Adelige schenkten ihm ihre privaten Sammlungen und einen wichtigen Teil seiner paläontologischen Exponate hinterließ der französische Wissenschaftler Joachim Barrande. In alten Vitrinen werden Zeugnisse aus Paläontologie, Ethnografie, Geologie, Zoologie und Anthropologie ausgestellt. Auch über die Frühgeschichte von Böhmen, Mähren und der Slowakei kann man sich hier gut informieren. Die **breite Ehrentreppe** führt hinauf zum Pantheon großer Tschechen.

Wegen Umbauarbeiten kann das Hauptgebäude des Nationalmuseums bis voraussichtlich 2018 nicht besichtigt werden. Direkt nebenan wird im neuen Gebäude des Nationalmuseums, dem ehemaligen Sitz des föderalen tschechoslowakischen Parlaments, die zoologische Ausstellung „Arche Noah" gezeigt. Zu sehen sind über 1500 Tierexponate aus der ganzen Welt. Auch Wechselausstellungen werden angeboten.

› Neues Gebäude des Nationalmuseums: Vinohradská 1, Metro A: Muzeum, Tel. 224497111, www.nm.cz, Do.–Di. 10–18, Mi. 9–18, 1. Mi. im Monat bis 20 Uhr, Eintritt zum gesamten Objekt 160 Kč, Familien 270 Kč, Arche Noah 100 Kč, Familien 170 Kč. Im Gebäude ist auch eine moderne Kantine untergebracht, in der man neben selbstgemachtem Brot, belegten Brötchen, Kuchen und Kaffee täglich wechselnde Mittagsmenüs bekommt (Mo.–Fr. 9–19, Sa./So. 10–19 Uhr, www.kavarnamuzeum.cz).

› Historisches Gebäude: Václavské nám. 68, Metro A: Muzeum

❷⓻ Staatsoper (Státní opera) ★★ [J8]

Die häufige Namensänderung des Hauses spiegelt die wechselvolle neuere Geschichte des Landes wider. Mal hieß es Theater des 5. Mai, dann Smetana-Theater, eröffnet wurde es 1888 als das Neue deutsche Theater.

Nur ein paar Hundert Meter vom Nationalmuseum ❷⓺ liegt das Gebäude der Prager Staatsoper. Deutsche und Tschechen konkurrierten Ende des 19. Jh. auch kulturell. Nachdem 1883 das tschechische Nationaltheater❸⓶ eröffnet war, begann der Deutsche Theaterverein Geld für eine neue deutsche Bühne zu sammeln. Das heutige Ständetheater, damals Königlich deutsches Landestheater, konnte den gewachsenen Ansprüchen nicht mehr gerecht werden. Die neue Bühne erreichte ein hohes künstlerisches Niveau. Zur Premiere wurden **Richard Wagners Meistersinger** aufgeführt. Überhaupt spielte Theater im nationalen Bewusstsein der Prager eine wichtige Rolle. „Kein tschechischer Bürger besuchte jemals das deutsche Theater und vice versa. Gastierte im tschechischen Nationaltheater die Comédie-Française oder das Moskauer Künstlertheater, so nahm die deutsche Presse nicht die geringste Notiz davon", klagte im Essay „Deutsche und Tschechen" Egon Erwin Kisch. In der Staatsoper mit klassizistischer Fassade und Interieur im Neorokokostil soll an die große Tradition der deutschen Oper angeknüpft werden.

› Wilsonova 4, Metro A: Muzeum, Tel. 224901448, www.narodni-divadlo.cz, Kartenverkauf tägl. 10–18 Uhr oder eine Stunde vor dem Beginn. Opernkarten und Programm sind auch in den Infozentren erhältlich.

❷⓼ Mucha-Museum ★★ [J7]

Eine schöne Frau, dekorative Blumenmuster und feine Pastellfarben, das sind die typischen Kennzeichen von Muchas Werken.

Der weltweit gefeierte tschechische Jugendstilkünstler Alfons Mucha (1860–1939) begann seine Karriere als einfacher Bühnen- und Porträtmaler in Wien, bis ein reicher Mäzen auf den talentierten Jungen aufmerksam wurde und sein Kunststudium finanzierte. Die Ausstellung zeigt Muchas dekorative Werke der Jahrhundertwende, Beispiele seiner berühmten Pariser Plakate für die Schauspielerin Sarah Bernhardt – zu den Höhepunkten zählt das Originalplakat „Gismonda", das die Entstehung des Mucha-Stils markiert – aber auch die weniger bekannten „Tschechischen Plakate". Persönliche Gegenstände des Künstlers, Familienfotos, Zeichnungen und Ölgemälde runden die Sammlung ab.

› Panská 7, Metro A: Můstek, Tel. 224216415, www.mucha.cz, tägl. 10–18 Uhr, Eintritt 240 Kč

❷⓽ Karlsplatz (Karlovo náměstí) ★ [H9]

Viel Autoverkehr und Lärm – der größte Platz Prags erscheint nicht gerade attraktiv, ist aber doch voller Leben. Den Karlsplatz erreicht man zu Fuß über die Vodičkova Straße vom Wenzelsplatz ❷⓹ oder die Spálená aus Richtung Národní třída. Mit der Metrolinie B fährt man bis zur gleichnamigen Haltestelle. Das gotische **Neustädter Rathaus** (Anfang 15. Jh.)

▷ *Der Karlsplatz galt als zwielichtige Gegend – damals*

Legende um den Karlsplatz: das Faust-Haus

Dem Volksmund galt der Karlsplatz früher als gefährlicher und geheimnisvoller Ort, ein Sumpfgebiet, durch das angeblich mehrere unterirdische Gänge führten. Man erzählte sich von Räubern und zweifelhaften Existenzen, und über kaum einen anderen Platz sind so viele Legenden entstanden. Die bekannteste betrifft das Haus Nr. 40 und seinen Besitzer Mladota. Die vielen seltsamen chemischen Experimente und pyrotechnischen Versuche, die er in seinem Labor unternahm, versetzten seine Umgebung in Angst und Schrecken. Viele Jahre nach seinem Tod, beim Umbau des Hauses, sind die Maurer angeblich auf eine Öffnung gestoßen, die man trotz aller Bemühungen nicht mehr vermauern konnte. Niemand wollte der recht plausiblen Erklärung glauben, dass das Loch wahrscheinlich durch eine Kanonenkugel geschlagen wurde. Interessanter klang die zweite Version, nach der durch diese Öffnung der Teufel mit dem Doktor Johann Faust geflogen ist. Der verrückte Magier und Wissenschaftler, der wirklich existierte und mit seiner Geschichte einen Teil zur bekannten Faust-Sage beitrug, soll dem Gehörnten seine Seele als Gegenleistung für sieben Jahre Wunscherfüllung verschrieben haben.

Und noch ein dunkles Geheimnis birgt das Faust-Haus: Bei einer weiteren Rekonstruktion nach dem Zweiten Weltkrieg wurden, eingemauert in die Mauer, Skelette von sieben Katzen gefunden. Es gibt keinen Hinweis, wer die Tiere getötet hat.

Gasthaus „Zum Kelch" (Restaurace u Kalicha) – Stammkneipe der literarischen Figur Schwejk

„Bis der Krieg vorbei sein wird, so komm mich besuchen. Du findest mich jeden Abend ab sechs Uhr beim ‚Kelch'", sagt Schwejk zu seinem Kumpan Woditschka. „Na Bojišti, komm lieber um halb sieben, wenn ich mich irgendwo verspäten möchte", ruft Schwejk ihm hinterher. Diese Abschiedsszene aus dem satirischen Kultroman „Die Abenteuer des braven Soldaten Schwejk" ist bekannt. Das Gasthaus „Zum Kelch" in Na Bojišti 14 war eines der Stammlokale des Autors, des tschechischen Schriftstellers Jaroslav Hašek. Anfang 1915 wurde der damals 32-Jährige, autoritätsfeindliche und trinkfeste Bohemien, der sich bislang durch Schreiben kleiner Geschichten über Wasser hielt, auf der Prager Schützeninsel für das Militär gemustert. Er lief bald zu den Russen über und meldete sich zur Tschechischen Legion, die gegen Österreich kämpfte. Hašek trat 1918 der Kommunistischen Partei bei und wurde Leiter einer tschechischen Agitationsgruppe der Roten Armee. Nach seiner Rückkehr nach Prag kehrte der Lebemann zu seinen alten Gewohnheiten zurück, verbrachte die Tage trinkend in Lokalen, was letztendlich zu seinem frühzeitigen Tod im Januar 1923 führte.

Im Gasthaus „Zum Kelch" boomt der Schwejk-Tourismus. Busweise werden Touristen durchgeschleust, vom Charme der Geschichte Schwejks bleibt nicht viel übrig. Übrigens, im Roman hat Schwejk sein Versprechen gehalten: Er war nach dem Krieg da (s. S. 81).

war Schauplatz des **Ersten Prager Fenstersturzes:** Am Morgen des 30. Juli 1419 versammelte sich die Hussitengemeinde in der Maria-Schnee-Kirche zur Predigt ihres Anführers Jan Želivský. Die Menge stürmte danach das Rathaus und warf die Ratsherren aus den Fenstern. Legenden ranken sich um das **Faust-Haus** (Faustův dům, Nr. 40) am Südrand des Platzes, in dem Ende des 16. Jahrhunderts der englische Alchimist Edward Kelly, der für Kaiser Rudolf II. Gold herzustellen versuchte, wohnte (siehe Exkurs S. 45).

› Rathaus: Karlovo nám. 23, Metro B: Karlovo náměstí oder Straßenbahn Nr. 24, 22, 18, 3, Tel. 224948229, www.nrpraha.cz, Rathaus- und Turmbesichtigung (kein Aufzug!) April–Okt. Di.–So. 10–18 Uhr, Eintritt 50 Kč, in der Winterzeit geschlossen. Die Ausstellung informiert über die Geschichte der Prager Neustadt. Zum Besichtigungsprogramm gehört auch die Wohnung des Neustädter Stadtwächters. Es liegen auch Infoblätter in deutscher Sprache vor. Im Rathaus wird seit 2011 die „Unsichtbare Ausstellung" (s. S. 76) gezeigt.

㉚ Emmaus-Kloster (Kláster Emauzy) ★ [H10]

Seine ungewöhnliche Dachkonstruktion sticht in der Vyšehradská Straße sofort ins Auge: Statt der Kirchentürme ragen zwei asymmetrische Flügel aus weißem Beton in den Himmel. Frantisek Černý entschied 1964 mit diesem Entwurf den öffentlichen Architektenwettbewerb. Das Kloster der slawischen Benediktiner sollte mit Einwilligung von Papst Clemens IV. die altslawische Liturgie in Prag verbreiten. Der 1353 beendete Bau war bis zu den Hussitenkriegen ein Zentrum von Bildung und Kunst. Im Juli **1941 besetzte die Gestapo** das Kloster und ließ den Abt Arnošt Vykoukal und andere Mönche in das Konzentrationslager Dachau deportieren. Der Abt starb ein Jahr später an den Folgen der Haft. Die Mönche kehrten 1946 zurück, wurden aber in den 1950er-Jahren von den Kommunisten verfolgt. Seit 1990 gehört das Kloster mit seinen wertvollen **gotischen Wandfresken** wieder dem Orden. Allerdings leben hier nur zwei Mönche.

› Vyšehradská 49, Metro B: Karlovo náměstí, Straßenbahn 3, 4, 10, 16, 18, 24, Haltestelle Moráň, Tel. 221979228, www.emauzy.cz, April/Okt. Mo.–Fr. 11–17 Uhr, Mai–Sept. Mo.–Sa. 11–17 Uhr, Nov.–März Mo.–Fr. 11–14 Uhr, Eintritt 50 Kč

③① Kathedrale des hl. Kyrill und Method (Katedrála sv. Cyrila a Metoděje) ★ [H9]

Die Resslova Straße führt zur barocken Kathedrale des hl. Kyrill und Method (1730–36), die nach Plänen von Kilian Ignaz Dientzenhofer und Pavel Ignaz Bayer erbaut worden ist. In ihrer Krypta versteckten sich im Juni 1942 sieben tschechoslowakische Fallschirmspringer nach dem **Attentat auf den stellvertretenden Reichsprotektor Reinhard Heydrich** in Prag. Zwei von ihnen hatten am 27. Mai 1942 Heydrichs Wagen in Holešovice angegriffen, Heydrich starb an einer Infektion seiner Wunden. Die Nazis ermordeten aus Rache mehr als 5000 Menschen. 1000 Prager Juden wurden am Tag von Heydrichs Begräbnis in Vernichtungslager transportiert, die tschechisen Dörfer Lidice und Ležáky niedergebrannt, alle Männer erschossen, Frauen und Kinder in Konzentrationslager verschleppt. Das Versteck der Widerstandskämpfer wurde verraten, stundenlang wehrten sie sich gegen die übermächtige SS. Bevor die Krypta eingenommen wurde, begingen die Männer Selbstmord. Die Priester der Kirche wurden hingerichtet. Die Widerstandsaktion führte zur Anerkennung der Tschechoslowakei in ihren Grenzen von 1918 durch die Alliierten. Das Münchner Abkommen wurde annulliert. Seit 1995 beherbergt die Kirche eine **nationale Gedenkstätte für die Opfer des Widerstandes**.

› Resslova 9, Metro B: Karlovo náměstí oder Straßenbahn 17, 14 bis zur Haltestelle Jiráskovo náměstí, www.pamatnik-heydrichiady.cz, Nov.–Febr. Di.–Sa. 9–17 Uhr, März–Okt. Di.–So. 9–17 Uhr, Eintritt 75 Kč

③② Nationaltheater (Národní divadlo) ★★ [G8]

In vielen Bauwerken drückt sich der Stolz der tschechischen Nation aus, mit dem Nationaltheater im Neorenaissancestil haben sich die Tschechen aber ein Denkmal gesetzt. Gleich zweimal haben die Prager den Bau durch Spenden finanziert.

Im letzten Drittel des 19. Jh. reifte der Gedanke, eine nationale Bühne als Symbol der Emanzipation der Tschechen zu errichten. Unter dem Motto „Národ sobě – das Volk für sich" wurden in der ganzen Republik Spenden gesammelt. Die Grundsteinlegung am 16. Mai 1868 wurde zu einem nationalen Fest. In feierlichen Umzügen wurden drei Grundsteine herbeigetragen: vom Berg Říp, wo

◹ *Für den Bau des Nationaltheaters* 32 *haben viele Tschechen Geld gespendet*

einst der böhmische Urvater Čech seinem Volk das gelobte Land gezeigt haben soll, vom Berg Vítkov und aus dem mährischen Radhost. Mit der Oper „Libuše" des tschechischen Komponisten Bedřich Smetana wurde das Theater eröffnet und auch 1883, zur Wiedereröffnung nach dem katastrophalen Brand, hob sich der Vorhang für seine historische Oper. Von 1886 bis 1874 war Smetana Kapellmeister des Nationaltheaters. Die äußere und innere Ausstattung des Theaters schufen die Künstler der sogenannten Generation des Nationaltheaters – darunter Mikoláš Aleš oder Josef Myslbek. Der futuristische Bau mit der Glasfassade gleich nebenan, die **Neue Szene**, ist Teil des Nationaltheaters und die Heimatbühne der avantgardistischen Multimediashow Laterna Magica sowie weiterer origineller Projekte.

> **KLEINE PAUSE**
>
> **Café Louvre**
> Die Atmosphäre alter Prager Cafés ist hier lebendig geblieben. Das Kaffeehaus in einem Jugendstilbau an der Nationalstraße bietet 260 Plätze, internationale Zeitungen, die ab 8 Uhr zum Frühstück ausliegen, Billardtische in einem eigenen Salon und eine aufmerksame Bedienung. Der traditionelle Intellektuellentreff kann sich mit berühmten Stammgästen wie Franz Kafka, Max Brod oder Albert Einstein rühmen, auch die 2008 gestorbene letzte deutschsprachige Schriftstellerin Prags, Lenka Reinerová, gehörte dazu. 1925 wurde im Louvre die tschechoslowakische Sektion des internationalen Schriftstellerverbandes PEN gegründet (s. S. 83).

◿ *Das Tanzende Haus* 33 *am Moldauufer*

> Národní 2, Metro B: Národní třída, Tel. 224901448, www.narodni-divadlo.cz, Kartenschalter Národní 4, Mo.–Fr. 9–18, Sa./So. 10–18 Uhr. Die Abendkasse (im historischen Gebäude) öffnet 45 Min. vor Beginn der Vorstellung.
> **Nová scéna (Neue Bühne)**, Národní 4, Tel. 224901448, www.narodni-divadlo.cz, Kartenverkaufszeiten wie beim Nationaltheater. Im Foyer des zweiten Stocks befindet sich das Theatercafé.

㉝ Tanzendes Haus (Tančící dům) ★ [G9]

Das extravagante Gebäude auf dem Rašínovo nábřeží tanzt aus der Reihe der alten Häuser heraus. 1996 wählte die amerikanische Zeitschrift Time das Gebäude zum Sieger in der Kategorie Design des Jahres. Wegen seiner aneinandergeschmiegten Türme bekam das Haus den Beinamen „Tanzendes Haus". Die Prager nennen es aber „Ginger und Fred" in Anlehnung an das Tanzduo Ginger Rogers und Fred Astaire. Das Projekt der Architekten **Vlado Milunič und Frank Gehry** füllte eine Baulücke, die seit 1945 nach einem amerikanischen Luftangriff auf Prag klaffte. In dem Gebäude sind außer Büros auch eine Kunstgalerie, die Werke junger tschechischer Künstler ausstellt, und das elegante französische Restaurant Ginger & Fred untergebracht. Von der Aussichtsterrasse im oberen Stockwerk hat man einen fantastischen Blick auf die Altstadt und auf die Burg ㊷.

> Rašínovo nábřeží 80/Jiráskovo náměstí 6, Metro A: Staroměstská, danach mit der Straßenbahn 17 bis zur Haltestelle Jiráskovo náměstí
> **Galerie Art Salon S**, www.artsalons.cz, mit Buchhandlung, tägl. 10–20 Uhr, Eintritt 190 Kč.
> **Restaurant Ginger & Fred** €€-€€€, www.ginger-fred-restaurant.cz, Tel. 221984160, tägl. 12–22.30 Uhr

Kleinseite

Der Spaziergänger taucht in ein Gewirr krummer Gassen, enger Durchgänge und finsterer Innenhöfe unter verschachtelten Dächern ein und erlebt auf dem Weg zur Burg das malerischste aller Stadtviertel Prags.

Ein Abendspaziergang durch das Viertel gleicht einer Reise in die Vergangenheit, vor allem, wenn der Mond die Kleinseite in ein geheimnisvolles Licht taucht. In seinen **„Kleinseitner Geschichten"** hat der Schriftsteller **Jan Neruda** dem Stadtviertel ein literarisches Denkmal gesetzt. Für die Helden seiner Erzählungen, Dienstboten, Händler, Studenten und Handwerker, deutsche und jüdische Bewohner, wäre die Kleinseite heute allerdings zu teuer. Gerne würden die Prager den einzigartigen Zauber von Barockpalästen, Terrassengärten, Laubengängen, Kirchenbauten, urigen Kneipen und kleinen Cafés genießen, aber die **Miet- und Immobilienpreise** liegen schon über denen der Altstadt. In den Palästen residieren **Botschaften und Firmen**, in alten Bürgerhäusern werden luxuriöse Wohnungen vermietet. Přemysl Ottokar II. hat die Kleinseite 1257 als zweite Prager Stadt gegründet und dabei den Großteil der unter der Burg ㊷ ansässigen tschechischen Bevölkerung vertrieben und norddeutsche Kolonisten angesiedelt. Nach der Schlacht am Weißen Berg errichtete der katholische Adel seine Residenzen. Erst als der Adel nach Wien zog, kamen wieder Arbeiter, Handwerker und Beamte. Viele Tschechen haben heute die Kleinseite schon verlassen, von den 20.000 Bewohnern Anfang der 1990er-Jahre ist nicht einmal ein Viertel geblieben. Souvenirläden und Verkaufsgalerien haben die alten Läden verdrängt.

㉞ Kampa ★★ [F6]

Die verträumte Schönheit der Kampa-Insel mit ihren Bäumen, pittoresken Häusern und dem Teufelsbach liegt nur ein paar Schritte abseits vom Touristenstrom auf der Karlsbrücke ⑯. Von der Altstadt-

Die Lennon-Wand am Großprioratsplatz [F6]

Kurz nachdem Mark David Chapman im Dezember 1980 John Lennon erschoss, erschien an der heruntergekommenen Wand in diesem abgelegenen Winkel der Kleinseite die erste improvisierte Zeichnung des Grabsteines Lennons. Darum herum schrieben seine Fans nach und nach Bekenntnisse und Gedichte nieder. Am Todestag von Lennon, dem 8. Dezember, trafen sie sich hier, um gemeinsam zu trauern. Das taten sie dann jedes Jahr und die Versammlung bekam zunehmend einen politischen Charakter. Lennon als Symbol der Freiheit stand im krassen Gegensatz zum kommunistischen Regime. Die Teilnehmer der improvisierten Protestversammlungen wurden schikaniert, vertrieben und manchmal auch in Haft genommen.

Nach der politischen Wende 1989 ist die „Lennon-Mauer" zur touristischen Attraktion geworden. Als Graffiti und Texte bei der Rekonstruktion übermalt wurden, erschienen am nächsten Tag sofort neue. Das kleine Lennon-Porträt schuf der tschechische Zeichner Franta Flašár. Heute sind die Texte zwar meist trivial – verewigen kann sich aber noch immer jeder.

seite kommend geht man links eine Treppe hinunter. Wegen der Hochwassergefahr blieb die Insel lange unbesiedelt, nur Mühlen mit großen Gärten wurden erbaut. In der zweiten Hälfte des 16. Jh. fanden regelmäßig **Töpfermärkte** statt. Diese Tradition ist vor ein paar Jahren wieder aufgenommen worden. Eine Hälfte der Insel nimmt ein Park ein. Der malerische Winkel, den ein Moldauarm unter der Karlsbrücke bildet, wird Teufelsbach *(Čertovka)* oder auch **Prager Venedig** genannt.

㉟ Museum Kampa ★★★ [F7]

In der alten Sova-Mühle auf der Moldauinsel Kampa kann man eine aufregende Auswahl an zeitgenössischer tschechischer und mitteleuropäischer Kunst und ihre aktuellen Trends bewundern.

Nach der Rekonstruktion der alten Mühle von 1393 sollte das Museumsgebäude, eine Stahl- und Glaskonstruktion, im September 2002 seine Pforten öffnen. Nach dem Hochwasser vom August 2002 musste aber der Termin um ein Jahr verschoben werden. Das Museum verdankt seine Existenz der aus Tschechien stammenden **amerikanischen Kunstsammlerin Meda Mládková**. Mit ihrem inzwischen verstorbenen Mann trug sie eine bemerkenswerte Sammlung zusammen, in deren Mittelpunkt die Werke des großen tschechischen Vorreiters der abstrakten Kunst, **František Kupka** (1871–1957), stehen. Den Künstler kannte Meda Mládková aus gemeinsamen Studienjahren in Paris. In den 1960er-Jahren begann die Kunsthistorikerin, sich auch für Bilder, Grafiken und Zeichnungen anderer Künstler aus kommunistischen Ländern zu interessieren. Die Ausstellung zeigt auch Plastiken des Bildhauers **Otto Gutfreund** (1889–1927), des wichtigsten Vertreters des tschechischen Kubismus.

› U Sovových mlýnů, Insel Kampa, Metro A: Malostranská, weiter mit der Straßenbahn 12, 20 oder 22 bis Haltestelle Újezd, Tel. 257286147, www.museumkampa.com/en, tägl. 10–18 Uhr, Eintritt 240 Kč, einzelne Ausstellungen ab 50 Kč

㊱ Kirche der hl. Muttergottes vom Siege (Kostel Panny Marie Vítězné) ★★ [E7]

Das aus Spanien stammende Prager Jesulein, eine 47 cm große Wachsfigur, ist das Ziel von Wallfahrern, seitdem Polyxena von Lobkowitz den Karmelitern 1628 die Figur schenkte.

Täglich beten vor der kleinen Jesus-Figur Menschen aus vielen Ländern. Der **Kult des Prager Jesuleins** ist in Westeuropa, vor allem in Spanien und Italien, aber auch in Lateinamerika und auf den Philippinen verbreitet. Die Kirche, 1611–1613 von deutschen Lutheranern errichtet, liegt an der viel befahrenen Karmelitská Straße. Kaiser Ferdinand II. schenkte die Kirche dem Karmeliterorden zum Dank dafür, dass die kaiserlichen Truppen gegen die aufrührerischen böhmischen Stände unter dem Zeichen Marias gesiegt hatten. Das Prager Jesulein steht unter einer Glasglocke am mittleren Altar der Nordwand des Kirchenschiffs. Anfang des 17. Jh. übergab Polyxena von Lobkowitz (1567–1642) dem Karmeliterkonvent die Figur, die in einem Versteck die Plünderung des Klosters durch schwedische Truppen 1631 überstand. Seitdem werden dem Pra-

ger Jesulein wundertätige Krankenheilungen zugeschrieben.
> Karmelitská 9, Metro A: Malostranská, Straßenbahn 12, 20, 22, Haltestelle Hellichova, www.pragjesu.info, Mo.–Sa. 8.30–19 Uhr, So. 8.30–20 Uhr (außer Gottesdienstzeiten)

37 Kleinseitner Platz (Malostranské náměstí) ★ [E6]

Ohne Unterbrechung flutet der Verkehr über den ehemaligen Hauptmarkt, der sich im Mittelalter um eine kleine romanische Kirche gruppierte. Das Smiřický-Palais (Nr. 18) ist eine von 13 ehemaligen Adelsresidenzen, die den heutigen Komplex des Abgeordnetenhauses der Tschechischen Republik bilden. Das tschechische Parlament trifft sich zu seinen Sitzungen in der nahen Sněmovní Straße. Historisch interessant ist auch das Gebäude Nr. 2 an der Ecke zur Letenská Straße, in dem bis zum 18. Jh. das **Kleinseitner Rathaus** untergebracht war.

38 Kirche des hl. Nikolaus (Kostel sv. Mikuláše) ★★★ [E6]

Ihre mächtige Kuppel und der schlanke Turm sind aus dem Panorama der Kleinseite nicht wegzudenken. Die Kirche zählt zu den wichtigsten Barockbauten Europas und ist unbestritten die schönste in Prag.

Nach der Niederlage der Hussiten schenkte 1625 Kaiser Ferdinand die romanische Kirche auf dem Kleinseitner Platz den Jesuiten, die sie sofort abrissen. Mit dem Bau des neuen Gotteshauses begann man aber erst 47 Jahre später unter der Federführung von **Christoph Dientzenhofer**. Sein berühmter Sohn **Kilian Ignaz** setzte nach dem Tod des Vaters die Arbeit fort. Erst kurz vor seinem eigenen Tod beendete er sein Meisterwerk – die 70 m hohe Kuppel. Dientzenhofers Schwiegersohn Anselmo Lurago schuf den schlanken Glockenturm (1752–1755). Von der Grundsteinlegung bis zur Vollendung waren 82 Jahre vergangen. Die barocke Kirche sollte die

Kleinseite 53

Macht des Katholizismus auch durch ihre Innenausstattung versinnbildlichen: An dem prunkvollen, farbenfrohen, von Gold, Marmor und feinsten Schnitzarbeiten nur so strotzenden Kirchenschiff erfreut sich heute auch das Auge des atheistischen Pragers. Das **Nikolausfresko** (1760) stammt von dem Wiener Bildhauer Johann Lucas Kracker. Eingehende Betrachtung verdient auch die mit Ornamenten und vergoldeten Schnitzarbeiten reich versehene Kanzel (1762–1766). Karel Škréta soll 1673 auch die wertvollsten Bilder in der Kirche, den **Passionszyklus**, geschaffen haben. Von 1950 bis 1989 beobachtete der kommunistische Geheimdienst vom Turm aus die umliegenden westlichen Botschaften.

› Malostranské nám. 38, Metro A: Malostranská, Straßenbahn 12, 20, 22, Haltestelle Malostranské náměstí, www.stnicholas.cz/en, März–Okt. tägl. 9–17 Uhr, Nov.–Febr. tägl. 9–16 Uhr, Eintritt 70 Kč, Turm: Okt./März 10–20 Uhr, Nov.–Febr. 10–18 Uhr, April–Sept. 10–22 Uhr, Eintritt 90 Kč. Zu sehen ist u. a. die Wohnung des Stadtwächters.

KLEINER ABSTECHER

Vrtba-Garten

Der hinter dem Durchgang zur Karmelitská Straße versteckte Garten, kaskadenartig am steilen Hang des Laurenzibergs angelegt, beeindruckt bereits am Eingang: Die Besucher passieren eine Sala Terrena (Gartensaal) mit schönen Malereien. Der Garten wurde 1720 nach italienischem Vorbild gestaltet, die Skulpturen stammen aus der Werkstatt von Matthias Bernard Braun, die Originale wurden allerdings durch Kopien ersetzt.

● 2 [E6] **Vrtba-Garten**, Karmelitská 25, Metro A: Malostranská, Straßenbahn 12, 20, 22, Haltestelle Malostranské náměstí, Tel. 272088350, www.vrtbovska.cz, April–Okt. tägl. 10–18 Uhr (bei schönem Wetter Mai–Sept. bis 19 Uhr), Eintritt 62 Kč

㊴ Palastgärten unter der Prager Burg (Palácové zahrady pod Pražským hradem) ★★ [F5]

Nicht wenige versteckt liegende grüne Oasen wie die historischen Gärten unterhalb der Prager Burg wollen entdeckt werden.

Die Anlage am Südhang der Burg ㊷ besteht aus fünf verbundenen Gärten, die die Namen ihrer früheren Besitzer tragen: der Ledebour-Garten, der Kleine und Große Pálffy-Garten, der Kolowrat- und der Kleine Fürstenberg-Garten. Auf dem ursprünglichen System von Wällen entstanden Weingärten im italienischen Renaissancestil. Nach der Verwüstung durch die Schweden 1648 wurden die Gärten in barockem Stil wieder aufgebaut mit reich verzierten Balustraden, Statuen, Treppen, Brunnen und Fontänen. Von den ins-

◁ *Viele namhafte Künstler schufen die prunkvolle Innenausstattung der Kirche des hl. Nikolaus* ㊳

gesamt gut 30 Terrassen öffnet sich eine herrliche Aussicht auf die Kleinseite und die ganze Stadt. In der Sala Terrena des Ledebour-Gartens gibt es im Sommer klassische Konzerte.

› Valdštejnské nám. 3, Metro A: Malostranská, www.palacove-zahrady.cz, tägl. April u. Okt. 10–18 Uhr, Mai–Sept. 10–19 Uhr, Eintritt ca. 80 Kč

㊵ Waldsteinpalais (Valdštejnský palác) ★★ [F6]

Vier Jahre nach der Fertigstellung seiner Prager Residenz wurde Albrecht von Waldstein (1583–1634) ermordet. Insgesamt verbrachte er nur 12 Monate in seinem Palast.

Der Palast, den er sich 1624 bis 1630 erbauen ließ, war der erste frühbarocke Monumentalbau in Prag. Der gefürchtete General der katholischen Allianz im Dreißigjährigen Krieg wollte mit seiner riesigen Residenz, ihrer reichen Innenausstattung und der großen Gartenanlage sogar der Burg ㊷ Konkurrenz machen. 1945 wurde das Palais aufgrund der Beneš-Dekrete zum Staatseigentum. Der damals 94-jährigen Gräfin Maria von Waldstein wurde gestattet, bis zu ihrem Tod im Palais zu bleiben. Sie starb 1955 im Alter von 104 Jahren. Ein Großteil des Palais ist heute **Sitz des tschechischen Senats.** Im **Garten** hinter hohen Mauern ist eine künstliche Tropfsteinhöhle erbaut, die Wege säumen Bronzeskulpturen des Niederländers Adriaen de Vries. Die Originale wurden 1648 von den Schweden geraubt.

› Valdštejnské náměstí 4, Metro A: Malostranská, www.senat.cz. An Wochenenden im Okt., April und Mai kann man von 10 bis 17 Uhr, von Juni bis Sept. von 10 bis 19 Uhr, von Nov. bis März am 1. Wochenende im Monat **gratis** die historischen Räume des Palais besichtigen, beispielsweise den Mythologischen Saal mit Motiven aus Ovids Werken, den feierlichen Rittersaal mit reichem Wandfresko oder Wallensteins Arbeitszimmer. Es liegen Infoblätter in deutscher Sprache vor. Der Eingang ist am Valdštejnské náměsti (Waldsteinplatz).

› Der **Waldsteingarten** (Valdštejnská zahrada, Eingänge: Letenská-Straße, Metro Malostranská, erster Innenhof des Waldsteinpalais) ist im April, Mai und Okt. Mo. bis Fr. 7.30 bis 18 Uhr zugängig, an Wochenenden 10 bis 18 Uhr, Juni–Sept. bis 19 Uhr. Der Eintritt ist frei. In der Sala Terrena finden im Sommer Konzerte und andere Veranstaltungen statt, im ehem. Pferdestall, der Waldstein-Reithalle (Valdštejnská jízdárna), werden wechselnde Ausstellungen der Nationalgalerie gezeigt.

EXTRAINFO

Von 15.5. bis 25.9.2016 wird in der Waldstein-Reithalle anlässlich des 700-jährigen Jubiläums der Geburt Karls IV. eine gemeinsame **bayerisch-tschechische Ausstellung** gezeigt. Unter fast 170 Exponaten wird auch die Krone des Kaisers zu sehen sein.

㊶ Nerudagasse (Nerudova ulice) ★★ [E6]

Die Kleinseite, das ist die Nerudagasse – sagten früher die Alteingesessenen über die Straße, deren einstigen Charme man noch heute erahnen kann.

Aber Adel und Königtum – auch hier herrscht eben der hussitische Geist – haben die inzwischen wenigen dort lebenden Prager nicht im Sinn, wenn sie liebevoll aus der Ver-

Kleinseite

EXTRATIPP: Über das Johannesbergl in die stille Welt der Kleinseite

Zwischen Nerudova und Vlašská führt – wenn man von der Karlsbrücke kommt – linker Hand eine Treppe in das **Gassengewirr der Kleinseite**. Vor Jahrhunderten war an dieser Stelle nur ein bewaldeter Hang – von daher die Bezeichnung Johannesbergl, Jánský vršek. Zu Beginn des 12. Jh. entstand ein deutsches Dorf mit engen Gassen. 1645 wurde das Dorf in die Kleinseite eingemeindet. Die aufsteigende Vlašská [D6] führt direkt zum **Laurenziberg**, vorbei am Garten des **Strahov-Klosters**, der frei zugänglich ist. Bergab stößt die Vlašská auf das 1705 erbaute **Lobkowitz-Palais** [D6], das zu den bedeutendsten Barockpalästen Prags gehört und heute die deutsche Botschaft beherbergt. Im Spätsommer 1989 wurde das Palais zum **Zufluchtsort von etwa 7000 DDR-Flüchtlingen.** Vom Balkon aus gab Bundesaußenminister Hans-Dietrich Genscher am 30. September 1989 unter dem Jubel der hier kampierenden Menschen bekannt, dass sie in die BRD ausreisen dürfen.

gangenheit der schönsten Straße und ihres Viertel erzählen. Für sie war die Nerudova immer voller Leben, auch zu der Zeit, als noch keine Hotels, Cafés und Geschäfte für Touristen dort standen, sondern nur die alten Häuser mit schmutzigen Fassaden. Bis Anfang der 1990er-Jahre wohnten in der „Nerudovka" noch keine ausländischen Manager, sondern nur Einheimische, Künstler und Lebenskünstler, die sich am Abend in den Kneipen trafen und zur Musik der tschechischen Undergroundlegende The Plastic People über Nietzsche, Kafka, Politik und über das Sein oder Nichtsein philosophierten. Die frühere Spornengasse verdankt ihren heutigen Namen dem tschechischen Schriftsteller **Jan Neruda** (1834–1891), der 14 Jahre lang im Haus „Zu den zwei Sonnen" (Nr. 47) wohnte. Wie am Haus, in dem Neruda wohnte, sind an vielen anderen noch die historischen Hauszeichen erhalten. Im Mittelalter erfüllten sie die Funktion von Hausnummern. So wohnten im Haus „Zu den drei Geigen" (Nr. 12) im 17. und 18. Jh. drei Generationen der berühmten Geigenbauerfamilie Edlinger.

KLEINE PAUSE: Zum erhängten Kaffee (U zavěšeného kafe)

In der Straße Úvoz, einer Verlängerung der Nerudagasse Richtung Strahov-Kloster, tritt der Besucher durch eine niedrige Tür in ein originelles Lokal. Dieses „Café" strahlt eine noch wirklich tschechische Atmosphäre aus, nur selten sitzen unter den vielen einheimischen Stammgästen Touristen, die sich dann über einfache und gute böhmische Gerichte und ein wohl temperiertes Bier zu ungewöhnlich niedrigen Preisen freuen. Wer die rauchgeschwängerte Luft nicht erträgt, sollte lieber mittags kommen. Im Sommer gibt es Tische im Innenhof. An diesem Ort wird die längst verloren geglaubte Kleinseitner Welt wieder lebendig (s. S. 81).

Hradschin

Die meisten Pragbesucher verbinden mit diesem Namen nur die **Prager Burg** ㊷. Hradschin ist aber der ganze Burgberg mit angrenzendem Stadtteil, der historisch gesehen in das 14. Jh. zurückreicht. Neben der obligatorischen Burgbesichtigung lohnt sich auch die Erkundung des ruhigen Viertels. Hier und da trifft man auf einsame Burgwachen oder hastig vorbeieilende Priester. Das **Kloster Strahov** ㊱ ist berühmt für seine Bibliothek und seine Bierbrauerei, das **Palais Sternberg** (s. S. 64) beherbergt die Nationalgalerie mit reichen Sammlungen. Die **Loretokapelle** ㊾ ist zum Zentrum der Marienverehrung Böhmens geworden. Aber zuerst in das gewaltige Areal der Burg ㊷. Davor aber sollte man noch den grandiosen **Blick von der Burgrampe** auf den gesamten Moldaukessel und die Stadt genießen.

㊷ Prager Burg (Pražský hrad) ★★★ [E5]

Hier wurde die Geschichte Tschechiens geschrieben: Hoch über der Stadt erhebt sich der imposante Baukomplex der jahrhundertealten Prager Burg unter den Türmen des Veitsdoms. Seine atemberaubende Silhouette ist zum Wahrzeichen Prags geworden.

Vom Hradschin aus kontrollierten die Herrscher seit 800 das linke Moldauufer und damit den wichtigen Handelsweg von Deutschland nach Russland. Nach und nach entstanden Klöster, Kirchen, Residenzen und die Hütten der Armen. **Přemysl Ottokar II.** (1233–1278) baute den Hradschin während der mongolischen Angriffe als uneinnehmbare Festung aus. Eine ihrer Blütezeiten erfuhr die Burg unter König **Karl IV.** (1346–1378). Damals

Hradschin

wurde der Bau des majestätischen **Veitsdoms** ❹❸ in Auftrag gegeben. Eine Zeit lang residierten die böhmischen Könige dann in der Altstadt. Während der Hussitenkriege (1419–1437) und danach verfiel die Anlage. Erst **Wladislaw II.** (1471–1516) ließ neue Verteidigungsanlagen und den großartigen Wladislav-Saal erbauen. Die **Habsburger Dynastie** regierte von 1526 an von Wien aus. Unter **Rudolf II.** (1576–1612), der 1575 im Alter von 24 Jahren König wurde, füllte sich die Burg wieder mit Leben. Der melancholische, Kunst und Wissenschaften liebende Kaiser holte Wissenschaftler wie den dänischen Mathematiker Tycho Brahe und Johannes Kepler nach Prag. Im **Spanischen Saal** bewahrte er Kunstwerke und seine Wissenschaftssammlung auf. Nach der Schlacht am Weißen Berg (1620) wurde Böhmen Teil der Habsburger Monarchie – und aus Prag auf einmal Provinz. Erst Kaiserin **Maria Theresia** (1740–1780) machte den Hradschin wieder zur Königsresidenz. **1918** erklang auf der Burg wieder die Sprache der ersten Herrscher: Tschechisch. Der erste tschechoslowakische Präsident, **Tomáš Garrigue Masaryk**, wählte die Burg wie seine Nachfolger zu seinem Regierungssitz.

Der Blick von der Burgrampe ist überwältigend

Hradschin

Der Zweite Prager Fenstersturz

Nach dem Tod Rudolfs II. verlegte sein Bruder Mathias den Hof nach Wien. Unter den böhmischen Protestanten, die sich von Mathias gedemütigt fühlten, bildete sich eine radikale Gruppierung. Am Morgen des 23. Mai 1618 besetzten die protestantischen Stände die verwaiste Burg und warfen drei habsburgisch-katholische Statthalter kurzerhand „nach alttschechischem Brauch" aus dem Fenster in den mehr als 16 m tiefen Burggraben. Alle überlebten, weil sie auf einen Misthaufen fielen. Als sich die Nachricht vom Fenstersturz verbreitete, brandschatzte das Volk wieder einmal Kirchen und Klöster und plünderte in der Judenstadt. Der Prager Fenstersturz führte zu einer langen Periode von Kriegen. Im Sommer 1619 bildeten die böhmischen Städte einen Bund aller Feinde Habsburgs. Ferdinand (Nachfolger von Mathias) wurde förmlich abgesetzt und die Stände boten die Krone dem deutschen Calvinisten Kurfürst Friedrich von der Pfalz an. Friedrich zog mit seiner Frau 1619 in das jubelnde Prag ein und wurde im Veitsdom gekrönt. Aber nur einige Monate später wurde der „Winterkönig" von Maximilian von Bayern in der Schlacht auf dem Weißen Berg (1620) besiegt und aus Böhmen verjagt. Das Schicksal Böhmens war für Jahrhunderte besiegelt. Protestanten wurden enteignet, nichtkatholische Geistliche mussten das Land verlassen. 1624 wurde Böhmen zu einem habsburgischen Erbland.

Der erste Hof

Weit mehr Aufmerksamkeit als die zwei kämpfenden Giganten von Ignaz Platzer (geschaffen im 18. Jahrhundert) erregt zu jeder vollen Stunde (von April bis Oktober zwischen 7 und 20 Uhr, November bis März zwischen 7 und 18 Uhr) **die Ablösung der Burgwache**. Die himmelblauen Uniformen der jungen Soldaten, die jeden Eingang zur Burg bewachen und nach Körpergröße ausgesucht werden, entwarf der Oscarpreisträger Theodor Pištěk, Kostümdesigner des Forman-Films „Amadeus". Vor allem auf die **Wachablösung um 12 Uhr mittags** kann man nur mit Mühe einen Blick erhaschen (bei Staatsbesuchen oder Umbauarbeiten im dritten Hof). Ursprünglich wohnten im ersten Hof die Handwerker der Burg, heute dient er Repräsentationszwecken.

Der zweite Hof

Durch das barocke **Matthiastor** (1614) geht es in den zweiten Hof, durch den früher der Burggraben verlief. In der Mitte steht ein **barocker Brunnen** (1686). Der zweite, vergitterte Brunnen, war Treffpunkt der Mägde und Diener im 17. Jh. In der Nordwestecke liegen (nur zu besonderen Anlässen zugänglich) der Spanische Saal und die Rudolfsgalerie mit ihrer einst berühmten Sammlung, von der Werke von Tintoretto, Tizian und Rubens übrig geblieben sind. Die **Hl.-Kreuz-Kapelle** von Anselmo Lurago (Mitte des 18. Jh.) war einst die Schatzkammer des Doms. Seit 2011 ist hier wieder der **Schatz des Veitsdoms** [43] zu sehen, einer der größten und wertvollsten Domschätze Europas. Im Durchgang zum dritten Hof sind Reste der ersten romanischen Festung zu sehen.

Hradschin

Der dritte Hof

Mit etwas Glück kann man den tschechischen Präsidenten sehen, wie er hastig aus der Staatslimousine aussteigt und von Bodyguards bewacht in die Präsidentenkanzlei auf der Südseite des Hofes eilt. Der slowenische Architekt Josip Plečnik hat in den 1920er-Jahren die Burghöfe und einige Gebäude umgestaltet. Der 18 m hohe Granitobelisk von 1928 erinnert an die Weltkriegsgefallenen und das zehnjährige Bestehen der Tschechoslowakei.

› **Wege zur Burg:** 1. Die meisten Besucher gehen die Nerudova hoch und biegen am Ende rechts zur Burg ab. 2. Man kann auf der Nerudova starten, dann gleich rechts in die Zámecká-Straße abbiegen und über die Thunovská-Straße und die Neue Schlossstiege hinaufgehen. 3. Über die Alte Schlossstiege in der Nähe der Metrostation Malostranská. 4. Mit der Straßenbahn 22, z. B. von Národní třída oder Malostranská. Aussteigen kann man an folgenden Haltestellen: Královský letohrádek (Königsgarten), Pražský hrad (2. Burghof) oder Pohořelec, von wo aus man zum Haupteingang der Burg über den Hradschinplatz hinuntergeht (etwa 10 min.).

› **Das Gelände der Prager Burg** ist ganzjährig täglich von 6 bis 22 Uhr geöffnet. Für die Burghöfe braucht man kein Ticket.

› **Öffnungszeiten und Eintrittspreise in historische Objekte:** April–Okt. 9–17 Uhr., Nov.–März 9–16 Uhr, Ausstellung „Schatz des Veitsdoms" in der Heiligen-Kreuz-Kapelle und der Südturm des Veitsdoms ❹❸ April–Okt. 10–18, Nov.–März 10–17, Veitsdom April–Okt. Mo.–Sa. 9–17, So. 12–17, Nov.–März Mo.–Sa. 9–16, So. 12–16 Uhr. Die Gärten (freier Eintritt, inkl. Königsgarten ❹❼) April–Okt. 10–18 Uhr, im Winter geschlossen. Angeboten werden drei verschiedene Rundgänge (Tour A–C), **die Eintrittskarten sind zwei Tage gültig.**

Alle Preise sind in der Reihenfolge Eintrittsgeld/Preisreduktion/Familieneintrittsgeld angeführt. Bei Preisreduktion muss man einen gültigen Ausweis vorlegen. Sie betreffen Kinder von 6 bis 16 Jahren, Studenten bis 26 Jahre, Familien mit Kindern bis 16 Jahre und Senioren über 65 Jahre. Besucher mit Invalidenausweis und Begleitperson zahlen nichts. **Tour A (Große Tour):** Pulverturm, Königspalast, Rosenbergpalast, Dauerausstellung zur Geschichte der Prager Burg, Hl. Georgkirche, Goldenes Gässchen und Veitsdom – 350/175/700 Kč. **Tour B (kleine Tour):** Königspalast, Hl. Georgkirche, Goldenes Gässchen und Veitsdom – 250/125/500 Kč. **Tour C:** Schatz des Veitsdoms, Gemäldegalerie – 350/175/700 Kč. Folgende Ausstellungen kann man auch mit Einzeltickets besuchen: **Gemäldegalerie:** 100/50/200 Kč. **Dauerausstellung Geschichte der Prager Burg:** 140/70/280 Kč, **Pulverturm:** die Burgwache-Ausstellung: 70/40/140 Kč. **Turm auf der Südseite des Veitsdoms:** 150 Kč. **Schatz des Veitsdoms in der Hl.-Kreuz-Kapelle:** 300/150/600 Kč.

› **Informationsbüros und Verkaufsstellen der Prager Burg:** 2. Burghof, Tel. 224372423, tägl. 9–17 Uhr, im Winter (Nov.–März) bis 16 Uhr. Hier kann auch eine **Führung** bestellt werden (Tel. 224373208). Für eine Führung in einer Fremdsprache zahlt man pro Person und jede angefangene Stunde 100 Kč zusätzlich zum Ticketpreis. Audioguides kosten pro Person 350 Kč für 3 Std. und 450 Kč für den ganzen Tag. Ticketschalter gibt es auch an den Eingängen zu Königspalast und Hl. Georgkirche. Weitere Informationsbüros mit Verkaufsstellen befinden sich im dritten Burghof gegenüber dem Veitsdom, in der Gemäldegalerie, im Alten Königspalast und im Goldenen Gässchen (unterer Teil beim Daliborka-Turm).

Der Streit um den Veitsdom

Man möchte meinen, ein Dom gehöre der Kirche. In Tschechien aber ist das anders. Der Streit zwischen Kirche und Staat über die Eigentumsrechte an der bekanntesten Kirche des Landes sorgt seit Jahren für Schlagzeilen. Kathedrale und umliegende Gebäude wurden 1954 von der kommunistischen Regierung unter staatliche Verwaltung gestellt, Priester und Mönche verfolgt oder gar in Gefängnisse und Arbeitslager verschleppt. Unvergesslich bleiben die Worte von Kardinal František Tomášek, der bei der Messe anlässlich der Heiligsprechung von Agnes von Böhmen am 25. November 1989 sagte: „Ich und die ganze Kirche stehen auf der Seite des Volkes." Acht Tage davor hatte die Samtene Revolution begonnen, die schließlich zum Fall des Kommunismus führte. Im Dezember 1989 zelebrierte Tomášek zur Einführung von Václav Havel ins Präsidentenamt einen Gottesdienst. Aber die Harmonie täuschte. Als die katholische Kirche die Rückgabe ihres enteigneten Eigentums verlangte und vor Gericht auch Recht bekam, waren nicht nur die meisten Politiker, sondern auch ein großer Teil der tschechischen Öffentlichkeit dagegen. Sie meinten: Die Kathedrale ist Eigentum des Volkes. Laut Urteil des Obersten Gerichtshofes sollte die Kathedrale in den Händen des Staates bleiben. Doch die Kirche ging in Berufung.

Im Jahre 2010 einigten sich beide Seiten nach 17 Jahren und beschlossen, den Streit nicht mehr fortzuführen. Ein siebenköpfiges Gremium koordiniert die gemeinsame Nutzung des Doms, der aber weiterhin in den Händen des Staates bleibt. Das neue Restitutionsgesetz aus dem Jahr 2013 ermöglicht zwar der Kirche, ihr von den Kommunisten beschlagnahmtes Eigentum zurückzufordern, die Rückgabe der Kathedrale wurde jedoch von vornherein ausgeschlossen.

❹❸ Veitsdom (Katedrála sv. Víta) ★★★ [E5]

Es mag erstaunen, dass eine Gesellschaft, die nicht viel auf den Glauben gibt, gerade eine Kirche für eines ihrer nationalen Symbole hält. Aber in der Kathedrale liegen böhmische Könige, auch der Schutzpatron des Landes begraben.

Unter den Kronjuwelen im Dom ist die Wenzelskrone, die von Kaiserin Maria Theresia herablassend als „Narrenhäubl" bezeichnet worden ist. Die böhmischen Patrioten befanden das für unverzeihlich und jagten Jahrzehnte später die Habsburger zum Teufel. Der erste Domarchitekt war der Franzose **Matthias von Arras,** der sich von den Kathedralen seiner Heimat inspirieren ließ. Nach seinem Tod übernahm die Bauleitung der **geniale Peter Parléř** (1352–1399) aus Schwäbisch Gmünd, dessen Vater bereits am Kölner Dom gearbeitet hatte. Parléř arbeitete innovativ mit Streberippen und neuartigen Netzgewölben und kooperierte eng mit Malern und Bildhauern. Seine ganze Sippe aus Söhnen, Brüdern und Neffen war am Bau beteiligt. Bis zu seinem Tod gestalte-

▷ *Der monumentale Veitsdom*

Hradschin

te Parler einen Großteil des Ostschiffs mit dem Chor und einen Teil des Glockenturms mit der Goldenen Pforte, durch die man im Mittelalter die Kirche betrat. In den folgenden Jahrhunderten wurden die Bauarbeiten immer wieder unterbrochen – Kriege, Plünderungen, Brände und auch das Desinteresse der Habsburger waren die Ursachen. Sein **heutiges Aussehen** bekam der Dom 1873–1929, als das Werk endlich abgeschlossen wurde. Aus dieser Zeit stammen das Querschiff, das Dreierschiff und der Westteil mit den beiden frontalen Türmen. Den Dom betritt man heute vom Westen her, also durch den jüngsten Gebäudeteil. Das Bronzetor zeigt Szenen aus der Baugeschichte.

Ehrfürchtig blicken die Touristen in dem 124 m langen und bis zu 60 m breiten Raum hinauf zu dem hohen Gewölbe des Hauptschiffs, das von 28 Säulen getragen wird. Ein Kranz aus 19 Kapellen und zwei Sakristeien säumt den Chor. Die **Kapelle des hl. Wenzel** (die erste hinter dem Querschiff) wurde von Parléř 1362–1367 auf der Rotunde mit der Grabstätte des Schutzheiligen erbaut. In der Kapelle führt eine Stiege in die Schatzkammer. Ihre Tür wird mit sieben Schlüsseln zugesperrt, die von den sieben höchsten Vertretern des Staates und der Kirche gehütet werden. Der Holländer Alexander Collin schuf das **königliche Mausoleum** aus weißem Marmor (1566–1589) vor dem neugotischen Hauptaltar für Ferdinand I., seine Frau Anna und ihren Sohn Maximilian II. Ihre sterblichen Überreste liegen in Sarkophagen in der **Krypta**. Hier wurden auch Karl IV. und Rudolf II. bestattet. An der Innenausstattung waren viele tschechische Künstler der Jahrhun-

> **EXTRATIPP**
>
> **Die Glocke Sigismund**
> Der 97 m hohe Turm auf der Südseite birgt die **größte Glocke Tschechiens.** Sie heißt Sigismund, wurde im 16. Jh. gegossen und wiegt 18 Tonnen. Nach einer umfangreichen Renovierung ist eine Besichtigung wieder möglich.
> › Südturm: April–Okt. tägl. 10–18 Uhr, Nov.–März 10–17 Uhr. Der letzte Eintritt 30 Min. vor Schließung, bei schlechtem Wetter geschlossen, Eintritt 150 Kč

dertwende (19./20. Jh.) beteiligt. Aus technischen Gründen ist die Krypta für die Öffentlichkeit dauerhaft geschlossen.

Ein **Farbfenster**, durch das flirrende Lichtstrahlen auf den Chor fallen, stammt von Alfons Mucha.

› www.katedralasvatehovita.cz, April–Okt. Mo.–Sa. 9–17, So. 12–17 Uhr, letzter Einlass um 16.40 Uhr, Nov.–März Mo.–Sa. 9–16, So. 12–16 Uhr, letzter Einlass um 15.40 Uhr. Die Besichtigung der Kathedrale ist nur im Rahmen eines Rundgangs (s. S. 59) möglich. Am Eingang befindet sich jedoch eine kostenfreie Zone, von der aus man einen Blick auf das Innere der Kathedrale werfen kann.

㊹ Alter Königspalast (Starý královský palác) ★★ [E5]

Den dritten Burghof schließt im Osten der Alte Königspalast ab. Vom 11. bis zum 16. Jh. wohnten in ihm die böhmischen Herrscher. Der **Wladislav-Saal** von Benedikt Ried (Anfang 16. Jh.) ist der großartigste säkuläre Raum des Mittelalters nördlich der Alpen. In dieser Größe (62 m lang, 16 m breit und 13 m hoch) wurde vorher noch nie gebaut. Im Saal fanden Krönungen und Turniere statt. Damit die Ritter auf ihren Pferde einreiten konnten, wurde eine breite Treppe mit flachen Stufen errichtet. Heute finden im Wladislav-Saal Präsidentenwahlen statt. Vom Saal aus betritt man die **Böhmische Kanzlei**, **Schauplatz des Zweiten Prager Fenstersturzes** (s. Exkurs S. 58). Im gotischen Souterrain kann man die **Ausstellung „Geschichte der Prager Burg"** sehen. Neben den Modellen der Burg aus verschiedenen historischen Epochen sind hier Originalexponate ausgestellt, die die Geschichte der Burg aus verschiedenen Blickwinkeln beleuchten.

㊺ Hl. Georgkirche (Bazilika sv. Jiří) ★★ [E5]

Die rote Georgskirche vom Anfang des 10. Jh. ist der am besten erhaltene romanische Bau in Prag.

Über den Arkadengang zwischen Königspalast und Oratorium des Doms führt der Weg weiter zum Georgsplatz in der Mitte der Burganlage. Die Sarkophage einer Reihe von Herrschern des Přemysliden-Geschlechts, Reste von Fresken aus dem 13. Jh. und die Krypta aus dem 12. Jh. mit ihren romanischen Säulen sind in der alten Georgskirche zu besichtigen. Die Georggasse (Jiřská) mündet am östlichen Burgtor. Von hier aus kann man über die Alte Schlossstiege zur Metrostation Malostranská hinabsteigen.

46 Das Goldene Gässchen (Zlatá ulička) ★★★ [E5]

Rudolf II. soll in den winzigen Häuschen Alchemisten gefangen gehalten haben, die den Stein der Weisen suchen und Gold herstellen sollten.

Tatsächlich wohnten in der Gasse im 16. Jh. die Burgwächter. Später kamen Handwerker, darunter auch Goldschmiede, nach denen die Gasse benannt wurde. Im Herbst 1916 mietete Ottla Kafka, die jüngste Schwester des Schriftstellers **Franz Kafka**, das Häuschen Nr. 22 und stellte es ihrem Bruder zum Schreiben zur Verfügung. Bis August 1917 schrieb er hier an seiner Erzählung „Ein Landarzt". Kafka kam gewöhnlich in den frühen Abendstunden, gegen Mitternacht kehrte er über die Alte Schlossstiege und die Mánes-Brücke zur elterlichen Wohnung am Altstädter Ring 4 zurück. Im Rundturm am östlichen Ende der Gasse wurde 1498 Ritter Dalibor von Kozojed, Anführer eines Bauernaufstandes, eingekerkert – nach ihm heißt der Turm **Daliborka**. Diese Geschichte inspirierte Bedřich Smetana zu seiner Oper „Dalibor".

◁ *Das Goldene Gässchen* 46 *nach der Renovierung*

> **EXTRAINFO**
> **Dritter Prager Fenstersturz?**
> Im März 1948, kurz nach dem kommunistischen Umsturz im Lande, wurde unter den Fenstern des Palais Schwarzenberg Jan Masaryk, Diplomat und Sohn des ersten tschechoslowakischen Präsidenten, tot aufgefunden. Vieles deutet darauf hin, dass es kein Unfall, sondern Mord war. Die Tschechen sprechen vom „**Dritten Prager Fenstersturz**".

> **EXTRAINFO**
> **Ausstellungsmöbel**
> Die Mehrzahl der Möbel für die Ausstellung in den Häuschen des Goldenen Gässchens wurde in den Werkstätten der Prager Filmstudios Barrandov hergestellt. Einige kommen auch von privaten Spendern.

Nach einer Generalüberholung wurde im Goldenen Gässchen 2011 eine Dauerausstellung installiert, die das alltägliche Leben seiner früheren Bewohner anschaulich darstellt. Besichtigen kann man z. B. eine alte Goldschmiedwerkstatt oder das Häuschen einer Kartenlegerin.

Auch der **Wehrgang**, der auf die Dächer der Häuser führt, ist zugänglich.
› Die Besichtigung ist Teil der Rundgänge A und B (s. S. 59). Nach der Schließung ist der Eintritt frei, die Häuser sind allerdings dann nicht mehr zugänglich.

47 Königsgarten (Královská zahrada) ★★ [E5]

Die Wanderung durch die Prager Burg schließt ein Spaziergang durch den Königsgarten ab, der vom zweiten Burghof aus erreichbar ist. **Ferdinand I.** ließ hier für seine Frau Anna das „**Belvedere**" bauen, eines der frühesten Lustschlösser im Renaissancestil nördlich der Alpen. Auf der rechten Seite führt das Tor zur **Pulverbrücke**, nach ein paar Metern folgt der Eingang. Zwischen Königsgarten und Hradschin verläuft eine Schlucht, der **Hirschgraben**, der von Kaiser Ferdinand I. als Blumengarten und von Rudolf II. als Tiergehege benutzt wurde. Im Garten errichtete er seinem Hofastronomen Tycho Brahe eine Sternwarte.

› April und Okt. 10–18 Uhr, Eintritt frei. In einer neu errichteten Orangerie kann man exotische Pflanzen bewundern (12–18 Uhr, Eintritt 20 Kč).

㊽ Hradschinplatz (Hradčanské náměstí) ★★ [D6]

Der leicht ansteigende Platz vor der Burg hat sich seit Jahrhunderten kaum verändert.

In seiner Mitte ragt die Pestsäule Ferdinand Brokoffs (18. Jahrhundert) auf. Ein beliebtes Fotomotiv ist auch der achtarmige Laternenkandelaber aus dem 19. Jahrhundert, der seit Kurzem wieder mit Gas betrieben wird.

Der Regisseur Miloš Forman wählte das **Erzbischöfliche Palais** mit seiner Rokokofassade für den Film „Amadeus" als Kulisse. Im angrenzenden **Palais Sternberg** ist italienische, holländische und deutsche mittelalterliche Kunst ausgestellt. Auf der gegenüberliegenden Seite fällt durch seine venezianisch inspirierte Sgraffitifassade das **Palais Schwarzenberg** auf. 1940 beschlagnahmte die Gestapo das Renaissancegebäude, nach dem Krieg wurde es verstaatlicht. Die Nachkommen der Eigentümerfamilie führen bis heute einen Rechtsstreit um die Rückgabe. Gezeigt werden hier europäische Kunstwerke des 14. bis 18. Jh., seit Kurzem auch die deutsche und österreichische Kunst des 19. Jh. 2014 wurde für die Öffentlichkeit zum ersten Mal auch das neben dem Schwarzenberg-Palais gelegene klassizistische **Salm-Palais (Salmovský palác)** geöffnet. Präsentiert wird hier Kunst des 19. Jh. vom Neoklassizismus bis zur Romantik.

› Palais Sternberg (Šternberský palác, Hradčanské nám. 15, Metro A: Malos-

◁ *Die Loretokapelle* ㊿ *am Platz Loretánské náměstí*

transká, Straßenbahn 22, Haltestelle Pražský hrad, www.ngprague.cz, Di.–So. 10–18 Uhr, Eintritt 150 Kč, bis 18 Jahre und für Studenten bis 26 Jahre frei. Dieselben Eintritts- und Öffnungspreise gelten auch für das **Palais Schwarzenberg** (Schwarzenberský palác), Hradčanské nám. 2 und für das Salm-Palais (Salmovský palác), Hradčanské nám. 2. Sammelticket für alle drei Galerien: 300 Kč.

㊾ Neue Welt (Nový svět) ★★ [C5]

Unterhalb des Loretoplatzes laden enge, stille Gassen zu einem romantischen Spaziergang ein. Eine der schönsten trägt den Namen Nový svět – Neue Welt.

Heute ist das Gässchen besonders unter tschechischen Künstlern und Kunsthandwerkern beliebt, im Mittelalter war diese pittoreske Häuserzeile ausschließlich von armen Leuten bewohnt. In einem der Häuser wohnte 1599 der Hofastronom **Tycho Brahe.**

㊿ Loretokapelle (Loreta) ★★ [C6]

Die Loretokapelle ist eine Nachbildung der „Casa Santa“, der Wohnung der Jungfrau Maria in Nazareth, die der Legende nach von Engeln nach Loreto bei Ancona getragen worden ist. Die Prager Kapelle betört durch ihr wehmütiges Glockenspiel.

Der Sieg des Kaisers und der Kirche in der Schlacht am Weißen Berg, in dem man das Wirken der Gottesmutter sah, führte zu einer Intensivierung des Marienkults. Benigna Katharina von Lobkowicz gründete1626 den lauretanischen Wallfahrtsort. Die Kapelle wurde fünf Jahre später eingeweiht. Das **Gnadenbild der Jungfrau Maria von Loreto** aus dem 17. Jh. steht in einer silbernen, geschmückten Nische. Den bedeutendsten Teil des Komplexes, der 1750 vollendet wurde, bildet die Kammer mit dem **lauretanischen Schatz** im ersten Stock des Kreuzganges. Unter den 300 kunsthandwerklichen Gegenständen ist besonders die **barocke Monstranz** (Gefäß zum Tragen und Zeigen der geweihten Hostie) aus dem Jahre 1699 interessant, eine Wiener Arbeit aus vergoldetem Silber. Das 89,5 cm hohe Kleinod ist mit 6222 Diamanten geschmückt, 12 kg schwer und wird wegen seiner Form „Prager Sonne“ genannt.

› Loretánské nám. 7, Straßenbahn 22, Haltestelle Pohořelec, Tel. 220516740, www.loreta.cz, tägl. April–Okt. 9–17 Uhr, Nov.–März 9.30–16 Uhr, Eintritt 150 Kč, Extrakosten für Fotografieren

(51) Kloster Strahov (Strahovský klášter) ★★ [C6]

Hinter mächtigen Mauern blühten einst Wissenschaft und fromme Kunst. Die grandiose Klosterbibliothek in zwei Sälen legt davon ein eindrucksvolles Zeugnis ab.

1140 ließ Fürst Vladislav II. auf dem Strahov-Hügel südlich der Burg ein Prämonstratenserkloster gründen, das im Mittelalter zu den bedeutendsten und reichsten kirchlichen Institutionen in Böhmen gehörte. In der zweiten Hälfte des 17. Jh. erhielt das Kloster sein barockes Aussehen. Während des Kommunismus wurde es aufgelöst, die Mönche kehrten erst 1989 zurück. Auf der Orgel der reich geschmückten **Maria-Himmelfahrtskirche** demonstrierte Mozart im Herbst 1787 seine geniale Improvisationskunst. Liebhaber der sakralen Kunst kommen in der **Gemäldegalerie** auf ihre Kos-

EXTRATIPP: Von Strahov zum Laurenziberg

Oberhalb der Gartenanlage des Strahov-Klosters führt ein schöner Fußweg zum grünen Petřín-Hügel (Laurenziberg). In dem Waldgebiet links vom Kloster ist ein Teil der Hungermauer erhalten geblieben. Als Teil der Befestigung des gesamten Bergrückens ließ Karl IV. sie 1360 erbauen, als in Prag eine Hungersnot herrschte. So ist vermutlich ihr Name zu erklären. Vom Spazierweg aus blickt man auf die Dächer der Kleinseite. Wer nach dem Spaziergang müde Beine hat, kann vom Laurenziberg mit einer Seilbahn zur Haltestelle Újezd hinunterfahren.

---

ten. Der Besuchermagnet ist aber die auf zwei Säle verteilte **Bibliothek**, die man nur hinter einer Absperrung bewundern kann – damit Bücher, Folianten und Wandfresken keinen Schaden nehmen. Im älteren und kleineren **Theologischen Saal** (1721) sind auch alte Globen aus der ersten Hälfte des 17. Jh. aufbewahrt. Der **Philosophische Saal** (1782–84) erstreckt sich über zwei Stockwerke. Das Deckenfresko des Wiener Malers Franz Anton Maulbertsch (1794) illustriert die Geschichte der Philosophie. Insgesamt umfasst die Strahover Bibliothek mehr als 130.000 Bücher, Manuskripte und Erstschriften, darunter eine Kopie des handgeschriebenen Strahover Evangeliar aus dem 9. Jh.

› Strahovské nádvoří 1/132, Metro A: Malostranská, danach mit der Straßenbahn 22 bis Haltestelle Pohořelec, Tel. 233107718, www.strahovskyklaster.cz. Bibliothek: tägl. außer 24./25.12. und Ostersonntag 9–12 und 13–17 Uhr, Eintritt 100 Kč. Fotografieren kostet extra. Bei einer größeren Besucherzahl ist der Einlass begrenzt. Klosterbesichtigung und Gemäldegalerie: tägl. 9.30–11.30 und 12–17 Uhr, Eintritt 120 Kč, Tel. Kasse: 233107730

52 Laurenziberg (Petřín) ★★ [D7]

Der 318 m hohe Berg am rechten Moldauufer ist der Hausberg der Prager, den ganze Familien für einen Sonntagsspaziergang und Liebespaare als Treffpunkt nutzen.

Vor allem am 1. Mai pilgern die Verliebten Hand in Hand zum Denkmal des Dichters Karel Hynek Mácha (1810–1836), der mit seinem Gedicht „Mai" eine Hymne auf die Liebe geschaffen hat. Die Paare küssen sich vor seiner Statue – dadurch soll ihre Liebe ewig dauern.

Wahrzeichen des Laurenzibergs ist der 63,5 m hohe **Aussichtsturm** (Petřínská rozhledna), eine fünfmal kleinere Kopie des Pariser Eiffelturms. Er wurde 1891 für die Prager Weltausstellung errichtet und sein höchster Punkt liegt auf gleicher Meereshöhe wie das französische Vorbild. Wer die 299 Stufen erklommen hat, genießt einen fantastischen Ausblick auf die Stadt. Eine **Seilbahn** fährt vom Fuß des Petřín-Hügels (an der Haltestelle Újezd) nach oben. Eine Haltestelle vor dem Ziel liegt das Restaurant Nebozízek (s. S. 87). Den Laurenziberg erreicht man auch über einen schönen 20-minütigen Spaziergang vom Kloster Strahov 51 aus.

Die **Sternwarte** ist das ganze Jahr über geöffnet. Eine weitere Attraktion ist das neben dem Aussichtsturm gelegene **Spiegellabyrinth**.

› **Standseilbahn:** Straßenbahnhaltestelle Újezd, Linien 6, 9, 12, 20, 22, Fahrt-

zeiten: April–Okt. 9–23.30 Uhr alle 10 Min., Nov.–März 9–23.20 Uhr alle 15 Min. Tickets (einfach) kosten 24 Kč für Erwachsene, 12 Kč für Kinder bis 15 Jahre und Senioren.
› **Aussichtsturm:** http://en.muzeumprahy.cz/prague-towers, Tel. 257320112, April–Sept. tägl. 10–22 Uhr, Okt./März 10–20, Nov.–Febr. 10–18 Uhr, Eintritt 120 Kč. Behinderte und ältere Menschen können einen Aufzug nutzen, der für Rollstühle aber nicht geeignet ist. Die gleichen Öffnungszeiten gelten auch für das **Spiegellabyrinth,** Eintritt dort 90 Kč, in Kombination mit dem Aussichtsturm 190 Kč.

› **Sternwarte:** www.observatory.cz, Tel. 257320540, Jan.–Febr., Nov.–Dez. Di.–Fr. 18–20 Uhr, am Sa./So. 11–20 Uhr. März, Okt. Di.–Fr. 19–21 Uhr, Sa./So. 11–18 und 19–21 Uhr, April/Mai., Di.–Fr. 14–19 u. 21–23 Uhr, Sa./So. 11–19 Uhr, 21–23 Uhr, Juni Mo. 14–19 und 21–23 Uhr, Di.–Fr. 14–19 und 21–23, Sa./So. 11–19 und 21–23 Uhr, Juli/Aug. Mo. 11–19 und 21–23, Di.–Fr. 11–19 und 21–23 Uhr, Sa./So. 11–19 und 21–23 Uhr, Sept. Mo. 14–18 und 20–22, Di.–Fr. 14–18 u. 20–22 Uhr, Sa./So. 11–18 und 20–22 Uhr, Eintritt 65 Kč, Familien 140 Kč

EXTRAINFO

„Der Prozess"
Der Laurenziberg diente als Vorbild für den Schauplatz von Kafkas Roman „Der Prozess". Seine Schlussszene – die Exekution des Protagonisten K. – spielt in einem Steinbruch, den es am Laurenziberg einmal wirklich gab.

Blick auf den Laurenziberg 52 *mit seinem markanten Aussichtsturm*

Entdeckungen außerhalb des Zentrums

53 Vyšehrad ★★ [H12]

Ein Ort des Gedenkens: Neben der sagenumwobenen Burg der Fürstin Libuše auf dem Moldaufelsen ruhen große Tschechen wie der Komponist Antonín Dvořák oder der Jugendstilkünstler Alfons Mucha auf dem Ehrenfriedhof.

„Ich sehe eine große Stadt. Ihr Ruhm wird einst bis zu den Sternen reichen", so sprach der Legende nach Fürstin Libuše, Stammmutter der Tschechen und Gründerin der Přemysliden-Dynastie, auf Vyšehrad. Dieser Ort hat eine unauslöschliche Bedeutung für die tschechische Volksseele. Dem Gründungsmythos zufolge wäre Vyšehrad älter als die Prager Burg 42. Aber die Burg auf dem Hradschin wurde 60 bis 70 Jahre vor Vyšehrad („hohe Burg") auf dem südlich gelegenen Felshügel an der Moldau erbaut. Im Zeitalter der Aufklärung ist sie von den tschechischen Patrioten wiederentdeckt worden – als Sitz der ersten Přemysliden und Symbol der Nation. Heute ist der Vyšehrad einer der wenigen historischen Orte Prags, die hauptsächlich von den Tschechen besucht werden. Auf dem **Ehrenfriedhof** hoch über der Moldau ruhen bedeutende Söhne und Töchter der Nation, darunter die Komponisten Antonín Dvořák und Bedřich Smetana sowie die Schriftsteller Božena Němcová, Karel Čapek und Jan Neruda. Von der gleichnamigen Metrohaltestelle folgt man dem ausgeschilderten Weg. Nach ein paar

Minuten geht es durch das **Tábortor** aus dem 19. Jh. über einen gepflasterten, von Bäumen gesäumten Weg durch das schöne **Leopoldstor** (1678) zur romanischen **Rotunde des hl. Martin (11. Jh.),** dem **ältesten Kirchenbau Prags.** Das Wahrzeichen des Vyšehrad ist die **Kirche der hl. Peter und Paul,** erbaut auf den Fundamenten einer romanischen Basilika aus dem 11. Jh. Das gotische Tafelbild aus dem 14. Jh. zeigt die Jungfrau Maria und wird „Vyšehrader Madonna" genannt. Vor diesem Bild wurde in Dürrezeiten bei Wallfahrten um Regen gebetet. Zwischen Kirche und Weinstube liegt das Steinportal zum **Vyšehrader Park.** Vier monumentale Steinskulpturen verkörpern die Helden der tschechischen Mythen. Im Sommer finden sonntags Open-Air-Konzerte statt.

› V pevnosti 159, Metro C: Vyšehrad, danach zu Fuß zum Areal. Mit der Straßenbahn 7, 18, 24 bis zur Haltestelle Albertov, danach über die Vratislavova oder mit der Straßenbahn 3, 7, 17 bis Výtoň, die Libušina Str. zur Na Libušince, von hier aus über die Treppe hoch, www.praha-vysehrad.cz, April–Okt. tägl. 9.30–18 Uhr, Nov.–März 9.30–17 Uhr, der Eintritt ist frei. Die Informationsstelle befindet sich beim Ziegeltor, wo seit 2014 eine neue audiovisuelle Ausstellung über die Geschichte Vyšehrads informiert. Hier kann man auch den Plan des Geländes kaufen.

◁ *Blick vom Vyšehrad auf die Stadt*

› Ehrenfriedhof: tägl. Jan./Febr., Nov./Dez. 8–17 Uhr, März/April, Okt. 8–18 Uhr, Mai–Sept. 8–19 Uhr, Eintritt frei. Ausstellung im Ziegeltor sowie Kasematten und Gorlice (mit sechs originalen Barockstatuen von der Karlsbrücke ⑯): Eintritt 60 Kč, gotischer Keller: Eintritt 50 Kč. Kirche der hl. Peter und Paul: www.kkvys.cz, Sept.–März Mo.–Sa. 10–16, So. 10.30–16 Uhr, April–Okt. Mo.–Mi und Fr./Sa. 10–18, Do. 10–17.30, So. 10.30–18 Uhr, während der Gottesdienste ist die Besichtigung nicht erlaubt. Eintritt in die Schatzkammer kostet 50 Kč. Glockenspiel stündlich zwischen 11 und 21 Uhr. Die Rotunde des hl. Martin ist für Touristen nicht zugänglich.

(54) Villa Bertramka ★ [D10]

In der Vorstadtvilla schrieb der Komponist Wolfgang Amadeus Mozart 1787 die Ouvertüre zu „Don Giovanni". Nach einem jahrelangen juristischen Streit wurde dieser frühere Wallfahrtsort aller Mozartfans im Dezember 2009 wieder an den früheren Besitzer, die Prager Mozart-Gemeinde, übertragen. Kurz vor der Übergabe „verschwand" jedoch ein Teil der historischen Einrichtung.

Unweit des Einkaufszentrums Anděl im alten Prager Bezirk Smíchov verbirgt sich hinter einer Pforte die Villa Bertramka, die von Mozartfans bei einem Pragbesuch nicht ausgelassen wird. Als **Mozart** im Herbst 1787 zum zweiten Mal nach Prag kam, wohnte er in der **Villa des Komponisten und Musikpädagogen Franz Xaver Dušek** und seiner 22 Jahre jüngeren Frau, der Sopranistin Josefa Dušek. Ihre Feste in der Bertramka waren in der Prager Künstlerszene sehr beliebt. Mozarts angebliche Affären waren Stadtgespräch und als er für seine Gastgeberin die Konzertarie „Bella mia fiamma" komponierte, nahmen die Gerüchte über ein Liebesverhältnis der beiden kein Ende. Zum letzten Mal kam Mozart im Sommer 1791 hierher, bevor er mit nur 35 Jahren starb.

1929 kaufte die tschechische Mozart-Gemeinde die Villa von der internationalen Stiftung Mozarteum, Mitte der 1980er-Jahre wurde sie jedoch von den kommunistischen Machthabern beschlagnahmt. 2009 entschied dann das Oberste Prager Gericht, dass der bisherige Verwalter, der fünfte Prager Bezirk, das historische Haus mit einem Garten, der sich hinter einer steinernen Pforte verbirgt, der **Mozart-Gemeinde** zurückgeben müsse. Kurz vor der Übergabe wurde die von anderen Museen ausgeliehene historische Einrichtung – darunter ein Hammerklavier, auf dem Mozart im Damenstift in der Neustadt gespielt hatte, und das Cembalo, auf dem er im Palais des Grafen Nostitz musizierte – weggebracht. „Meine Prager verstehen mich." An diese Worte, die Mozart in seiner Begeisterung über die stürmische Aufnahme seiner Werke in Prag zu seinem Publikum gerufen haben soll, scheint sich heute niemand mehr zu erinnern. In vier Zimmern der Villa wird heute eine Ausstellung präsentiert, die die Weltpremieren der Mozart-Opern „Don Giovanni", „La clemenza di Tito" und „La finta Giardiniera" thematisiert.

› Mozartova 169, Metro B: Anděl, danach mit der Straßenbahn 9, 16, 10 bis zur Haltestelle Bertramka, Tel. 241493547, www.mozartovaobec.cz, im Sommer tägl. 10–17 Uhr, Frühjahr/Herbst 10–15 Uhr, Winter (ab 11. Nov.) geschlossen, Eintritt 50 Kč. Im Sommer finden im Garten der Villa Konzerte statt, allerdings noch nicht regelmäßig. Termine sollte man am besten bei den Tourist-Infozentren erfragen (s. S. 126).

55 Schloss Trója (Trojský zámek) ★★

Als schönes und ruhiges Ausflugsziel außerhalb des Prager Zentrums empfiehlt sich das rot-weiße barocke Schloss im Stadtteil Trója.

Abseits vom Touristentrubel führt hier ein Spazierweg im französischen Schlossgarten zu der monumentalen Schlosstreppe, die den Hauptsaal mit dem Garten verbindet. Einige der Plastiken auf der Treppe, die den Kampf der Giganten mit den antiken Göttern darstellen, wurden von den Dresdnern Georg und Paul Hermann und dem bekannte Barockmeister Johann Brokoff geschaffen.

△ Objekt der Begierde streitender Parteien: Villa Bertramka 54

Entdeckungen außerhalb des Zentrums

Das Schloss selbst wurde im letzten Drittel des 17. Jahrhundert im Stil italienischer Villen von Giovanni Domenico Orsi und Jean-Baptiste Mathey für **Graf Václav Vojtěch von Sternberg** errichtet, der für sich eine repräsentative Sommerresidenz wünschte. Decke und Wände des Hauptsaales schmücken wunderschöne Fresken der niederländischen Künstler Abraham und Izak Godin. Im Schloss Trója ist eine **Sammlung der Galerie der Hauptstadt Prag** mit dem Schwerpunkt tschechische Malerei und Plastik aus dem 19. und 20. Jahrhundert untergebracht.

› U Trojského zámku 1, Metro C: Nádraží Holešovice, danach mit dem Bus 112 bis zur Endstation Zoologická zahrada, links befindet sich der Eingang in den Schlossgarten, rechts in den Zoo, Tel. 283 851 614, www.ghmp.cz, April-Okt. Di.-Do. und Sa.-So. 10-18 Uhr, Fr. 13-18 Uhr, Garten 10-18 Uhr, Nov.-März geschlossen, Eintritt 120 Kč

56 Kloster Břevnov (Břevnovský klášter) ★

Das barocke Benediktinerkloster im Stadtteil Břevnov, gegründet im 10. Jh. von Herzog Boleslav II. und dem Prager Bischof Vojtěch (hl. Adalbert), war das erste Männerkloster im Land überhaupt.

Fürst Břetislav I. (1034–1055) ließ die **Klosterkirche** mit einer Krypta errichten. 1708 begann nach Plänen des Barockbaumeisters Christoph Dientzenhofer der Umbau. Zunächst entstand die Kirche der hl. Margaretha, 1720 wurde dann das Kloster fertiggestellt.

Im **20. Jahrhundert** erlebten die Mönche eine harte Zeit. Während des Zweiten Weltkrieges besetzte die Wehrmacht einen Teil des Klostergebäudes und nach der kommunis-

Im Barockschloss Trója 55 wird heute Kunst ausgestellt

Entdeckungen außerhalb des Zentrums

> **EXTRAINFO**
>
> ## Ökologisches Hotel Adalbert
>
> In einem der gründlich renovierten historischen Gebäude befand sich früher das Schulungszentrum tschechischer Geheimdienstagenten. Im Jahre 2006 ist dort das Hotel Adalbert errichtet worden. Es bietet 23 modern eingerichtete Zimmer und einen barocken Klostergarten und rühmt sich, das „erste ökologische Hotel" in der Tschechischen Republik zu sein. Energiesparlampen, Mülltrennung oder nachfüllbare Seifenbehälter sind hier Standard. Weitere Informationen über die Website www.hoteladalbert.cz.

tischen Machtübernahme von 1948 wurde die gesamte Anlage beschlagnahmt. Die Ordensbrüder flohen ins Exil. In den Wirtschaftsgebäuden des Klosters errichtete das tschechoslowakische Innenministerium ein Schulungszentrum für Geheimdienstagenten, die auf die Bespitzelung von Ausländern spezialisiert waren.

1990 wurde das **Areal dem Orden zurückgegeben.** Auf dem Klosterfriedhof sind einige Dissidenten bestattet worden. Allen voran Jan Anastasius Opasek, der Abt von Břevnov, Jan Patočka, der Philosoph und erste Sprecher der Bürgerrechtsbewegung Charta 77, und der bekannte Liedermacher Karel Kryl.

Das Kloster kann nur im Rahmen einer **Führung** (auf Tschechisch) besichtigt werden.

› Markétská 1/28, Metro A: Hradčanská, danach mit der Straßenbahn 25, Haltestelle Břevnovský klášter oder Metro A: Malostranská, danach mit der Straßenbahn 22, Haltestelle Břevnovský klášter, Tel. 220406111, www.brevnov.cz. Die Besichtigung der Klosteranlage dauert ca. 90 Minuten, die Führungen werden nur am Wochenende angeboten. Beginn ist am Sa. um 10, 14 und 16, am So. 11, 14 und 16 Uhr (April–Okt.), Nov.–März Sa. um 10 und 14 Uhr, So. um 11 und 14 Uhr, während Weihnachten und Ostern geschlossen. Eine Führung in deutscher Sprache kann man nur ab 20 Personen telefonisch bestellen. Eintritt 80 Kč, Senioren, Kinder und Studenten 50 Kč. Der untere Teil des Klostergartens (in Klosternähe) ist ganzjährig geöffnet: 6.45–20 Uhr. Vor wenigen Jahren wurde ein weiterer Teil des Gartens rekonstruiert und für die Öffentlichkeit zugänglich gemacht.

› Vor wenigen Jahren ist im ehemaligen barocken Pferdestall die Brevnover **Klosterbrauerei** geöffnet worden. Gezapft wird hier der „Brevnover Benedikt". Öffnungszeiten (ganzjährig): Mo., Fr. 10–17, Di.–Do, Sa./So. 10–18 Uhr.

◁ *Blick auf den Klosterkomplex Břevnov* 56 *im gleichnamigen Prager Stadtteil*

PRAG ERLEBEN

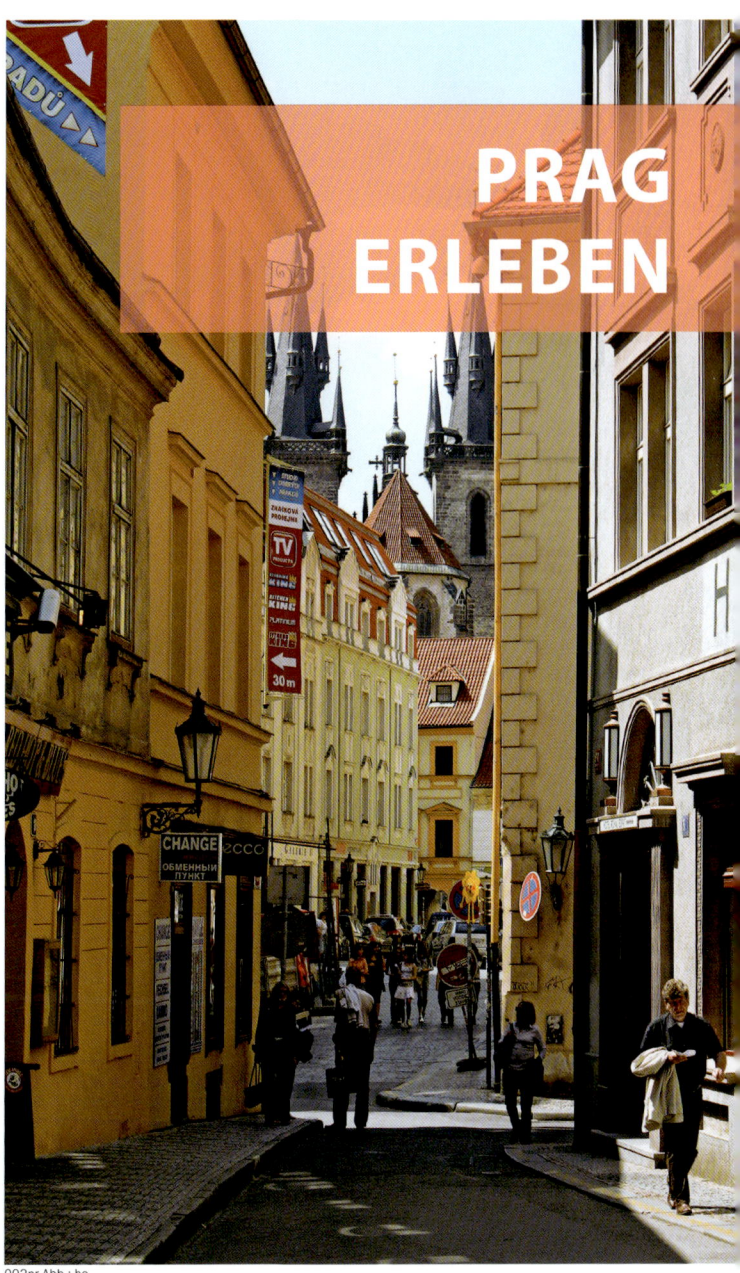

Prag für Kunst- und Museumsfreunde

Eigentlich ist die Innenstadt ein faszinierendes Gesamtkunstwerk. Wer sich an Gassen und Bauwerken sattgesehen hat und noch Lust auf einen Museums- oder Galeriebesuch verspürt, der hat in Prag die Qual der Wahl.

Museen

3 [I9] **Dvořák-Museum,** Ke Karlovu 20, Metro C: I.P. Pavlova, www.nm.cz, Tel. 224918013, Di.–So. 10–13.30 Uhr und 14–17 Uhr, Eintritt 50 Kč. Seit 1932 ist das Museum, in dem das Leben und Werk des Komponisten Antonín Dvořák (1841–1904) vorgestellt wird, im barocken Sommerschlösschen „Amerika" untergebracht.

4 [G6] **Franz Kafka Museum,** Cihelná 2b, Metro A: Malostranská, Tel. 257535507, www.kafkamuseum.cz, tägl. 10–18 Uhr, Eintritt 200 Kč. Die Ausstellung dokumentiert die schwierige Beziehung Kafkas zu seiner Geburtsstadt Prag. Zu sehen sind Briefe, Fotos, Zeitungen und Dokumente aus Kafkas Zeit.

24 [H6] **Jüdisches Museum.** Der inhaltliche Schwerpunkt liegt auf der Darstellung der Geschichte der Prager Judenstadt, jüdischer Bräuche und Traditionen – und der Geschichte des Holocausts.

◁ Vorseite: Schmale Gassen und historische Fassaden in der Innenstadt

△ Das Museum Kampa ㉟ beherbergt eine spannende Auswahl an zeitgenössischer Kunst

Prag für Kunst- und Museumsfreunde

🏛5 [K2] **Lapidárium,** Výstaviště 422, Metro C: Nádraží Holešovice, danach weiter mit der Straßenbahn 12, 17, 24 bis zur Haltestelle Výstaviště, Tel. 702013372, www.nm.cz, Mai–Nov. Mi. 10–16, Do.–So. 12–18 Uhr, Dez.–April geschlossen, Eintritt 50 Kč. Sehenswertes und oft fast menschenleeres Museum auf dem Prager Ausstellungsgelände. Zu sehen sind hier wertvolle böhmische Plastiken aus dem 11. bis 19. Jh., darunter einige Originalstatuen von der Karlsbrücke ❶⓰, die dort aus Sicherheitsgründen durch Kopien ersetzt wurden.

❷⓼ [J7] **Mucha-Museum.** Seit 1998 werden Werke des bedeutenden tschechischen Jugendstilkünstlers Alfons Mucha (1860–1939) ausgestellt.

🏛6 [L6] **Museum der Hauptstadt Prag (Muzeum hlavního města Prahy),** Na Poříčí 52, Metro B, C: Florenc, Di.–So. 9–18 Uhr, www.muzeumprahy.cz, Tel. 224816772, Eintritt 120 Kč, erm. 50 Kč. Ausstellung über das prähistorische und mittelalterliche Prag bis ins späte 18. Jh. Der Höhepunkt der sehenswerten Ausstellung ist das berühmte Stadtmodell (1937) von Antonín Langweil, das bis ins kleinste Detail das Prag des 19. Jh. abbildet.

🏛7 [I7] **Museum des Kommunismus (Muzeum komunismu),** Metro A, B: Můstek, Na Příkopě 10, Tel. 224212966, tägl. 9–21 Uhr, www.muzeumkomunismu.cz. Eintritt 190 Kč. Fotos, Texte, Pioniermusik, 3-D-Projekte, Büsten von KP-Funktionären, Schulbänke und eine halbleere Ladentheke informieren über den Alltag in der Tschechoslowakei von 1948 bis zur politischen Wende 1989. Ein Verhörraum des tschechoslowakischen Geheimdienstes gemahnt an den Terror der 1950er-Jahre.

> **Museum des Lobkowicz-Palais (Muzeum Lobkoviczký palác),** Jiřská 3 (im Areal

> Museen, die mit einer magentafarbenen Nummer (㉔) als Hauptsehenswürdigkeit ausgewiesen sind, werden im Kapitel „Prag entdecken" ausführlich beschrieben. Dort finden sich auch alle praktischen Informationen wie Adresse, Öffnungszeiten usw.

der Prager Burg ㊷). Sehr sehenswertes Privatmuseum des Adelsgeschlechts Lobkowicz. Neben einer großen Waffenkollektion und Gemälden Alter Meister kann man auch einige Originalpartituren von Mozart und Beethoven bestaunen. Von der Terrasse des Cafés (10–18 Uhr) hat man eine herrliche Aussicht. Tägliche Konzerte mit klassischer Musik (13 Uhr).

㉟ [F7] **Museum Kampa.** Sehr empfehlenswerte, spannende Auswahl an zeitgenössischer tschechischer und mitteleuropäischer Kunst, in einer alten Mühle auf der Moldauinsel Kampa perfekt in Szene gesetzt. Im Mittelpunkt stehen die Werke des abstrakten Malers František Kupka (1871–1957) und des Bildhauers Otto Gutfreund (1889–1927), der wichtigsten Vertreter tschechischer Kunst der ersten Hälfte des 20. Jh.

㉖ [J8] **Nationalmuseum (Národní muzeum).** In dem monumentalen Museum oberhalb des Wenzelsplatzes sind unter anderem Exponate aus der Naturwissenschaft – die Mineraliensammlung ist die größte Europas –, eine Münzkollektion sowie Artefakte und Exponate aus der Frühgeschichte Böhmens zu sehen. **Wegen Umbaus bis 2018 geschlossen.** Direkt nebenan werden den im Nebengebäude wechselnde Ausstellungen und die zoologische Ausstellung „Arche Noah" gezeigt.

🏛8 [E5] **Spielzeugmuseum (Muzeum hraček),** Jiřská 6 (Prager Burg), Metro A: Malostranská, Straßenbahn 22, Haltestelle Pražský hrad, tägl. 9.30–17.30

Die unsichtbare Ausstellung

Erst, wenn man nichts sieht, versteht man, wie wichtig das Sehvermögen für uns ist. Ein 60-minütiger Spaziergang in absoluter Dunkelheit ist ein außergewöhnliches soziales, kulturelles und edukatives Experiment, das **den Sehenden die unsichtbare Welt der Blinden näherbringen** *soll. Zum ersten Mal wurde das Projekt 2007 in Budapest realisiert, in Prag kann man die interaktive Ausstellung im Neustädter Rathaus bis voraussichtlich Ende 2016 besuchen.*

In Begleitung eines blinden Führers durchquert man mit einer kleinen Gruppe vollkommen abgedunkelte Räume, in denen Alltagsgegenstände stehen. Wenn das Auge nicht sieht, muss man die Umgebung mit Hilfe von Gehör, Berührung, Geruch und Gleichgewicht erforschen. Begleitet von der ruhigen Stimme des Führers, werden Besucher mit arrangierten Alltagssituationen konfrontiert: Jeder kann selbst ausprobieren, wie es ist, ohne visuelle Wahrnehmung eine Mikrowelle zu bedienen, sich auf der Straße zu orientieren, das richtige Gewürz für ein bestimmtes Rezept zu wählen oder in einer Bar seinen Kaffee zu bezahlen.

Im **beleuchteten Teil der Ausstellung** *werden Gegenstände und Techniken gezeigt, die den Blinden helfen, im Alltagsleben weitgehend selbstständig zu bleiben: Eine Schreibmaschine für Blindenschrift etwa, eine sprechende Uhr, ein Pulsdruckgerät, auch ein Memory-Spiel oder Schach.*

Der Besuch ist für Erwachsene wie auch für Kinder ein Erlebnis. Wer möchte, kann zu der Besichtigung auch eine anschließende **Weinprobe** *buchen. Schon das Glas zum Mund zu führen, wird dabei zu einer Herausforderung. Angeboten werden die ungarischen Weine Tokaj, Sopron und Eger.*

●9 *[H8]* ***Novoměstská radnice (Neustädter Rathaus)****, Karlovo náměstí 1/23 (Eingang von der Vodičkova Straße 1/3, 2. Stock), Tel. 777787064, www.neviditelna.cz, Mo.–Fr. 12–20 Uhr, Sa./So. 10–20 Uhr, letzter Einlass 19 Uhr, Eintritt: 180 Kč, Sa./So. 200 Kč. Für den Besuch der Ausstellung muss man sich vorher anmelden. Es werden auch Führungen auf Deutsch und in anderen Sprachen angeboten, für die eine Zuzahlung von 50 Kč pro Person verlangt wird.*

Uhr. Eintritt 70 Kč, Familienkarte 120 Kč. Das Gebäude der ehem. Burggrafschaft in der Prager Burg beherbergt auf zwei Etagen eine interessante Sammlung an Spielzeug von der Antike bis zur Gegenwart: Autos, Flugzeuge, Züge, Teddybären und Barbiepuppen.

❸ [I6] **Tschechischer Kubismus – Haus zur schwarzen Madonna** ❸ **(Český Kubismus – Dům u Černé Matky Boží)**. Schwerpunkt der neuen Dauerausstellung sind kubistische Inneneinrichtung und kubistisches Design der Jahre 1911 bis 1914 sowie der 1920er-Jahre. Auf zwei Stockwerken können Besucher Möbelstücke, Keramik, Plastiken, Gemälde und weitere Werke führender Vertreter der Stilrichtung wie Josef Gočár, Pavel Janák, Vlastimil Hofman und Otto Gutfreund bestaunen. Ein Teil der Ausstellung ist interaktiv: Wer will, kann also gleich den Komfort eines kubistischen Sessels testen.

Prag für Kunst- und Museumsfreunde

🏛10 [F7] **Tschechisches Musikmuseum, (České muzeum hudby),** Karmelitská 2–4, Metro A: Malostranská, Straßenbahn 12, 20, 22, Haltestelle Hellichova, Tel. 257257777, www.nm.cz, Mi.–Mo. 10–18 Uhr, Eintritt 120 Kč (ermäßigt 60 Kč). In der ehemaligen Kirche der Maria Magdalena auf der Kleinseite sind auf 1000 m² vor allem historische Musikinstrumente und Dokumente (darunter ein Auszug aus einer Mozart-Partitur) ausgestellt. Anfang 2016 entdeckte ein deutscher Musikwissenschaftler im Archiv des Museums eine verschollene Gemeinschaftskomposition von W. A. Mozart und A. Salieri. Das Museum plant, den Senstationsfund bald der Öffentlichkeit zu zeigen.

Galerien und Kunstmuseen

🅖11 [M1] **DOX – Zentrum für zeitgenössische Kunst (Dox – Centrum současného umění),** Poupětova 1, Metro C: Nádraží Holešovice, Straßenbahn 12, 14, 24, Haltestelle Ortenovo náměstí, Tel. 295568123, www.dox.cz/en, Mo. 10–18, Mi., Fr. 11–19, Do. 11–21, Sa./So. 10–18 Uhr, Eintritt 180 Kč. Auf einer Fläche von 6000 m² werden in mehreren modernen Hallen und Teilen einer alten Fabrik Wechselausstellungen mit monumentalen Installationen gezeigt. Neben Werken internationaler Stars finden hier auch die talentierter einheimischer Gegenwartskünstler ihren Platz. Progressiv und sehr sehenswert.

🅖12 **MeetFactory,** Ke Sklárně 15, www.meetfactory.cz/en, Metro B: Smíchovské nádraží, Straßenbahn 12, 14, 20, Haltestelle Lihovar, Tel. 251551796, tägl. 13–20 Uhr und Abendprogramm. Das Gebäude einer alten Lagerhalle im Prager Stadtteil Smíchov, eingezwängt zwischen Autobahn und Bahngleisen, erkennt man schon aus der Ferne an zwei roten Autos, die von der Fassade herunterhängen: die unverkennbare Handschrift des Bildhauers David Černý, der in Prag schon Kultstatus genießt. Auf 51.000 m² sind eine Galerie, Räume für Konzerte und Partys sowie für avantgardistisches Theater vereint.

Nationalgalerie (Národní galerie)
Eine der bedeutendsten Kulturinstitutionen in Tschechien entstand 1949. Die Sammlungen findet man in verschiedenen Gebäuden:
› www.ngprague.cz. Di.–So. 10–18 Uhr
› **Nationalgalerie im Goltz-Kinský-Palais** ❼, Tel. 224810758, Eintritt 100 Kč. Asiatische Kunst.
› **Nationalgalerie im Agnes-Kloster** ⓫, Tel. 224810628, Eintritt 150 Kč. Mittelalterliche und frühe Renaissance-Kunst.
› **Nationalgalerie im Sternberg-Palais,** Hradčanské náměstí 15 (Hradschinplatz ㊽), Tel. 233090570, Eintritt 150 Kč. Italienische, flämische, österreichische und deutsche Künstler des Mittelalters (14.–18. Jh.). Zu sehen sind hier u. a. Gemälde von Dürer, El Greco, Goya, van Dyck oder Cranach.

🅖13 [J3] **Nationalgalerie im Messepalast,** Dukelských hrdinů 47, Metro C: Vltavská, Straßenbahn 12, 17, 24, Haltestelle Veletržní palác, Tel. 224301122, Di.–So. 10–18 Uhr, Eintritt 200 Kč. Im architektonisch beeindruckenden Messepalast aus Beton, Glas und Eisen im Stadtteil Holešovice werden die Herzen der Freunde der modernen und Gegenwartskunst höher schlagen: Die Sammlung ist in der tschechischen Hauptstadt ohne Konkurrenz. In der ersten Etage sind Werke der bedeutenden internationalen Künstler des 20. und 21. Jh. ausgestellt – darunter Werke von Klimt, Kokoschka, Munch oder Miró. Die Etage darüber ist den tschechischen Künstlern nach 1930, der dritte Stock ist der französischen Malerei und Kunst gewidmet (Werke von Renoir, Cézanne, Gauguin, van Gogh, Picasso oder Matisse) ebenso den bedeutenden Tschechen des 20. Jh. wie František Kupka, Jan Zrzavý und dem Fotografen Josef Saudek. Bis Ende 2016 kann man hier Alfons Muchas Großleinwand-Bilder aus dem Zyklus „Slawisches Epos" bestaunen (Eintritt 180 Kč, Kombi-Ticket 240 Kč).

› **Nationalgalerie im Palais Schwarzenberg** (s. S. 64), Hradschinplatz ⓭, Tel. 233081713, Eintritt 150 Kč. Den Schwerpunkt der Austellung bildet der böhmische Barock (16.–18. Jh.) mit Plastiken von M. B. Braun oder F. M. Brokoff und Gemälden der böhmischen Meister wie K. Škréta, P. Brandl oder V. V. Reiner.

› **Nationalgalerie im Salm-Palais** (s. S. 64), am Hradschinplatz ⓭. Gemälde des 19. Jh. vom Neoklassizismus bis zur Romantik. Das Kombiticket für die Ausstellungen im Sternberg-, Schwarzenberg- und Salm-Palais kostet 300 Kč.

Prag für Genießer

Einst war die böhmische Küche für ihre himmlischen Mehlspeisen berühmt. Später kam sozialistische Eintönigkeit auf den Tisch, heute kehren viele Tschechen nach der ersten Begeisterung für Pizza und chinesische Reisgerichte wieder zur tschechischen Küche zurück. Nach wie vor wird an der Moldau also deftig und kalorienreich gegessen. Aber die Zeit hat sich dennoch gewandelt: Früher hieß es, ein Mädchen muss kochen können, bevor es heiraten will. Das sehen laut Umfragen zwar heute noch fast 90 % der Männer so, doch ein Viertel der tschechischen Frauen kann der Kochkunst nicht mehr viel abgewinnen.

Traditionelle Gerichte

Ein typisch tschechisches Gericht ist „vepřo, knedlo, zelo", also **Schweinefleisch, Knödel und Sauerkraut**. Knödel, die Landesspezialität, werden zu fast allen Gerichten serviert. Die Knödel sind meistens nicht rund, sondern mit einem Zwirn in Scheiben geschnitten: Semmelknödel, Speckknödel, Kartoffelknödel, die seltenen Karlsbader oder die süßen Obstknödel. Noch wichtiger sind allerdings **die Soßen**: Tomatensoße (rajská), Meerrettichsoße (křenová), Pilzsoße (houbová), Dillsoße (koprová) und viele andere. Zu svíčková – **Lendenbraten** – wird eine köstliche süß-saure Rahmsoße mit Preiselbeeren gereicht. Sein Rezept für **Gulasch** hütet jedes gute Restaurant wie ein

◁ *Süße Verführung: die leckeren Mohnknödel im Café Imperial (s. S. 84)*

Es muss nicht immer Bier sein: tschechischer Wein und Sekt

Tschechien als Land des Bieres ist bekannt. Dass es darüber hinaus auch gute Weine produziert, mag vielleicht überraschen. Bei den internationalen Wettbewerben setzen sich die mährischen und böhmischen Winzer regelmäßig gegen die etablierte internationale Konkurrenz durch. Den Wettbewerb um den besten Chardonnay der Welt („Chardonnay du Monde") gewann 2014 ein Winzer aus der Tschechischen Republik. Der jährlich erscheinende internationale Wein-Guide „1000 Vins du Monde" führte 2015 gleich 30 mährische Weine auf. Zum Vergleich: „Nur" 16 italienische Weine schafften es unter die besten 1000.

Die wichtigste Weinregion des Landes ist Südmähren, wo u. a. die Sorten Grüner Veltliner, Müller Thurgau, Weißer Burgunder und Chardonnay produziert werden.

Der bedeutendste tschechische Sekthersteller „Bohemia Sekt" erfreut sich im Ausland immer größer werdender Beliebtheit. Bei dem internationalen Wettbewerb MUNDUS vini gewann er 2015 den Sonderpreis als bester Sekt Osteuropas. Zu Hause wird die Edelmarke der in Starý Plzenec ansässigen Firma schon längst als die „tschechische Antwort auf den Champagner" gepriesen – rund 11 Millionen Flaschen werden hier pro Jahr verkauft.

Geheimnis. Beliebt sind auch Entenbraten und Hähnchen. Wer **Wild** mag, soll unbedingt zugreifen: Kaninchen auf Knoblauch, gebratene Rehkeule oder Hirschgulasch zählen zu den Delikatessen. Die **Suppe** gehört als Vorspeise dazu, eine Kartoffelsuppe mit Majoran, Knoblauchsuppe, Gulaschsuppe, Krautsuppe oder Rind- und Hühnerbrühe. **Fischgerichte** spielen kaum eine Rolle. Das mag erstaunen, sind doch die tschechischen Flüsse und Seen reich an Forelle, Aal oder Karpfen. Einzige Ausnahme: Zum Weihnachtsfest gibt es Karpfen mit Kartoffelsalat. Damit ist dann aber der Jahresbedarf auch gedeckt. Die wahre Kunst böhmischer Köche entfaltet sich in den **Mehlspeisen**. Leider werden sie längst nicht mehr überall angeboten – Buchteln mit Pflaumen, Mohn oder Quarkfüllung; Apfelstrudel; süße Knödel aus Hefeteig, Grieß und Quark, mit Obst und Mohn gefüllt, bestreut mit geriebenem Quark oder Nüssen und mit zerlassener Butter übergossen; Liwanzen (Hefeküchlein, die in besonderen Pfannen gebacken und mit Schlagsahne und Blaubeeren serviert werden); Powidltascherln mit Pflaumenmus – die Auswahl ist groß und der Frust nach dem Kalorienzählen ebenso.

Bier

Das Lieblingsgetränk der Tschechen ist zweifelsohne **Bier**. „Bier ist die Milch der tschechischen Politik, und diese wird häufig in den Prager Bierstuben gemacht", sagte Jaroslav Hašek, Vater der berühmten Romanfigur Schwejk. Bier ist in Tschechien tatsächlich ein Politikum und eine Frage der Lebensphilosophie, viele Gespräche drehen sich darum, welche Brauerei die beste ist und wie viel ein Bier kosten darf. Das Land hält den **Weltrekord im Pro-Kopf-Verbrauch**. Das erkennt man auch

KURZ & KNAPP

Biersorten

In Tschechien werden Biere nicht nach Alkoholgehalt unterschieden, sondern nach Plato-Graden, also nach dem Anteil löslicher Stoffe in der Würze vor dem Gärungsprozess, der Stammwürze. Fassbiere wie Staropramen haben zwischen sechs und zehn Grad Plato, Lagerbiere wie Pilsner Urquell oder Budvar bis zu zwölf Grad, einige Spezialbiere auch 13 Grad und mehr. Wer den Alkoholgehalt seines Bieres wissen möchte, orientiert sich nach dieser Formel: Alkoholgehalt ist gleich Stammwürze durch drei geteilt.

unschwer an den Bierbäuchen vieler tschechischer Männer: Jedes Jahr belegt Tschechien beim Pro-Kopf-Konsum mit durchschnittlich 140 Litern den ersten Rang weltweit, in Europa gefolgt von Österreich und Deutschland. Tschechisches Bier hat eine lange Tradition, hohe Qualität und weltberühmte Marken wie Pilsner Urquell oder Budweiser. Im ganzen Land werden jedes Jahr geschätzte 480 Sorten hergestellt. Der bekannteste Schnaps ist der bittersüße Karlsbader Kräuterlikör **Becherovka**.

Bierkneipen

In einer tschechischen Kneipe treffen sich Menschen aus allen Schichten, reden miteinander und essen zu frisch gezapftem Bier einen eingelegten Camembert *(nakládaný hermelín)* oder einen „Ertrunkenen" *(utopenec)*. So werden in Essig eingelegte Schweinswürste genannt. Den Olmützer Quargel, eine übel riechende Käsespezialität, haben sich die Tschechen von Brüssel sogar patentieren lassen. Übrigens stellt die Bedienung ohne Nachfrage stets ein neues Glas Bier vor den Gast. Man muss schon deutlich sagen, dass es genug ist und man nichts mehr trinken möchte. Männer bestellen ein großes Bier – wer ein kleines verlangt, wird sofort gefragt, ob er vielleicht krank sei.

14 [E6] **Baráčnická rychta,** Tržiště 23, Metro A: Malostranská, Tel. 257532461, www.baracnickarychta.cz, Mo.–Sa. 11–23 Uhr, So. 11–21 Uhr. Dieses urige böhmische Lokal auf der Kleinseite findet man unterhalb des Durchgangs im Haus Nr. 13 in der Straße Nerudova. Angeboten wird hier alles, was man von einer guten tschechischen Bierstube erwartet: Bierkäse, Schweinshaxe oder Olmützer Quargel, als Nachspeise die leckeren Obstknödel oder Liwanzen mit heißen Heidelbeeren. Dazu trinkt man Pilsner Urquell oder das Bier aus der Brauerei in Svijavy, das von Kennern hoch geschätzt wird.

15 [J7] **Bredovský dvůr,** Politických vězňů 13, Metro A, C: Muzeum, www.restauracebredovskydvur.cz, Tel. 224215427, Mo.–Sa. 11–24 Uhr, So. 11–23 Uhr. Bei jungen Tschechen beliebtes und daher immer volles Bierlokal, das in einer Seitenstraße in der Nähe des Wenzelsplatzes 25 liegt. Serviert wird deftige tschechische Küche, Eisbein mit Meerrettich, Ente mit Rotkohl und Knödel und natürlich Gulasch. Dazu trinkt man Pilsner Urquell. Im Sommer kann man im Innenhof sitzen.

16 [F6] **Malostranská pivnice,** Cihelná 3, Metro A: Malostranská, Tel. 257530032, Mo.–Do. 11–24 Uhr, Fr.–Sa. 11–1 Uhr, www.malostranskapivnice.cz. Die 2002 eröffnete Kleinseitner Bierstube profitiert nicht nur von ihrer Lage unweit der Karlsbrücke. Besonders

Gastro- und Nightlife-Areale
Bläulich hervorgehobene Bereiche in den Karten kennzeichnen Gebiete mit einem dichten Angebot an Restaurants, Bars, Klubs, Discos etc.

beliebt ist der Biergarten mit 200 Sitzplätzen, in dem vor allem das hervorragende Pilsner Bier verlangt wird. Im Lokal wird bis 23 Uhr gekocht, was in Prag eher die Ausnahme ist.

◉17 [I8] **Novoměstský pivovar,** Vodičkova 20, Metro A, B: Můstek, Tel. 222232448, Mo.-Fr. 10-23.30 Uhr, Sa. 11.30-23.30 Uhr, So. 12-22 Uhr, www.npivovar.cz. Die populäre Neustädterbrauerei produziert seit 1993 täglich 15 Hektoliter Bier. Die Fässer mit der „flüssigen Nahrung" der Tschechen kann der Gast gleich hinter dem Eingangstor sehen. In den verwinkelten größeren und kleineren Kellerräumen des Jugendstilgebäudes mit Sommerterrasse gibt es Platz für 340 Personen.

◉18 [C6] **U černého vola,** Loretánské náměstí 1, Metro A: Malostranská, Straßenbahn 22, Haltestelle Pohořelec, tägl. 10-22 Uhr. Es ist sehr schwer, in der Nähe der Prager Burg ⓬ eine authentische tschechische Bierstube zu finden – das kleine, urige Lokal „Zum Schwarzen Ochsen" ist eine. Mittags und abends ist es hier leider oft voll, eine Reservierung wird nicht akzeptiert. Die Auswahl an Speisen ist zwar gering, aber die Preise sind fair, gezapft wird Velkopopovický Kozel.

◉19 [H8] **U Fleků,** Křemencova 11, Metro B: Národní třída, Tel. 224934019-20, www.ufleku.cz, tägl. 10-23 Uhr, WLAN. Die offiziell älteste Bierstube Prags aus dem Jahr 1499 zieht heute vor allem Touristen an. Deshalb sind die Preise hier auch höher, aber ein Erlebnis ist diese bekannteste Prager Kneipe durchaus: vor allem für Gäste, die eine Atmosphäre wie im Münchner Hofbräuhaus schätzen und gutes Bier sowie deftiges Essen zu Akkordeon-Musik mögen.

◉20 [J9] **U Kalicha,** Na bojišti 12-14, Metro C: I.P. Pavlova, Tel. 224912557, www.ukalicha.cz, tägl. 11-23 Uhr. Das berühmte Lokal „Zum Kelch" lockt tschechische ebenso wie ausländische Bewunderer der literarischen „Abenteuer des braven Soldaten Schwejk". Beim „Kelch" saß der Lebenskünstler Schwejk wie sein geistiger Vater, der tschechische Schriftsteller Jaroslav Hašek, sehr gerne. Davon sollen die vielen Schwejk-Figuren an der Wand zeugen. In dem rustikalen Gasthaus für 250 Gäste geht es ziemlich laut zu, das hauseigene Kelch-Gulasch wird mit einem Schuss Bier zubereitet. Reservierung nötig (siehe auch S. 46).

◉21 [H7] **U Medvídků,** Na Perštýně 7, Metro B: Národní třída, Tel. 224211916, www.umedvidku.cz, Mo.-Fr. 11-23 Uhr, Sa. 11.30-23 Uhr, So. 11.30-22 Uhr, WLAN. Gegründet wurde dieses Bierlokal, das über eine eigene Brauerei verfügt und zu den berühmtesten in der Stadt zählt, im 15. Jh. Das „Bärchen" ist weniger touristisch als „U Fleků", bietet Platz für 250 Gäste (im Garten für 50 Gäste), Atmosphäre und frisch gezapftes Budweiser.

◉22 [G6] **U Rudolfína,** Křižovnická 10, Metro A: Staroměstská, www.urudolfina.cz, Tel. 210320853, tägl. 11-23 Uhr, WLAN. Eine typische Prager Bierstube, in der Pilsner Urquell ausgeschenkt und böhmische Gerichte serviert werden. Ebenerdig befinden sich zwei Räume, mehr Platz findet man im geräumigen Kellergewölbe. Unser Tipp für alle, die ein authentisches Bierlokal im Zentrum Prags suchen.

◉23 [D6] **U zavěšenýho kafe,** Úvoz 6, Metro A: Malostranská, Straßen-

Mehr als nur eine Kneipe:
Zum Goldenen Tiger (U Zlatého tygra)

„Schicken Sie die Rechnung an die Burg!", rief der tschechische Präsident Václav Havel dem Wirt zu, bevor er mit seinem amerikanischen Gast, dem US-Präsidenten Bill Clinton, die Kneipe Zum Goldenen Tiger in Husova 17 verließ. Das war im Jahr 1994. Wie konnte es auch anders sein – den Satz riefen die Stammgäste jahrelang beim Zahlen den Kellnern zu.

Der „Tiger", wie die Prager die Kultkneipe nennen, ist mehr als nur ein Bierkeller. Er ist eine Institution. Offiziell gibt es hier Platz für etwa 80 Personen, aber in den relativ kleinen Räumen drängen sich tagtäglich mindestens doppelt so viele Gäste. Der hintere Raum ist den Stammgästen vorbehalten, jeder behält seinen Stuhl bis zum Tod. Über die Aufnahme in diesen exklusiven Zirkel entscheidet der Tischrat, der sich aus prominenten Mitgliedern der Tafelrunde zusammensetzt. Seinen eigentlichen Ruhm aber hat der „Tiger" dem Schriftsteller Bohumil Hrabal zu verdanken, der in den 1990er-Jahren regelmäßig zu Gast war. Hrabal liebte die Bierkneipe: „Ich saß beim Goldenen Tiger, schaute in die Gesichter der Gäste, und ja, ich hörte keinen Blödsinn, keinen Kneipentratsch. Diese kleine laute Kneipe ist manchmal eine Universität, wo die Leute sich unter der Wirkung von Bier herzzerreißende Geschichten erzählen, während über ihren Köpfen der Zigarettenrauch in Form eines großen Fragezeichens über die Absurdität des menschlichen Lebens schwebt." 1997, nachdem Hrabal den Freitod gewählt hatte, kam seine Schwägerin auf ein Bier vorbei. Mit dabei hatte sie die Urne mit Hrabals Asche. Das erzählen jedenfalls die Stammgäste (s. unten).

bahn 22, Haltestelle Pohořelec, www.uzavesenyhokafe.cz, Tel. 605294595, tägl. 11–24 Uhr, WLAN. Seit einigen Jahren ist die Kneipe „Zum erhängten Kaffee" unterhalb des Klosters Strahov 🔟 zwar kein Geheimtipp mehr, aber immer noch ein guter Tipp – nur ein paar Hundert Meter von der Burg liegt diese gemütliche, mit alten Büchern, schwarzweißen Fotos, originellen Zeichnungen von Jakub Krejčí (www.kuba.cz) und allerlei Kuriositäten ausgestattete Bierkneipe, die viel Charme hat. Das Publikum ist überwiegend tschechisch, die Preise sind erfreulich günstig (s. auch S. 55).

24 [H7] **U Zlatého tygra,** Husova 17, Metro A, B: Můstek, Tel. 222221111, www.uzlatehotygra.cz, tägl. 15–23 Uhr. Der über die Landesgrenze hinaus populäre „Tiger" gilt als die Bierstube mit dem am besten ausgeschenkten Pilsner Urquell Prags – was leider zur Folge hat, dass man kaum einen Platz bekommt (s. oben).

▷ *Das Café Savoy (s. S. 83) blickt auf eine lange Tradition zurück*

Prager Kaffeehäuser und Cafés

Die Kaffeehäuser, Heimat der Künstler, Schriftsteller und Journalisten, sind in den politischen Umwälzungen des 20. Jh. fast untergegangen. Das legendäre Café Arco in der Hybernská Straße beispielsweise, Treffpunkt des „Prager Kreises", ist heute ein unscheinbares Restaurant. Doch die Stadt erlebt eine Renaissance ihrer Kaffeehauskultur.

Kaffeehäuser

○25 [I7] **Adria Café-Restaurant,** Národní 40, Metro A, B: Můstek, www.caffeadria.cz, Tel. 774458557, Mo.-Fr. 8-23 Uhr, Sa./So. 9-23 Uhr, WLAN. Unbekannt auch für viele Prager ist dieses alte Kaffeehaus im 2. Stock eines Neorenaissancepalais von 1925, das schon in sozialistischer Zeit bestand, aber dann in Vergessenheit geriet. Es wurde geschmackvoll renoviert, bietet immer Platz, aufmerksame Kellner und mittags gute und preisgünstige Menüs. Von der großen Terrasse blickt man auf die Nationalstraße und den unteren Wenzelsplatz (s. auch S. 18).

○26 [H7] **Café Louvre,** Národní třída 22, Metro B: Národní třída, Tel. 224930949, www.cafelouvre.cz, Mo.-Fr. 8-23.30 Uhr, Sa./So. 9-23.30 Uhr, WLAN. Das Jugendstilcafé Louvre ist ein idealer Zufluchtsort zu jeder Tageszeit: Frühstück, Mittag- und Abendessen sind gut, vor allem aber darf der Gast ungestört und ausgiebig in englisch- oder deutschsprachigen Zeitungen lesen (s. auch S. 48).

○27 [J6] **Café Obecní dům (Gemeindehaus),** Náměstí Republiky 1090/5, Metro B: Náměstí Republiky, www.kavarnaod.cz, Tel. 222002763, tägl. 7.30-23 Uhr, WLAN. In einem der schönsten Jugendstilgebäude Prags ❷ wurde das ursprüngliche Café mit hohen Decken und schweren Kronleuchtern aufwendig rekonstruiert. Die Mehrzahl der Gäste sind Touristen, bei schönem Wetter sind die gemütlichen Korbstühle draußen sehr begehrt. Ab 18 Uhr wird klassische Pianomusik gespielt.

○28 [F8] **Café Savoy,** Vítězná 5, Metro B: Národní třída, danach zu Fuß über die Brücke Legií, www.cafesavoy.ambi.cz, Mo.-Fr. 8-22.30 Uhr, Sa./So. 9-22.30 Uhr, WLAN. Eine prachtvolle Jugendstildecke und schwere Kronleuchter – bereits wenige Tage nach seiner Wiedereröffnung ist das Savoy zum In-Café der Prager geworden. Das schöne Nichtraucher-Kaffeehaus bietet guten Kaffee, selbst gemachte Pralinen, frische Torten und Kuchen. Empfehlenswert ist auch das Frühstück mit selbstgebackenem Brot. Bei der Zubereitung seines Essens kann der Gast zuschauen – die Küche ist von dem Café nur durch ein Glasfenster getrennt.

◐29 [G8] **Café Slavia**, Smetanovo nábřeží 1012/2, Metro B: Národní třída, Tel. 257311562, www.cafeslavia.cz, Mo.–Fr. 8–22.30 Uhr, Sa.–So. 9–22.30 Uhr, WLAN. Das wohl bekannteste Prager Café ist das Slavia gegenüber vom Nationaltheater ㉜. Die Einkehr lohnt schon wegen des fantastischen Blicks auf Burg und die Karlsbrücke von den Fensterplätzen aus – sofern man einen freien Platz findet. Václav Havel verkehrte früher hier mit anderen Dissidenten. Slávia war ab dem frühen 20. Jh. ein Treffpunkt Prager Literaten: Rainer Maria Rilke, Jan Neruda, die Čapek-Brüder oder der Dichter Jaroslav Seifert gingen hier ein und aus. Seifert notierte: „Wir saßen hier am Fenster und tranken Absinth. Es war eine kleine Koketterie mit Paris." Das legendäre grüne Getränk (75 % Alkoholgehalt) der Pariser Bohème ist wieder erhältlich. Aber Vorsicht: Auf einem Gemälde an der Wand sitzt als grüne Fee der Absinthrausch am Tisch eines einsamen Trinkers.

◐30 [K6] **Café und Restaurant Imperial**, Na poříčí 15, Metro B: Náměstí Republiky, www.cafeimperial.cz, Tel. 246011440, tägl. 7–23 Uhr, WLAN. Deckenmosaiken und bunt gekachelte Wände im Jugendstil schmücken dieses traditionsreiche Nichtraucher-Café und Restaurant, das zu den schönsten Prags gehört. Die Speisekarte ist zwar nicht sehr groß, bietet aber ausgezeichnete tschechische Küche in der kalorienarmen Version, die den bekannten internationalen Gerichten in diesem Fall vorzuziehen ist. Eine Reservierung ist mittags und abends anzuraten (s. auch Extratipp S. 23).

◐31 [I6] **Grand Café Orient**, Ovocný trh 19, Metro A, B: Můstek, Tel. 224224240, www.grandcafeorient.cz, Mo.–Fr. 9–22 Uhr, Sa./So. 10–22 Uhr. Das Café im ersten Stock des Hauses zur schwarzen Madonna ❸, eines Beispiels für kubistische Architektur, ist vor allem wegen seiner nostalgischen Einrichtung, der zentralen Lage und der Aussichtsterrasse einen Besuch wert.

Cafés und Bistros

◐32 [K6] **Café Archa Barista**, Na Poříčí 24, Metro B: Náměstí Republiky, Tel. 727963540, www.archabarista.cz, tägl. 8–23 Uhr, WLAN. In dem 2013 eröffneten Café mit Galerie im Art-déco-Stil werden nicht nur Freunde der kubistischen Architektur ihre Freude haben: Archa Barista befindet sich nämlich im Gebäude der ehemaligen Legiobank, einem Werk von Josef Gočár, der zu den wichtigsten tschechischen Architekten des 20. Jahrhunderts zählt (s. S. 23). Man kann hier gemütlich unter den zwei großen Kronleuchtern sitzen und bei einem Cappuccino und einem Stück Torte durch die großen Fenster das geschäftige Treiben auf der Straße beobachten. Für den kleinen Hunger gibt es u. a. die beliebten „chlebíčky", also kleine belegte Brote, oder eine Tagessuppe. Im Sommer stehen auch draußen Tische.

◐33 [I7] **Café-Café**, Rytířská 10, Metro A, B: Můstek, www.cafe-cafe.cz, tägl. 10–23 Uhr, Tel. 224210597, WLAN. Das elegante Szenecafé nahe der Metrostation Můstek ist ein Tipp für alle Langschläfer – frühstücken kann man hier nämlich bis 12 Uhr. Das Café gilt als Treffpunkt von Models und Mädchen, die es einmal sehen wollen. Die Kuchentheke (nicht nur der Cheesecake mit Himbeeren schmeckt fabelhaft), große Salatteller, gute Tagessuppen oder ein leichtes Risotto machen dieses Café mit großen Wandspiegeln noch attraktiver. Auf dem Bildschirm im Hintergrund laufen Modeschauen.

> **Café de Paris im Hotel Paris** (s. S. 135), U Obecního domu 1, Metro B: Náměstí Republiky, Tel. 222195877, www.hotel-paris.cz/de/cafe-de-paris-prag, tägl. 8-2 Uhr, WLAN. Dieses Café in einem der schönsten Jugendstilhotels Prags ist ein Ort, an dem man bei einem *café parisien* Bohumil Hrabal lesen sollte. Der Schriftsteller, dessen Frau hier gearbeitet hat, wählte das Café als Schauplatz für seinen Roman „Ich habe den englischen König bedient".

○ 34 [H7] **Café Ebel**, Řetězová 9, Metro A, B: Můstek, Tel. 603823665, www.ebelcoffee.cz, Mo.-Fr. 8-20 Uhr, Sa.-So. 8.30-20 Uhr, WLAN. Ein Nichtraucher-Tagescafé, das gern von Studenten und Familien mit Kindern besucht wird. Es bietet sehr leckeren Kaffee an, außerdem Frühstück und kleine Speisen. Nett mit Holzmöbeln eingerichtet.

○ 35 [H7] **Café Montmartre**, Řetězová 7, Metro A, B: Můstek, Tel.602277210, Mo.-Fr. 10-24 Uhr, Sa./So. 12-24 Uhr, WLAN. Egon Erwin Kisch, Franz Werfel, Max Brod oder Jaroslav Hašek zählten einst zu den Stammgästen. Viele Studenten besuchen das gemütliche Café mit altem Mobiliar und Wohnzimmeratmosphäre. Wer keinen Platz findet, geht am besten in das Literaturcafé (Literární kavárna Řetězova, s. rechts) gegenüber (siehe auch S. 32).

○ 36 [C5] **Café Nový Svět,** Nový svět 2, Tram 22: Pohořelec, Tel. 242430700, http://kavarna.novysvet.net, tägl. außer Mi. 11-19 Uhr. Bezauberndes, kleines, familienfreundliches Café mit Wohnzimmeratmosphäre in einer der romantischsten Gassen Prags, der Neuen Welt ㊾. Der Kaffee schmeckt ausgezeichnet, das Brot zur Suppe ist selbstgebacken, es gibt eine kleine Kuchenauswahl, eine Flasche Leitungswasser bekommt man gratis. Wer Glück hat, sitzt im Sommer auf dem winzigen Balkon mit Blick ins Grüne.

○ 37 [I8] **Café und Konditorei Saint Tropéz,** Dům U Nováků, Vodičkova 30, Metro A, B: Můstek, www.cukrarnatropez.cz, Tel. 603333338, Mo.-Fr. 8-20, Sa. 9-19 Uhr, So. 10-19 Uhr. Die Konditorei Saint Tropéz ist ein unscheinbarer Laden in der Passage des schönen Jugendstilgebäudes U Nováků in der Nähe des Wenzelsplatzes ㉕. Doch der Besuch lohnt sich: Der Name der Spitzenkonditorei ist ein Synonym für die süßesten Versuchungen in der Stadt. Knusprige Croissants, handgemachte Pralinen, fantastische Apfelkuchen – das alles gibt es hier auch zum Mitnehmen.

○ 38 [H7] **Literární kavárna Řetězova,** Řetězová 8, Metro A, B: Můstek, Tel. 222220681, Mo.-Fr. 10-23 Uhr, Sa.-So. 14-23 Uhr, WLAN. Ein Tipp für alle, die sich unter die Einheimischen mischen wollen: Das Literaturcafé gegenüber dem Café Montmartre ist ein beliebter und von den Touristen noch weitgehend unentdeckter Treff Prager Intellektueller. Der Nachteil dieses Lokals ist der Zigarettenqualm, der abends über den von leidenschaftlichen Diskussionen erhitzten Köpfen in dichten Wolken schwebt.

○ 39 [H8] **The Globe**, Pštrossova 6, Metro B: Karlovo nám., Straßenbahn 14, Haltestelle Myslíkova, www.globebookstore.cz, Tel. 224934203, Mo.-Fr. 10-24, Sa./So. 9.30-1 Uhr. Warme Küche bis 23 Uhr, WLAN. Das Café mit Buchladen für englischsprachige Literatur genießt unter dem ausländischen Publikum schon Kultcharakter. Hier trifft man Amerikaner, Engländer und Australier, die in Prag leben oder gerade um die Welt reisen. Das Lokal bietet Abendessen, am Vormittag bekommt man ein deftiges Frühstück mit Spiegelei und Speck oder die süße Variante mit Brownies und

Kakao. Englischsprachige und deutsche Zeitungen sowie Bücher können an den Tisch mitgenommen werden.

40 [I6] **Týnská literární kavárna**, Týnská 6, Metro A: Staroměstská, Tel. 224827807, www.knihytynska.cz, Mo.–Fr. 10–23 Uhr, Sa./So. 12–23 Uhr, WLAN. Das Literaturcafé mit angeschlossener Buchhandlung, nur ein paar Schritte vom Altstädter Ring entfernt, bietet einen preiswerten Zufluchtsort vor dem Touristentrubel. Im Sommer kann man hier im zwar etwas kargen, aber stillen Innenhof sitzen. Zum Stammpublikum gehören vor allem Studenten und Universitätsdozenten. Warme Speisen bekommt man hier leider nicht (siehe auch S. 27).

Eis und Schokolade

41 [H7] **Créme de la Créme**, Husova 12, Metro A: Staroměstská, www.cremecreme.cz/cs, Tel. 224211035, tägl. 12–21 Uhr. Mit das beste Eis verkauft diese italienische Eisdiele in der Husova Straße, außerdem hausgemachte Limonaden, Torten und Kuchen aus eigener Herstellung sowie süße und herzhafte Palatschinken (Pfannkuchen).

42 [D6] **Prague Chocolate**, Nerudova 46, Metro A: Malostranská, Straßenbahn 20, 22, 12, Haltestelle Malostranské náměstí, Tel. 778536453, tägl. 10–19 Uhr, www.prazskacokolada.cz/en. Die süßeste Versuchung auf dem Weg zur Burg ❹❷: Handgemachte Pralinen, Mandeln, heiße Trinkschokolade, netter Service, kleine Kostproben – alles ist sündhaft lecker und einen Zwischenstopp wert.

Essen im Restaurant

Böhmische Küche

43 [G5] **Hanavský pavilón** €€€€, Letenské sady 173, Straßenbahn 5, 12, 18, 20, Haltestelle Chotkovy sady (danach noch etwa 300 m zu Fuß), Tel. 233323641, www.hanavskypavilon.cz, tägl. 10–22 Uhr. Der kleine, schmucke Pavillon auf der Letná-Höhe wurde 1891 für die Landesaustellung konstruiert. Später wurde das Haus an seinen heutigen Standort verlegt. Der Pavillon beherbergt ein Luxusrestaurant mit altböhmischer Küche – Spezialitäten vom Grill, Wild und Fisch, Obstknödel oder Palatschinken. Eine Reservierung ist ratsam, weil das Restaurant häufig für Hochzeitsfeiern gebucht wird. Vom Pavillon und der Sommerterrasse aus hat man die schönste Aussicht auf die Moldaubrücken.

44 [C6] **Klášterní pivovar Strahov** €€, Strahovské nádvoří 301, Metro A: Malostranská, Straßenbahn 22, Haltestelle Pohořelec, www.klasterni-pivovar.cz, Tel. 233353155, tägl. 10–22 Uhr. In der Klosterbrauerei nahe der Prager Burg ❹❷ kann man nach der anstrengenden Burgbesichtigung wieder Kraft schöpfen. Am schönsten ist es hier im Sommer, im großen, schattigen Biergarten. Die Speisekarte führt viel Fleisch – Lendenbraten, Gans, Kaninchen in Weißweinsauce mit Knödeln oder den schmackhaften Spieß Karl IV.

45 [H6] **Kolkovna** €€, V Kolkovně 8, Metro A: Staroměstská, Tel. 224819701,

☐ *Das Restaurant im Café Louvre (s. S. 83)*

Prag für Genießer

www.vkolkovne.cz, tägl. 11–24 Uhr, WLAN. Eine moderne Variante der klassischen tschechischen Bierkneipe ist dieses geräumige Pilsner-Urquell-Restaurant, das in einem ehemaligen Briefmarken-Produktgeschäft nahe des Jüdischen Viertels liegt. Die Luft ist etwas besser als in den herkömmlichen Kneipen, zeitgemäßes Ambiente, freundliche Bedienung, gute Küche – das alles spricht für „Kolkovna".

46 [I5] **Lokál** €, Dlouhá 33, Metro B: Náměstí Republiky, Tel. 222316265, www.ambi.cz, Mo.–Sa. 11–1 Uhr, So. 11–24 Uhr, WLAN. Das Restaurant bietet einfache und preiswerte böhmische Küche aus frischen Zutaten. Vegetarier werden es hier allerdings schwer haben, denn die Speisekarte dominieren – wie in den meisten tschechischen Lokalen – Fleischgerichte. Das „Lokal" ist immer voll, was neben den sensationell günstigen Preisen auch an dem schnellen Service und der Lage liegt. Die freundlichen Kellner helfen auch bei der Übersetzung der (leider nur) tschechischen Speisekarte.

47 [D7] **Nebozízek** €€€, Petřínské sady 411, Metro B: Národní třída, danach Seilbahn ab Straßenbahnstation Újezd. Tel. 257315329, www.nebozizek.cz, tägl. 11–23 Uhr, WLAN. Das Restaurant mit Wintergarten und Aussichtsterrasse liegt auf dem Laurenziberg **52**, direkt neben der Mittelstation der Standseilbahn. Empfehlenswert sind vor allem die Wildgerichte. Eine Reservierung ist ratsam.

48 [J6] **Potrefená husa** €-€€, Dlážděná 7 (Ecke Hybernská), Metro B: Náměstí Republiky, So.–Mi. 11–24, Do.–Sa. 11–1 Uhr, Tel. 224243631, www.potrefena-husa.eu, WLAN. Eine von mehreren Filialen der beliebten Restaurantkette der Bierbrauerei Staropramen. Modernes Design im Stil amerikanischer Pubs, schmackhafte Mittagsmenüs, darunter eines für Vegetarier. Gutes Preis-Leistungs-Verhältnis.

49 [H6] **Restaurace U Parlamentu** €, Valentinská 8, Metro A: Staroměstská, Mo.–Fr. 10–23 Uhr, Sa./So. 11–23 Uhr, www.uparlamentu.cz. Beliebtes Restaurant in der Nähe des Altstädter Rings, in dem man nicht viele Touristen trifft. Das Essen ist typisch tschechisch, das Bier, auch Schwarzbier wird angeboten, schmeckt frisch und gut, die Bedienung ist schnell und freundlich, das Preis-Leistungs-Verhältnis stimmt. Als Nachspeise kann man sich die leckeren Obstknödel gönnen. Im Sommer stehen auch draußen Tische.

50 [F8] **Střelecký ostrov (Schützeninsel)** €€€, Střelecký ostrov 336, Metro B: Národní třída, von der Legionsbrücke (Most Legií) führt eine Treppe herunter auf die Schützeninsel. Tel. 606750006, www.streleckyostrov.cz, tägl. 11–23 Uhr. Vom Hochwasser beschädigt, musste das romantische Restaurant auf der

> **KURZ & KNAPP**
>
> **Verhalten im Lokal**
> In Restaurants ist es üblich, 5 bis 10 % des Rechnungsbetrags als Trinkgeld zu geben. In manchen Lokalen steht sogar auf der Rechnung, dass der Preis ohne eine Service-Gebühr berechnet wurde. In Kneipen sollte das Trinkgeld am unteren Ende der Skala rangieren, da man sonst nur als Angeber angesehen wird. In gehobenen Speiselokalen wird dem Gast ein Tisch zugewiesen. Nur Ausländer und Touristen verlangen eine getrennte Rechnung, was von den Tschechen als schlechter Stil angesehen wird. Allerdings gewöhnen sich die Kellner zunehmend daran. Auch Taxifahrer erwarten ein Trinkgeld. Wenn man zufrieden war, rundet man die Summe auf, mehr als 5 % sind nicht nötig. Ähnliches gilt auch für andere Dienstleister.

Prag für Genießer

> **EXTRATIPP**
>
> **Der erste Kaffee**
> Es gibt mehrere Gründe, warum man den Tag im eleganten Café-Café in der Rytířská-Straße (s. S. 84) beginnen sollte: Das Lokal bietet ausgezeichneten Kaffee, ein gutes, reichhaltiges Frühstück und der Wenzelsplatz liegt nur wenige Gehminuten entfernt, sodass man nach dem Frühstück auf dem Weg dorthin in die lebendige Atmosphäre des Gallusmarktes (s. S. 104) eintauchen kann.

Schützeninsel vorübergehend schließen. Inzwischen kann man gut böhmisch essen und von der überdachten Terrasse den Blick auf die Moldau und das Nationaltheater ㉜ auf der gegenüberliegenden Altstadtseite genießen. Im Winter speist man im gotischen Keller.

51 [F7] **U modré kachničky** €€€, Nebovidská 6, Metro A: Malostranská, Straßenbahn 12, 20, 22, Haltestelle Hellichova. Tel. 257320308, www.umodrekachnicky.cz, tägl. 12–16 und 18.30–23.30 Uhr. Pink Floyd, Václav Havel, Hans-Dietrich Genscher, Tom Cruise – die Liste mit berühmten Gästen des Lokals ist lang. Das „Blaue Entlein" auf der Kleinseite zählt zu den besten Restaurants mit böhmischer Küche in Prag (man sollte unbedingt eines der fabelhaften Entengerichte probieren) und eignet sich für ein festliches Abendessen mit Kerzenlicht und Pianomusik. Die rustikale Einrichtung ist zwar leicht kitschig, aber durchaus gemütlich.

52 [I7] **U Provaznice** €€, Provaznická 3, Metro A, B: Můstek, Tel. 224232528, www.uprovaznice.cz, tägl. 11–24 Uhr. Am unteren Ende des Wenzelsplatzes ㉕ wird man sich in dieser traditionellen Bierkneipe garantiert satt essen an den großen Portionen heißer Kartoffelsuppe im Brotlaib, böhmischen Gulaschs, geräucherter Schweinshaxe mit Meerrettich und verführerischer Mehlspeisen. Die Küche ist ausgezeichnet, wenn auch ziemlich deftig, die Atmosphäre locker, das Bier schmeckt ebenfalls gut, nur auf einen Sitzplatz muss man trotz mehrerer Räume oft warten. Ein paar Holztische stehen bei schönem Wetter auch draußen.

53 [J5] **U sádlů** €, Klimentská 2, Metro B: Náměstí Republiky, Tel. 222252411, www.usadlu.cz, So.–Do. 11–24 Uhr, Fr.–Sa. 11–1 Uhr. Das urige Kellerlokal mit Ritterrüstungen am Rande der Altstadt ist wegen seiner guten Preis-Leistungs-Relation fast immer voll, deshalb sollte man unbedingt einen Platz reservieren. Die riesigen Portionen sind gut und deftig zubereitet – die Ente mit mährischem Kraut und Knödeln schmeckt so lecker, dass man auf die Kalorien einmal nicht achten sollte. Vegetarier finden eine kleine Auswahl an Pasta- und Gemüsegerichten.

54 [E6] **U sedmi švábů** €€, Nerudova 31 (Ecke Jánský vršek), Metro A: Malostranská, www.7svabu.cz , Tel. 257531455, tägl. 11–23 Uhr. In dem gemütlichen Kellerrestaurant „Zu den sieben Schwaben" unterhalb der Prager Burg ㊷ wird alles dafür getan, dass sich der Gast wie im Mittelalter fühlen kann. Gekocht wird nach Rezepten aus dem 15. und 16. Jh. Gaukler, Feuerspucker und Ritter treten zu mittelalterlicher Musik in Räumen auf, die nur von Kerzenlicht beleuchtet sind.

55 [H7] **V zátiší** €€€€, Betlémské náměstí/Ecke Liliová 1, Metro B: Národní třída, Tel. 222221155, www.vzatisi.cz, tägl. 12–15 Uhr und 17.30–23 Uhr, WLAN. Das erstklassige Nichtraucher-Restaurant in modernem Design, das am malerischen Platz Betlémské náměstí liegt, bietet Spezialitäten der tschechischen und französischen Küche und ein erlesenes Weinangebot. „V zátiší" (Stillleben) erscheint seit mehreren Jahren auf der „Top Ten"-Liste der böhmischen Restaurants.

Internationale Küche

56 [J6] **Ambiente Pizza Nuova** €€, Revoluční 1, Metro B: Náměstí Republiky, Tel. 221803308, www.ambi.cz, tägl. 11.30–23.30 Uhr, WLAN. Fragt man einen in Prag lebenden Italiener, wo es die beste Pizza gibt, empfiehlt er das elegante Lokal neben dem Einkaufshaus Kotva. Durch große Fensterscheiben blickt man über den Platz der Republik, während man eine neapolitanische Pizza, hausgemachte Pasta, einen knackigen Salatteller oder Fisch genießt. In der Celetná 11 findet man ein weiteres empfehlenswertes Kellerlokal der Ambiente-Kette, die **Ambiente Pasta Fresca** (11–24 Uhr).

57 [M8] **Aromi** €€€, Náměstí Míru 6, Metro A: Náměstí Míru, Tel. 222713222, Mo.–Sa. 12–15 und 17–23, So. 12–22 Uhr, www.aromi.cz, WLAN. Es lohnt sich, einen Abstecher in das Prager Viertel Vinohrady zu machen. Der Prager „Italiener" ist zwar nicht ganz billig, dafür bekommt man im Aromi, einem hellen, geräumigen Restaurant in einem schönen Jugendstilgebäude, aber eine sehr gute, leichte und authentische italienische Küche – darunter hausgemachte Pasta und frischen Fisch aus der Region nahe Rimini, der Heimat von Ricardo, dem italienischen Chefkoch und Besitzer. Im Aromi herrscht fast immer Hochbetrieb, also sollte man reservieren.

58 [I6] **Beas Vegetarian Dhaba** €, Týnská 19 (im Hof), Metro A: Staroměstská, www.beas-dhaba.cz, Mo.–Fr. 11–20 Uhr, Sa. 12–20 Uhr, So. 12–18 Uhr, WLAN. Das kleine, freundliche Selbstbedienungsrestaurant in einem Hinterhof in der Týnská-Gasse hat schmackhafte vegetarische Gerichte aus Nordindien im Angebot. Auch vegane Gerichte werden serviert. Preiswert und von vielen jungen Tschechen besucht.

59 [F7] **Café de Paris** €€-€€€, Maltézské nám. 4, Metro A: Malostranská, Straßenbahn 12, 22, Haltestelle Hellichova, www.cafedeparis.cz, Tel. 603160718, tägl. 11.30–24 Uhr. Das kleine, charmante französische Restaurant auf der Kleinseite befindet sich etwas versteckt in einer der schönsten Ecken Prags auf dem Malteserplatz in der Nähe der Karlsbrücke **16**. Egal, ob man die gegrillten Auberginen, hauchdünnen Crêpes, eine Zwiebelsuppe oder Entrecôte de Paris bestellt: Die Küche, das Ambiente und der Service überzeugen. Alle Gerichte werden mit frischen Kräutern zubereitet.

Preiskategorien
Durchschnittlicher Preis für ein Abendessen inkl. Getränke für zwei Personen:

€	bis 650 Kč (ca. 24 €)
€€	650–1300 Kč (ca. 24–48 €)
€€€	1300–2500 (ca. 48–93 €)
€€€€	über 2500 Kč (ab ca. 93 €)

Ruhiger Zufluchtsort auf der Moldauinsel Kampa **34**

EXTRATIPPS

Lecker vegetarisch
Freunde vegetarischer Speisen finden hier ein gutes Angebot:
> Café Radost FX (s. unten)
> Beas Vegetarian Dhaba (s. S. 89)
> Lehká hlava (s. S. 92)

Dinner for one
Wer alleine unterwegs ist und ungestört bleiben will, dem empfehlen wir folgende Lokale:
> Café Louvre (s. S. 83). Hier wird man freundlich bedient, kann vorzüglich frühstücken und zu Mittag essen oder bei Kaffee oder Wein seine Zeitung lesen.
> Café und Restaurant Imperial (s. S. 84). Hier wird der Platz von einem Kellner zugewiesen, der auch dafür sorgt, dass sich keiner ohne Ihre Zustimmung dazusetzt.

Für den späten Hunger
Die Imbissbuden mit ihren Bratwürsten am unteren Wenzelsplatz sind für hungrige Nachtschwärmer die letzte Station. In der oberen Hälfte des Platzes sorgt McDonald's für den letzten Happen vor dem Hotel. Bis 23 Uhr oder bis Mitternacht bekommt man in folgenden Lokalen ein warmes Gericht:
> Malostranská pivnice (s. S. 80)
> The Globe (s. S. 85)
> Kozička (s. S. 93)
> Café Radost FX (s. unten)
> U sádlů (s. S. 88)
> La Bodeguita del Medio (s. S. 91)
> Café Kampus (s. S. 93)
> U Malého Glena (s. S. 94)

Lokale mit guter Aussicht
> Nebozízek (s. S. 87) bietet einen Panoramablick auf die Moldau, das Nationaltheater und die Dächer der Altstadt.
> Hanavský pavilón (s. S. 86). Von hier aus hat man einen Postkartenblick auf die Moldaubrücken.
> Střelecký ostrov (s. S. 87). Am Abend ist der Blick von der Restaurantterrasse auf die Moldau und das gegenüberliegende Nationaltheater besonders romantisch.
> Hergetova cihelna (s. S. 91). Von der Sommerterrasse am Fluss hat man ebenfalls einen schönen Blick auf die Karlsbrücke.

Im Sommer kann man in einem kleinen Vorgarten sitzen. Bezahlen kann man nur bar.

60 [J9] **Café Radost FX** €€, Bělehradská 120, Metro C: I.P. Pavlova, www.radostfx.cz, tägl. 11–2 Uhr, WLAN. Das schicke vegetarische Restaurant am Eingang zum Nachtklub Radost FX überzeugt mit guten Gerichten der asiatischen, mexikanischen und italienischen Küche zu fairen Preisen.

61 [I5] **Chéz Marcel** €€, Haštalská 12, Metro B: Náměstí Republiky, www.chezmarcel.cz, Tel. 222315676, tägl. 11.30–23 Uhr, WLAN. Ein beliebtes französisches Bistro unweit vom Altstädter Ring mit freundlicher Atmosphäre, Jazz- und Chansonmusik, einfachen, aber schmackhaften Tagesgerichten und französischer Tagespresse. Im Sommer kann man in einem schattigen Hinterhof sitzen.

62 [J6] **Francouzská restaurace Art Nouveau** €€€, Náměstí Republiky 5, Metro B: Náměstí Republiky, www.francouzskarestaurace.cz, Tel. 222002784, tägl. 12–23 Uhr, WLAN. Ein Besuch des noblen französischen Restaurants im Gemeindehaus ❷ ist sowohl ein kulinarisches als auch ästhetisches Erlebnis. Das Interieur ist mit vielen Jugendstildetails geschmückt, die restaurierten Lüster zaubern eine einzigartige Atmosphäre. Der tschechische Küchenchef Jiří

Král, das Enfant terrible unter den tschechischen Chefköchen, zaubert – seit Jahren ist sein Restaurant der Spitzenreiter unter den französischen Restaurants in Prag.

63 [F6] **Hergetova cihelna** €€€, Cihelná 2b, Metro A: Malostranská, Tel. 296826103, www.kampagroup.com, tägl. 11.30–1 Uhr, WLAN. Das elegante Restaurant auf zwei Stockwerken einer umgebauten Ziegelei aus dem 18. Jh. findet man am romantischen Kleinseitner Ufer. Wegen seiner attraktiven Lage und der Kochkunst des Küchenchefs ist Hergetova cihelna bei Einheimischen und Touristen gleichermaßen gefragt. In Umfragen wird „Hergets Ziegelei" regelmäßig zu einem der besten Prager Lokale mit internationaler Küche gewählt. Bei schönem Wetter kann man die leckeren Salate, Fischgerichte oder Meeresfrüchte auf der Sommerterrasse genießen. Gleich nebenan befindet sich das Kafka Museum (s. S. 74).

64 [H7] **Klub architektů** €€, Betlémské náměstí 5a, Metro B: Národní třída, Tel. 224248878, www.klubarchitektu.com, tägl. 11.30–24 Uhr, WLAN. Das Restaurant im Gewölbekeller aus dem 14. Jh. ist spartanisch mit Blechrohren und wenig Licht eingerichtet. Die Küche ist böhmisch und international, auf der Speisekarte stehen auch einige vegetarische Gerichte. Aufgrund der guten Preis-Leistungs-Relation ist der Architektenklub sehr beliebt, was manchmal zu längeren Wartezeiten führt. Eine Reservierung ist ratsam. Den Eingang findet man im Hof rechts von der Bethlehemskapelle.

65 [I7] **Kogo** €€, Havelská 27, Metro A, B: Můstek, www.kogohavelska.cz/en, Tel. 224210259, Mo.–Fr. 8–23 Uhr, Sa./So. 9–23 Uhr. Die kroatischen Besitzer des Kogo haben ein perfekt funktionierendes Konzept gefunden: sehr gute mediterrane Küche aus frischen Zutaten, gekonnt zubereitete Fischgerichte, freundlichen Service und eine gute Weinkarte. Das Restaurant in der Nähe des Havelmarktes entstand als erstes, sein Erfolg führte zur Eröffnung weiterer Kogo-Restaurants und auch zu höheren Preisen.

66 [H6] **La Bodeguita del Medio** €€, Kaprova 5, Metro A: Staroměstská, Tel. 224813922, www.labodeguitadelmedio.cz, Mi.–Sa. 11–4, So.–Di.

Smoker's Guide

Das Rauchen in **öffentlichen Räumen**, an **Bahnhöfen** oder **überdachten Haltestellen** ist in Prag per Gesetz **verboten** und ein Verstoß wird mit Geldstrafen geahndet. Ein allgemeines Rauchverbot in **Restaurants** gilt noch nicht (Stand: Januar 2016). Der Wirt ist lediglich verpflichtet, für eine Nichtraucherzone zu sorgen – meistens trennt er in seinem Lokal einen Bereich für Raucher ab. Immer mehr Restaurant- und Hotelbetreiber entscheiden sich jedoch für ein komplettes Rauchverbot. Die tschechische Regierungskoalition will ein komplettes Rauchverbot in allen Gaststätten durchsetzen. Ursprünglich sollte das Anti-Rauch-Gesetz zu Jahresbeginn 2016 in Kraft treten, doch es kam zu Verzögerungen, weil vor allem viele Oppositionsabgeordnete gegen das strikte Rauchverbot sind oder Ausnahmen verlangen. Umfragen zufolge würde mittlerweile eine Mehrheit der tschechischen Bürger ein Rauchverbot begrüßen. Erwartet wird, dass das Gesetz ab Mitte des Jahres 2016 gelten könnte.

Bis dahin müssen die Gäste also in den meisten **Kneipen** und in nicht wenigen **Restaurants** mit Zigarettenqualm rechnen. In **Privatwohnungen** dagegen ist es selbstverständlich, dass ein Raucher vor die Tür oder auf den Balkon geht und seine Gastgeber nicht zuqualmt.

11–2 Uhr, WLAN. Immer dem Lärm nach kann man das Bodeguita nicht verfehlen. Auch nach Mitternacht dröhnt lateinamerikanische Musik, zu der man einen von 150 Cocktails und köstliche karibische Gerichte probieren kann.

67 [I5] **La Casa Blů** €€, Kozí 15, Metro A: Staroměstská, www.lacasablu.cz, Tel. 224818270, Mo.–Fr. 11–24 Uhr, Sa. 12–24 Uhr, So. 14–24 Uhr, WLAN. Dieses laute, freundliche, 1996 von zwei Südamerikanern eröffnete Nichtraucherlokal mit mexikanischer und spanischer Küche genießt vor allem bei jungen Pragern große Popularität. Das Angebot reicht von Chili con Carne über Tortilla und Salatteller bis hin zu schmackhaften Steaks. Zur Mittagszeit ist eine Reservierung ratsam. Abends kann man hier mit Freunden gemütlich einen Cocktail trinken und bei lateinamerikanischer Musik feiern. Happy Hour von 14 bis 17.30 Uhr.

68 [G7] **Lehká hlava** €, Boršov 2, Metro B: Národní třída, Straßenbahn 17, 18, Haltestelle Karlovy lázně, www.lehkahlava.cz, Tel. 222220665, Mo.–Fr. 11.30–23.30 Uhr, Sa.–So. 12–23.30 Uhr. Eines der beliebtesten vegetarischen Lokale Prags. In entspannter Atmosphäre werden liebevoll zubereitete Speisen aus regionalen Bio-Produkten serviert, kleine Tapas und köstliche Desserts, die auch Nicht-Vegetarier überzeugen werden. Dazu gibt es frisch gepresste Säfte. Schnaps wird hier nicht verkauft, denn nur so behält man einen „klaren Kopf", wie das Restaurant in deutscher Übersetzung heißt. Eine Reservierung ist vor allem abends ratsam.

69 [H6] **Mistral Café-Restaurant** €, Valentinská 11, Metro A: Staroměstská, Tel. 222317737, www.mistralcafe.cz, tägl. 10–23 Uhr, WLAN. Das freundliche Nichtraucherlokal ist ein perfekter Ort für einen schnellen Imbiss: hell, zentral und günstig. Mediterran inspirierte, leichte Küche, viele Studenten und eine kleine Spielecke für Kinder.

70 [F5] **Pálffy Palác Club** €€€, Valdštejnská 14, Metro A: Malostranská, Tel. 257530522, www.palffy.cz, tägl. 11–23 Uhr. Der barocke, mit Antiquitäten ausgestattete Saal des Pálffy-Palais auf der Kleinseite ist der ideale Ort für ein romantisches Abendessen bei Kerzenschein und klassischer Musik. Im Sommer sitzt man auf einer schönen Terrasse.

71 [G7] **Restaurant Století** €€, Karolíny Světlé 21, Metro B: Národní třída, Tel. 222220008, www.stoleti.cz, tägl. 11.30–23.30 Uhr, WLAN. In einer Seitengasse, aber dennoch zentral gelegen, verspricht dieses gemütliche Restaurant einen schönen Abend. Die Küche ist ausgezeichnet, die Preise für die Lage des Lokals und die Qualität erstaunlich günstig. Empfehlenswert sind die wechselnden Tagesmenüs – auf die Suppe sollte man dabei nicht verzichten – das Salatbuffet und die verführerischen Nachspeisen. Im Sommer deckt der Wirt ein paar Tische vor dem Restaurant, direkt gegenüber der romanischen Rotunde des Heiligen Kreuzes, der ältesten in Prag.

72 [I6] **Rybí trh (Fischmarkt)** €€€, Týnský dvůr 5, Metro A: Staroměstská, Tel. 602295911, www.rybitrh.cz, 11–23 Uhr, WLAN. Ein ausgezeichnetes, vor allem von Touristen gern besuchtes Fischrestaurant im schönen Týn-Hof, nur ein paar Meter vom Altstädter Ring entfernt, mit leckeren Fischgerichten aus Süßwasser- und Seefisch. Auch Hummer oder Austern kann man hier bestellen. Im Sommer sitzt man draußen und genießt das Flair der Prager Altstadt.

▷ *Open-Air-Konzerte auf der Schützeninsel (Střelecký ostrov) [F8] sind sehr beliebt*

Prag am Abend

Für Nachtschwärmer, Partygänger, Musikfreunde und Theaterliebhaber bietet die Goldene Stadt ein abwechslungsreiches Programm. Der Besucher findet trendige Bars, Diskotheken, Musikklubs und innovative Kleinbühnen nicht nur in den Gewölbekellern der Alt- und Neustadt, sondern auch auf der Kleinseite und in den Stadtvierteln Holešovice oder Smíchov.

Bars und Szenetreffs

In der Alt- und Neustadt

❶73 [H6] **Bugsy's,** Pařížská 10 (Eingang Kostečná), Metro A: Staroměstská, www.bugsysbar.cz, Tel. 840284797, tägl. 19-2 Uhr. Die beliebte Nachtbar wurde 2010 renoviert und lockt mit einem coolen Ambiente, mehr als 300 „Living-Cocktails" und modisch gekleideten jungen Pragerinnen und Pragern, die „in" sind oder dafür gehalten werden wollen.

❶74 [G7] **Café und Galerie Kampus,** Náprstkova 10, Metro B: Národní třída, Mo.-Fr. 10-1 Uhr, Sa. 12-1 Uhr, So. und feiertags 12-23 Uhr, www.cafekampus.cz, Tel. 775755143. WLAN. Ein angesagter Treffpunkt (früher unter den Namen „Krásný zráty" bekannt) der jungen Prager und der innovativen tschechischen Kulturszene. Zu späterer Stunde ist es allerdings nicht leicht, in den Räumen einen Platz zu finden. Im hinteren Teil finden regelmäßig Fotoausstellungen statt. Eine kleine Kunstbuchhandlung und ein Nichtrauchersalon sind angeschlossen. Man kann hier Klavier oder Schach spielen, sich in ein Buch vertiefen oder selbst eins schreiben. Wer Hunger hat, bekommt hier bis in die späte Nacht ein Abendessen.

❶75 [G7] **Hemingway Bar,** Karolíny Světlé 26, Metro B: Národní třída, Straßenbahn 17, 18, Haltestelle Karlovy lázně, Tel. 773974764, www.hemingwaybar.cz/bar-praha, Mo.-Do. 17-1 Uhr, Fr. 17-2 Uhr, Sa. 19-2 Uhr, So. 19-1 Uhr. Diese kleine, gemütliche Bar überzeugt mit exzellenten Cocktails (auf Wunsch auch mit Absinth), freundlichem Personal und lässiger Atmosphäre. Keine Touristenfalle, auch deshalb ein Tipp für die langen Nächte.

❶76 [I6] **Kozička,** Kozí 1, Metro A: Staroměstská, www.kozicka.cz, Mo.-Do. 16-4 Uhr, Fr. 17-4 Uhr, Sa. 18-4, So. 19-3 Uhr, WLAN. Gut möglich, dass man im „Zieglein", einem lauten, dunklen Kellerlabyrinth, einige Stars der tschechischen Fußballnationalmannschaft trifft. Die rustikale Nachtbar und Steak-Restaurant in der Nähe des Altstädter Rings ist immer gut besucht, was auch an der guten Küche und der ausgelassenen Atmosphäre liegt.

❶77 [H8] **Solidní Jistota,** Pštrossova 21, Metro B: Karlovo náměstí, www.solidnijistota.cz, Tel. 602387598, Mi.-Do. 20-2 Uhr, Fr./Sa. 20-4 Uhr, WLAN. Restaurant, Diskothek und Nachtklub in einem, mit einer großen Bar in der Mitte, wo sich auch Besucher wohlfühlen, die die 30 schon überschritten haben. Zu seinen Gästen zählten u. a. schon Bruce Willis und Kevin Costner. Das Lokal ist auch unter tschechischen „Promis" angesagt.

❼78 [I6] **Tretter's New York Bar,** V Kolkovně 3, Metro A: Staroměstská, www.tretters.cz, Mo.–Sa. 19–3 Uhr, So. 19–2 Uhr. Die elegante Cocktailbar im Stil der amerikanischen Bars der 1930er-Jahre bietet die wahrscheinlich beste Bloody Mary in der Stadt.

❼79 [H7] **Vagon,** Národní 25 (Eingang durch die Passage im Palác Metro), Metro B: Národní třída, www.vagon.cz, Mo.–Sa. 19–6, So. 19–1 Uhr, Tel. 21085099, WLAN. In kommunistischen Zeiten war hier eine Discobar, heute ist das Lokal Treffpunkt der Verehrer von Jimi Hendrix, Frank Zappa, Pink Floyd oder Louis Armstrong. Fast täglich Livemusik, viel Blues, überwiegend tschechisches Publikum und gute Preise.

Auf der Kleinseite und dem Hradschin

❼80 [F6] **Blue Light,** Josefská 1, Metro A: Malostranská, Straßenbahn 20, 22, 12, Haltestelle Malostranské náměstí, tägl. 18–3 Uhr, Fr. und Sa. oft auch bis 4 oder 5 Uhr, Tel. 257533126, www.bluelightbar.cz. Die kleine, alternative Bar in einer Seitenstraße nahe der Karlsbrücke ❿ ist ein perfekter Ort für einen Absacker. An den dunklen Wänden sind viele Graffiti, Fotos von Jazz- und Bluesmusikern sowie alte Werbeplakate zu sehen. Man sitzt auf ausrangierten Holzstühlen, tanzt oder steht mit einem Whiskey-Glas oder einem Bier an der Bar und hört gute alte Rockmusik. Die Atmosphäre ist lässig, das Publikum aller Altersklassen besteht überwiegend aus Einheimischen, zu denen sich einige Touristen gesellen. In den frühen Morgenstunden kann man anschließend über die menschenleere Karlsbrücke spazieren.

❼81 [E6] **U Malého Glena,** Karmelitská 23, Metro A: Malostranská, Straßenbahn 20, 22, 12, Haltestelle Malostranské náměstí, Tel. 257531717, www.malyglen.cz, Mo.–Fr. 10–2 Uhr, Sa.–So. 10–2.30 Uhr, Livemusik tägl. ab 20.30 Uhr, Einlass ab 19 Uhr, die (gute) Küche ist bis 23.30 Uhr geöffnet, Frühstück bekommt man hier den ganzen Tag, WLAN. Der „kleine Glenn" mit der Atmosphäre eines Irish Pubs ist nicht nur eine coole Bar, sondern auch ein Jazztipp für die Kleinseite: Im kleinen Musikklub im Keller spielen Livebands Funk, Jazz und Blues. Sonntags stehen Jamsessions auf dem Programm, wer mitmachen will, sollte sich vorher anmelden.

❼82 [F6] **Vinograf Wine Bar,** Míšenská 8, Metro A: Malostranská, www.vinograf.cz, Tel. 604705730, Mo.–Sa. 16–24, So. 14–22 Uhr. Klein, aber fein: gemütliche, beliebte Weinbar mit ein paar Tischen, guten einheimischen Weinen und erfreulich moderaten Preisen. Zur Weinprobe kann man sich eine kalte Platte mit Käse, Wurst und Oliven bestellen. Freitags und samstags ist eine Reservierung ratsam.

Discos und Klubs

In der Alt- und Neustadt

❼83 [I6] **Club Roxy,** Dlouhá 33, Metro B: Náměstí Republiky, www.roxy.cz, Di.–So. ab 19, Konzerte ab 20, Partys ab 22 Uhr bis 5.30 Uhr. Seit seiner Gründung im

---

EXTRATIPP

Musik in historischen Räumen

Etliche Prager Kirchen, Klöster und Palais – wie die Kirche des hl. Nikolaus ❽, das Agneskloster ⓫, der Veitsdom ㊸, das Lobkowitz- und Lichtensteinpalais, das Musikmuseum oder die prunkvolle Spanische Synagoge ㉒ – verwandeln sich regelmäßig, häufig sogar jeden Abend, in Konzerträume. Das aktuelle Programm ist in den Tourist-Infos (s. S. 126) erhältlich.

Prag am Abend

Jahre 1993 ist das Roxy einer der beliebtesten Klubs in der tschechischen Hauptstadt und die Topadresse für tschechische und internationale Disco- und Partyliebhaber, der alle Anwohnerbeschwerden überlebt hat. Livebands, internationale DJs, moderne Multimediashows, große Tanzfläche, Theater und Kino. Tanzpartys im Stil von Techno, Hip-Hop, Acidjazz und Ethno. Montags freier Eintritt.

84 [I7] **Duplex**, Václavské nám. 21, Metro A, B: Můstek, Tel. 732221111, www.duplex.cz. Mo./Di., So. 11–23, Mi.–Sa. 11–5 Uhr, Eintritt ab 21 Jahre, WLAN. In diesem exklusiven, verglasten und (leider) etwas versnobten Discoklub auf dem Dach eines Hauses am Wenzelsplatz feierte Mick Jagger seinen 60. Geburtstag. Gutes Restaurant mit mediterraner und asiatischer Küche.

85 [G7] **Karlovy lázně**, Smetanovo nábřeží 198, Metro A: Staroměstská, Tel. 739054641, www.karlovylazne.cz, tägl. 21–5 Uhr. Der größte Discoklub in Mitteleuropa direkt neben der Karlsbrücke ist mittlerweile etwas in die Jahre gekommen. Voll ist es hier trotzdem. Auf vier Etagen wird Musik für jeden Geschmack gespielt, Eintritt 200 Kč.

86 [I8] **Lucerna Music Bar**, Vodičkova 36, Metro A, B: Můstek, Konzertbeginn gewöhnlich um 19 oder um 20 Uhr, Eintritt 350 bis 600 Kč, www.musicbar.cz, Tel. 224217108, WLAN. Freitags und samstags steigt im Kellergeschoss des Lucerna-Palasts eine Retroparty (s. auch S. 43, Einlass ab 21 Uhr, Eintritt 100 Kč). An anderen Wochentagen Livekonzerte, die immer aktuell auf der Website des Klubs angekündigt werden.

In den weiteren Stadtvierteln

87 [J9] **Club Radost FX**, Bělehradská 120, Metro C: I.P. Pavlova, www.radostfx.cz, Tel. 603193711, tägl. 11–2 Uhr, WLAN. Glamouröse Adresse im hübschen Prager Stadtteil Vinohrady: Techno, House, Funk und Go-go-Girls sorgen für heiße Tanznächte. Ein gutes vegetarisches Restaurant, ein Café und eine Lounge sind angeschlossen.

88 [L1] **Cross Club**, Plynární 23, Metro C: Nádraží Holešovice, Tel. 736535010, www.crossclub.cz, Café: tägl. 14–2 Uhr, Klub: 18–5 Uhr, Fr./Sa. bis 7 Uhr, WLAN. Dieser angesagte alternative Treffpunkt im Stadtviertel Holešovice, nicht weit weg vom gleichnamigen Bahnhof, ist im Erdgeschoss und Souterrain eines Wohnblocks untergebracht. Tägliche Livekonzerte (Punk, Reggae, Chillout) werden von aufwendigen Lichtshows in dem ausgefallenen, experimentellen Interieur mit Metallrohren und Gittern begleitet. In den verschachtelten, dunklen Räumen fällt die Orientierung zunächst etwas schwer. Sonntags stehen meistens Theateraufführungen oder Austellungen auf dem Programm.

89 [K4] **Neone**, Bubenská 1 (im Erdgeschoss des Gebäudes ORKO, südliche Ecke), Metro C: Vltavská, danach zu Fuß in Richtung Magistrale und Fluss, Tel. 777115218, je nach Programm meist Fr. und Sa. ab 22 Uhr, www.lunchmeat.cz/en/events/neone/line-up.html. Für viele Insider zählt Neone derzeit zu den absoluten In-Klubs in Prag. Zum minimalistischen Design passen das durchgestylte Publikum und die neuste elektronische Musik.

90 [M9] **Palác Akropolis**, Kubelíkova 27, Metro A: Flora, Straßenbahn 5, 26, 9 Haltestelle Lipanská, Tel. 296330913, www.palacakropolis.cz, WLAN. Für Fans von Independent-Musik ist Akropolis im Prager Szeneviertel Žižlov die Topadresse für erstklassige Rock- und Jazzkonzerte. Aufgetreten sind hier u. a. die Pixies, The Strokers, The Afghan Wings oder der französische Alternativ-Rocker Kid Loco. Auch Funk-, Electronic- und Latino-Musik. Die Tickets bekommt man auch in den Tourist-Infos (s. S. 126.)

Jazzklubs

91 [I6] **AghaRTA Jazz Centrum**, Železná 16, Metro A, B: Můstek, Tel. 602661018, www.agharta.cz, 19–1 Uhr, Konzerte tägl. ab 21 Uhr. Eintritt 250 Kč. Gemütlicher Klub in gotischem Kellergewölbe, nur einige Minuten vom Altstädter Ring entfernt. Täglich Livekonzerte mit einheimischen und internationalen Jazzmusikern.

92 [H7] **Blues Sklep**, Liliová 10, Metro B: Národní třída, Tel. 608848074, www.bluessklep.cz, tägl. 19–2.30 Uhr, Konzerte ab 21 Uhr, Eintritt 100–150 Kč. Musikklub mit Liveblues, Jazz und Folk, der nach der Hochwasserkatastrophe von 2002 eine Zeit lang geschlossen werden musste. Jetzt spielen wieder vor allem einheimische, weniger bekannte Bands.

93 [H5] **Jazz Boat**, Čechův most, Metro A: Staroměstská, Pier Nr. 2 unterhalb der Brücke Čechův most, Tel. 731183180, www.jazzboat.cz, tägl. 20–23 Uhr. Abfahrt um 20.30 Uhr. Auf den Flussfahrten des Jazz Boat, auch inklusive Dinner, wird ein leicht verdaulicher Mix aus Dixieland und Swing geboten, der vor allem bei Touristen beliebt ist. Im Preis von 590 Kč inbegriffen ist ein Begrüßungsgetränk, mit Dinner zahlt man 940 bis 1080 Kč pro Person.

94 [H7] **Reduta**, Národní 20, Metro B: Národní třída, Tel. 224933487, www.redutajazzclub.cz, tägl. 21–24 Uhr, Eintritt 250–350 Kč. Der renommierte Jazzklub ist der älteste und beste der Stadt. Hier waren bereits viele bekannte Jazzmusiker zu Gast. 1994 brachte Václav Havel den damaligen US-Präsidenten Bill Clinton hierher, der dann auch ein bisschen Saxofon spielte. Gespielt wird traditioneller und experimenteller Jazz, Jazzrock, aber auch Blues, Swing und Soul.

95 [I6] **Ungelt Jazz Blues Club**, Týn 2, Metro A: Staroměstská, Tel. 224895787, www.jazzungelt.cz, tägl. 20–1 Uhr, Konzerte ab 21.15, Sa./So. ab 21.30 Uhr, Eintritt So.–Do. 250 Kč, Fr./Sa. 300 Kč. Gemütlicher Jazz- und Blueskeller in historischem Gemäuer hinter dem Altstädter Ring.

96 [H7] **U Staré paní**, Michalská 9, Metro A, B: Můstek, www.jazzstarapani.cz, Konzerte ab 20 Uhr, je nach Programm (nicht täglich), Eintritt 100 Kč. Bekannte Jazzbar in einem romanischen Kellergewölbe nur 100 Meter vom Altstädter Ring **4** entfernt. Mährische Weine und tschechische Küche bekommt man im Restaurant über dem Klub von 14 bis 24 Uhr (im Sommer mit Tischen im Garten).

Oper, Konzerte und Theater

Oper, Operette, Musical

97 [L6] **Musiktheater Karlín** (Hudební divadlo Karlín), Křižíkova 10, Metro B, C: Florenc, Tel. 221868666, www.hdk.cz. Dieses beliebte Prager Theater ist das einzige in Prag, das sich auf Operetten und Musicals spezialisiert hat. Das Repertoire beinhaltet Klassiker wie „Jesus Christ Superstar" und „West Side Story". Aber auch tschechische Musicals stehen auf dem Spielplan.

32 [G8] **Nationaltheater** (Národní divadlo). Das prunkvolle Theater am Moldauufer wurde 1881 als Symbol der nationalen Wiedergeburt erbaut und gefeiert. Klassische und zeitgenössische Theaterstücke, Opern und Tanzaufführungen aus dem In- und Ausland kommen auf die Bühne. Bei einigen Vorstellungen wird auf einer Anzeigetafel die deutsche Übersetzung geboten.

27 [J8] **Staatsoper** (Státní opera). Das ehemalige „Neue Deutsche Theater" an der viel befahrenen Magistrale oberhalb des Wenzelsplatzes glänzt innen mit viel Gold und Samt. Die Opern werden in der jeweiligen Originalsprache mit tschechischen oder englischen Obertiteln aufgeführt.

❾ [I6] **Ständetheater (Stavovské divadlo).** 1787 fand hier die Uraufführung von „Don Giovanni" statt. Diese und andere Opern Mozarts gehören zum Standardprogramm.

Konzerte

❷ [J6] **Gemeindehaus.** Das Jugendstilgebäude am Platz der Republik ist für Fans der klassischen Musik eine wichtige Adresse. Der Smetana-Saal ist die Heimstätte der Prager Symphoniker. Sehr empfehlenswert (auch für Kinder) sind die Darbietungen der führenden tschechischen und slowakischen Volksmusikensembles. Vor dem Eingang wird in stilechten Kostümen für die Konzerte geworben.

⭕98 [J6] **Hybernia-Theater (Divadlo Hybernia),** Náměstí Republiky 4, Metro B: Náměstí Republiky, Tel. 221419420, www.hybernia.eu. In dem Haus werden vor allem Musicals aufgeführt. Aber auch Rockkonzerte und moderner Tanz stehen auf dem Programm.

⓮ [H6] **Klementinum.** Vivaldi, Beethoven, aber auch Jazz, Swing und mittelalterliche Orgelmusik: In der schönen Spiegelkapelle finden täglich ab 18 Uhr (in den Wintermonaten ab 17 Uhr) Konzerte statt.

⓬ [G6] **Rudolfinum.** Im Jahr 1885, zur Einweihung des schönen Neorenaissancebaus an der Moldau, wurde Dvořáks 2. Slawische Rhapsodie aufgeführt. Der große Konzertsaal trägt seitdem den Namen dieses Komponisten. Seit mehr als sechs Jahrzehnten ist das Rudolfinum Sitz der Tschechischen Philharmoniker und der zentrale Veranstaltungsort des Musikfestivals Prager Frühling (s. S. 107).

Theater und Kleinkunst

⭕99 [I7] **Black Light Theatre Srnec,** Na Příkopě 10 (Palác Severin), Metro A, B: Můstek, Tel. 774574475, www.srnec theatre.com, Eintritt 580 Kč, Studenten 500 Kč. Das kleine, 1961 gegründete Theater war eines der ersten Schwarzlichttheater weltweit. Seitdem ist das mittlerweile stark verjüngte Ensemble in 68 Staaten aufgetreten. In 90-minütigen Inszenierungen zaubern Tänzer und Mimen auf der Bühne poetische Welten hervor und bringen das Publikum durch ihren tiefgründigen Humor zum Lachen. Bis Ende 2016 läuft „Antologia". Das bisher erfolgreichste Stück entführt die Zuschauer in szenischen Darbietungen in die Geschichte des Theaters.

⭕100 [G8] **Laterna Magica,** Národní 4, Metro B: Národní třída, Tel. 224901417, www.narodni-divadlo. cz/en/laterna-magika, Eintrittskarten kosten 450–690 Kč. Kinder bis 15 und Studenten bis 26 Jahre zahlen die Hälfte, das Angebot gilt nur für bestimmte Plätze. Von der Konkurrenz mehrfach kopiert, in der Perfektion und im Ideenreichtum aber nie erreicht: die Multimediashow Laterna Magica. Erstmals wurde sie 1958 im tschechoslowakischen Pavillon bei der Weltausstellung in Brüssel präsentiert. Die mittlerweile in die Jahre gekommene Show verzichtet auf Sprache und setzt auf eine eindrucksvolle Kombination aus Filmprojektion, Schauspiel, Tanz, Musik, Pantomime und Lichteffekten.

⭕101 [H6] **Nationales Marionettentheater,** Žatecká 1, Metro A: Staroměstská, Tel. 224819323, www.mozart.cz, Eintritt 590 Kč für Erwachsene, 490 Kč für Kinder und Studenten. Seit 1991 werden hier „Don Giovanni" und „Die Zauberflöte" in netten und auch für Kinder geeigneten Puppenversionen gezeigt. Im Theatershop kann man Kopien der Puppen kaufen.

○ **102** [E8] **Švanda Theater**, Štefánikova 57, Metro B: Anděl, Straßenbahn 9, 12, 20, Haltestelle Švandovo divadlo, Tel. 257318666, www.svandovodivadlo.cz/en. Einheimische und internationale Theaterstücke, klassisch und modern, mit englischen Obertiteln. Auch alternative Projekte und Konzerte.

○ **103** [K6] **Theater Archa**, Na Poříčí 26, Metro B: Náměstí Republiky, Tel. 221716333, www.divadloarcha.cz/en. Das renommierte Archa-Theater wird von Liebhabern auch als „alternatives Nationaltheater" wahrgenommen. Es setzt auf innovative Projekte, Wechsel der Genres, eine Mischung von Sprache, Tanz und Musik, moderne Technologie, internationale und eigene Projekte und Inszenierungen. Der Schwerpunkt liegt auf zeitgenössischer Kunst, die im Sommer auch unter freiem Himmel präsentiert wird. Es ist nicht unbedingt notwendig, Tschechisch zu verstehen, um sich hier wohlzufühlen.

Kartenvorverkauf

● **104** [I7] **Bohemia Ticket International**, Na Příkopě 16, Metro A, B: Můstek, Tel. 224215031, www.bohemiaticket.cz/ticket-offices, Mo.–Fr. 9–18 Uhr, Sa. 10–17 Uhr, So. 10–15 Uhr

● **105** [J7] **Ticket Art**, Politických vězňů 9, Metro A, B: Můstek, Tel. 222897552, www.ticket-art.cz, Mo.–Fr. 9–19 Uhr

● **106** [I8] **Ticket Pro**, Václavské náměstí 38 (in der Passage Rokoko), Metro A, B: Můstek, www.ticketpro.cz, Mo.–So. 9–14, 14.30–20 Uhr. Internationaler Kartenvorverkauf mit Verkaufsstellen in Prag.

▷ *Einkaufsbummel auf dem Wenzelsplatz* ㉕

Prag für Kauflustige

Internationale Modelabels, böhmisches Kristall und Holzspielzeug, Antiquitäten, Bücher, CDs – in Prag ist alles erhältlich, vor allem aber lässt sich hier abseits der Shoppingzentren noch manche Überraschung entdecken. Etwa Kleidung origineller einheimischer Modedesigner oder manche antiquarische Kostbarkeit inmitten eines Haufens von Trödel in kleinen Läden der Altstadt und der Kleinseite.

Prag verfügt über **zwei zentrale Einkaufsmeilen**: den **Wenzelsplatz** ㉕ und die Straße **Am Graben** (Na příkopě). Internationale Modedesigner führen Geschäfte in der mondänen Straße Pařížská. Rund um den **Altstädter Ring** ❹ haben sich vor allem Glas- und Souvenirgeschäfte für Touristen angesiedelt. Beliebte Mitbringsel sind der tschechische Kräuterlikör Becherovka und Karlsbader Oblaten.

Antiquitäten und Kunst

◾ **107** [E6] **Ahasver**, Prokopská 3, Metro A: Malostranská, Straßenbahn 12, 20, 22, Haltestelle Hellichova, Tel. 257531404, www.ahasver.com, Di.–So. 11–18 Uhr. Der kleine Vintage-Laden auf der Kleinseite ist eine Fundgrube für Menschen, die nach Retro-Textilien und Accessoires aus dem vergangenen Jahrhundert suchen. Auch alte böhmische und mährische Trachten sind hier erhältlich sowie ausgesuchte Kleingegenstände aus Glas, Porzellan und Keramik. Die Preise sind fair und die englischsprachigen Besitzer sind hilfsbereit.

◾ **108** [H7] **Art Deco Galerie**, Michalská 21, Metro A, B: Můstek, Tel. 224223076, www.artdecogalerie-mili.com, Mo.–Fr. 14–19, Sa. 14–18 Uhr. Johnny Depp und Vanessa Paradis, Hilary Swank und Jean Paul Gaultier haben hier schon vorbeigeschaut. Fans von Art-déco-Design werden den Laden lieben. Er verkauft Glas, Kleinmöbel, Bilder, Lampen, Vasen und Vintageschmuck.

🛍109 [E8] **Starožitnosti pod Kinskou,** Náměstí Kinských 7/76, Metro B: Anděl, Straßenbahn 1, 6, 9, 12, 20, Haltestelle Švandovo divadlo, www.antique-shop.cz, Mo.–Fr. 10–18 Uhr, Sa. 10–17 Uhr. Eleganter und geräumiger Laden mit Wohnzimmeratmosphäre, der auf antike Gemälde, alte Möbel, Lampen und kleine Dekogegenstände spezialisiert ist. Das aktuelle Angebot kann man sich auch online anschauen.

Bücher

🛍110 [F9] **Amadito & Friends,** Lesnická 6, Metro B: Anděl, Tel. 25722257, www.amadito-shop.com/de, Di.–Fr. 9–17.30, Sa. 10–13 Uhr. Der kleine und sehr sympathische Laden wurde von einer Deutschen, zwei Französinnen und einer Amerikanerin gegründet. Er führt Kinder- und Jugendbücher auf Deutsch, Französisch und Englisch (neu und gebraucht).

🛍111 [H6] **Antikvariát Judaica,** Široká 7, Metro A: Staroměstská, So.–Fr. 10–18 Uhr, www.antikvariat-judaica.cz, Tel. 222318876. In dem Laden im Jüdischen Viertel findet man eine gute Auswahl an alten und neuen Büchern, vor allem mit jüdischen Themen, einige auch auf Deutsch.

🛍112 [I6] **Kafkovo knihkupectví,** Staroměstské nám. 12, Metro A: Staroměstská, tägl. 10–19 Uhr. Wer nach Werken von Franz Kafka und weiteren deutschjüdischen Prager Literaten sucht, wird hier fündig.

🛍113 [I8] **Kanzelsberger-Orbis,** Václavské náměstí 42, Metro A, B: Můstek, Tel. 224217335, www.dumknihy.cz, Mo-Sa. 8–20 Uhr, So. 9–20 Uhr. Ein modernes Buchgeschäft der bekannten Buchhandelskette am Wenzelsplatz, das auch CDs, Musiknoten und fremdsprachige Bücher führt.

🔒**114** [J8] **Palác knih Luxor**, Václavské nám. 41, Metro A, B: Můstek, Mo.–Fr. 8–20 Uhr, Sa. 9–19 Uhr, So. 10–19 Uhr, www.neoluxor.cz. Prags größte Buchhandlung mit guter Auswahl an fremdsprachigen Büchern. Im Erdgeschoss findet man auch deutsche Übersetzungen tschechischer Autoren.

🔒**115** [M10] **Shakespeare & Sons**, U Lužického semináře 10, Metro A: Malostranská, tägl. 11–19 Uhr, www.shakes.cz/?lang=en, Tel. 257531894. Beliebte und gut sortierte englische Buchhandlung mit neuen, aber auch gebrauchten Büchern und einem Café, in dem häufig Autoren lesen und Livejazz gespielt wird.

Kaufhäuser

🔒**116** [I6] **Kotva**, Náměstí Republiky 8, Metro B: Náměstí Republiky, www.od-kotva.cz/en, Mo.–Fr. 9–20 Uhr, Sa. 10–19 Uhr, So. 10–18 Uhr. Das schwarze Einkaufszentrum am Platz der Republik mit Bäckereien und einem Supermarkt mutet zwar noch sozialistisch an, aber unter seinem Dach kann man über Schreibwaren und Kosmetik bis hin zu Mode, Elektronik oder Möbeln alles kaufen, oft günstiger als anderswo.

🔒**117** [H7] **My**, Národní třída 26, Metro B: Národní třída, Mo.–Sa. 7–21 Uhr, So. 8–21 Uhr. Das Kaufhaus wurde 2009 komplett renoviert. Auf mehreren Stockwerken gibt es ein umfangreiches Sortiment an Haushaltswaren, Kleidung, Kosmetik, Schuhen, Sportartikeln, Zeitungen (auch internationalen) und Schreibwaren. Im Supermarkt im Souterrain kann man unter der Woche von 7 bis 22 Uhr, am Wochenende von 8 bis 20 Uhr einkaufen.

◁ *Prager lesen für ihr Leben gern*

Prag für Kauflustige

Shoppingareale
Die wichtigsten Shoppingbereiche der Stadt sind im Kartenmaterial mit einer rötlichen Fläche markiert.

Einkaufspassagen

118 [I7] **Černá růže**, Na Příkopě 12, Metro A, B: Můstek, www.cernaruze.cz, Mo.-Fr. 10-20 Uhr, Sa. 10-19 Uhr, So. 11-19 Uhr. Der mehrstöckige, moderne Gebäudekomplex „Schwarze Rose" beherbergt viele Cafés und Shops. Kaufen kann man hier beispielsweise Sportartikel der Marke Adidas, Schuhe von Cavalli oder Glas von Moser.

119 [I7] **Myslbek**, Na Příkopě 21, Metro A, B: Můstek, www.ngmyslbek.cz, Mo.-Sa. 9-20 Uhr, So. 10-19 Uhr. Benannt wurde das moderne Gebäude mit Cafés und Restaurant am Graben nach dem tschechischen Bildhauer, der die Reiterstatue des hl. Wenzels auf dem Wenzelsplatz geschaffen hat. Einkaufen kann man hier in Läden großer Modeketten wie beispielsweise H&M, Guess, Next, Tom Tailor oder Marlboro Classics.

120 [J6] **Palladium**, Náměstí republiky 1, Metro B: Náměstí Republiky, www.palladiumpraha.cz, So.-Mi. 9-21 Uhr, Do.-Sa. 9-22 Uhr. Moderner Konsumtempel mit fünf Stockwerken, etwa 200 Geschäften, Restaurants und Cafés.

121 [J6] **Slovanský dům**, Na Příkopě 22, Metro A, B: Můstek, tägl. 10-20 Uhr, www.slovanskydum.cz/en. Hier gibt es Shops mit Marken wie Beltissimo, Mexx, Miss Sixty, Hilfiger oder Cerrutti Jeans und ein Restaurant, bekannt für seine gute mediterrane Küche. Außerdem im Haus: das Multikino in Dolby-Stereo-Qualität mit tschechischen Filmen mit englischen Untertiteln (siehe auch S. 103).

Musik

122 [I7] **Bontonland**, Václavské nám. 1 (Passage Koruna, im Untergeschoss), Metro A, B: Můstek, www.bontonland.cz/praha-music-megastore, Mo.-Fr. 9-20, Sa. 10-20, So. 10-19 Uhr. Die größte Auswahl an CDs, Filmen und Videospielen in der ganzen Stadt.

123 [I6] **Via Musica**, Staroměstské nám. 14, Metro A: Staroměstská, www.viamusica.cz, April-Okt. tägl. 10-20 Uhr, Nov.-März 10-18 Uhr. Der Musikladen im Schatten der Teynkirche ❻ ist auf klassische Musik, Jazz und tschechische Folklore spezialisiert. Außerdem kann man hier Eintrittskarten für Konzerte erwerben.

Glas und Porzellan

124 [I6] **Český granát**, Na Příkopě 23 (in der Pánská-Passage), Metro A, B: Můstek, Tel. 242451068, www.granat.cz, Mo.-Fr. 10-20, Sa. 10-18, So.

> **EXTRATIPP**
> ### Der größte Flohmarkt Prags
> Im Prager Stadtteil Vysočany findet seit 2004 in einer verfallenen Maschinenfabrik aus dem 19. Jh. der größte Flohmarkt der Stadt statt. Dieser *bleší trh* (Flohmarkt) ist für Sammler ein Paradies. Für die Vitrine oder den Schrank zu Hause findet man hier Trödel aller Art, nicht nur aus Tschechien, sondern auch aus Nachbarländern - zu Preisen, die immer noch viel günstiger sind als in Westeuropa.
>
> **125** **Flohmarkt Kolbenova (Bleší trhy Kolbenova)**, Kolbenova 886/9, Metro B: Kolbenova, Straßenbahn 19, http://blesitrhy.cz/en, Sa./So. 7-13.30 Uhr, Eintritt 20 Kč, Kinder bis 15 Jahre gratis

10–17 Uhr. Auf dunkelrot leuchtenden böhmischen Granatschmuck spezialisierter Laden.

🔒126 [I7] **Moser,** Na Příkopě 12 (in der Passage Černá růže, 1. Stock), Metro A, B: Můstek, Tel. 224211293, www.moser-glass.com/en/pages/moser-shop-in-prague-na-prikope-12, Nov.–März Mo.–Fr. 10–20, Sa./So. 10–19 Uhr, April–Okt. tägl. 10–20 Uhr. Die Glasmanufaktur Moser, älteste und traditionsreichste Böhmens, beliefert seit 1857 die europäischen Königshöfe. Das exklusive Glasgeschäft ist auch ohne Kaufabsicht einen Besuch wert – wegen seiner hochwertigen und wunderschönen Kristallwaren, aber auch wegen der alten Kassettendecke und der Kronleuchter. Die Preise für die erlesenen Kristallstücke bewegen sich in astronomischer Höhe. Eine weitere Filiale der traditionsreichen Glasmanufaktur findet man an der Ecke Celetná Straße und Altstädter Ring, in Staroměstské náměstí 15.

Mode

🔒127 [I7] **Baťa,** Václavské nám. 6, Metro A, B: Můstek, Mo.–Fr. 9–21, Sa. 9–20 Uhr, So. 10–20 Uhr. Sechs Stockwerke mit modischen Schuhen für Frauen, Männer und Kinder. Auch Sportartikel und preisgünstige Accessoires kann man hier kaufen. Der Gründer der bekannten Kette, Tomáš Baťa (1876–1932), stammte aus dem mährischen Städtchen Zlín.

🔒128 [I7] **Bella Brutta Shoes,** Konviktská 30, Metro B: Národní třída, Tel. 224283974, www.bellabrutta.cz, Mo.–Sa. 11–19 Uhr. Farbenfrohe, junge Designermode und Schuhe für Frauen u. a. von Melissa, Scotch&Soda, Desigual, Homers oder Pretty Ballerinas.

△ *Weltberühmt: das böhmische Glas*

🔒129 [I6] **První Republika,** Templová 6, Metro B: Náměstí Republiky, Tel. 224283974, tägl. 10–20 Uhr. Der auf den ersten Blick eher unscheinbare Prager Store des beliebten dänischen Kultlabels Noa Noa in einer Gasse unweit vom Altstädter Ring lässt die Herzen der Liebhaberinnen des nostalgischen, an vergangenen Zeiten orientierten und dennoch modernen und schlichten Modestils höher schlagen: In hellem Ambiente werden unter anderem Mäntel und Jacken im Sixties-Look präsentiert, lange Röcke und verspielte Blusen, die an das Paris der 1930er-Jahre erinnern, dazu gleich auch passende Schuhe im Charleston-Stil und Accessoires, die man sonst nicht so leicht findet. Nicht billig, aber originell.

🔒130 [H6] **Report's,** Žatecká 55/Ecke Široká, Metro A: Staroměstská, Tel. 224813948, www.reports.cz, Mo.–Fr. 10–19, Sa. 10.30–19, So. 12–18 Uhr. Ein Tipp für die Herren, die auf hohe Qualität, klassisches Design und eine fachkundige Beratung stehen. „Reporter", ein kleiner Laden in einer Gasse nahe dem Altstädter Ring, ist spezialisiert auf italienische Mode, etwa klassische Mäntel und elegante Accessoires.

🔒131 [H6] **The Item,** Žatecká 16/8, Metro A: Staroměstská, Tel. 772273238, www.

theitem.cz, Mo.-Fr. 11-19, Sa. 11-18, So. 12-17 Uhr. Originelle Kleidungsstücke und Accessoires von weniger bekannten internationalen Designern. Neues und secondhand. Hip und sogar bezahlbar.

Tschechische Designer

🔒132 [H6] **Bohéme,** Dušní 8, Metro B: Náměstí Republiky, Tel. 224813840, www.boheme.cz, Mo.-Fr. 11-19 Uhr, Sa. 11-17 Uhr. Die Boutique „Bohéme" bietet moderne und qualitativ hochwertige Strick- und Lederwaren: Pullover, Cardigans, Röcke, Taschen und Accessoires aus Leder.

🔒133 [H7] **Galerie Heleny Fejkové,** Martinská 4, Metro B: Národní třída, www.helenafejkova.cz, Mo.-Fr. 12-19 Uhr. Ausgefallene Frauen- und Männermode für besondere Anlässe.

🔒134 [J8] **if...Art & Fashion Gallery,** Mezibranská 9, Metro A, C: Muzeum, Mo.-Fr. 9-14 Uhr, www.ivanafollova.com/en/uvod, Tel. 222211357. Jedes Stück in diesem schönen Laden ist ein Original. Das bevorzugte Material der Prager Designerin Ivana Follová ist Seide und Chiffon.

🔒135 [I6] **Klára Nadelmýnská,** Dlouhá 3, Metro B: Náměstí Republiky, Tel. 224818769, www.klaranadelmyska.cz/en, Mo.-Fr. 10-19 Uhr, Sa. 10-18 Uhr. Die tschechische Topdesignerin Klára Nadelmýnská hat ihre beruflichen Erfahrungen zunächst in der Modestadt Paris gesammelt. Ihre Modeentwürfe sind feminin, haben klare Linien und raffinierte Details. Die Hosen, Blusen, Tops und Abendkleider sind zwar nicht billig, aber mit etwas Glück kann man hier ein Schnäppchen machen, um das man zu Hause garantiert beneidet wird.

🔒136 [I6] **Tatiana,** Dušní 1, Metro B: Náměstí Republiky, Tel. 224813723, www.tatiana.cz, Mo.-Fr. 10-19 Uhr, Sa. 11-17 Uhr. Die Designerin Tatiana Kovaříková spezialisiert sich auf klassische Abendmode. Wer nach einem witzigen Cocktailkleid im Retrostil sucht, wird hier fündig.

🔒137 [I6] **Timoure et group,** V Kolkovně 6, Metro B: Náměstí Republiky, Tel. 222327358, www.timoure.cz, Mo.-Fr. 10-19, Sa. 11-17 Uhr. Zwei junge tschechische Modedesignerinnen, Saša und Ivana, setzen in ihren limitierten Serien für Frauen auf gute, einfallsreiche Schnitte und Tauglichkeit für den Alltag. Die Lieblingsfarben der beiden sind offensichtlich: Die meisten Modelle sind in weiß, schwarz, beige, blau oder grau gehalten.

Musikinstrumente und Musikalien

🔒138 [N9] **Antikvariát Vinohradská,** Vinohradská 66, Metro A: Jiřího z Poděbrad, Tel. 224251220, www.antikvariat-vinohradska.cz, Mo.-Fr. 10-18 Uhr. Gut sortiertes Musikalienantiquariat mit

> **EXTRATIPP**
>
> ### Erholung vom Einkaufstrubel
>
> › Auf einem der schönsten Plätze der Kleinseite kann man sich im charmanten **Café de Paris** (s. S. 85) ausruhen, bis 11 Uhr frühstücken oder auf der kleinen Terrasse zu Klängen von Chansons ein Glas Wein trinken.
> › Auf der schattigen Dachterasse des **Adria-Cafés** (s. S. 83), nur einen Katzensprung vom Wenzelsplatz entfernt, kann man in Ruhe eine Zeitung lesen und bei einem Cappuccino das Treiben in der Geschäftstraße Národní beobachten.
> › Die Glasgalerie **Slovanský dům** (s. S. 101) lockt mit moderner Architektur, Boutiquen und dem guten italienischen Restaurant Kogo (s. S. 91). Im Sommer haben im Innenhof ein Biergarten, mehrere Lokale und Cafés geöffnet. Im Dezember findet dort ein Weihnachtsmarkt statt.

gebrauchten Noten und alten Schallplatten von Beethoven bis hin zu Karel Gott & Co.

🔒 **139** [H7] **Maximum Underground**, Jilská 22 (1. Stock), Metro A, B: Můstek, Tel. 724307198, www.maximum.cz, Mo.–Sa. 11–19 Uhr. Gute Auswahl an CDs, LPs und DVDs mit alternativer und experimenteller Musik, Blues, Soul, Country, Hard- und Indie-Rock, Punk etc. Mit einem Street-Fashion-Shop.

Souvenirs und Kunsthandwerk

🔒 **140** [I6] **Botanicus**, Týn 2 und 3, Metro A: Staroměstská, www.botanicus.cz, tägl. 10–18.30 Uhr. Zwei im nostalgischen Apothekenlook eingerichtete Shops verkaufen hochwertige und schön verpackte Produkte auf pflanzlicher Basis – Cremes, Shampoos, Seifen, Badeöle oder Küchenkräuter. Die Produkte werden auf einem Bauernhof bei Prag hergestellt.

🔒 **141** [I6] **Cat's Gallery**, Týnská 9, Metro A: Staroměstská, www.catsgallery.com, tägl. 10–18 Uhr. Überall grüßt die Katze in diesem kleinen Laden in der Týnská Straße: Von Keramikbechern, T-Shirts, Holzfiguren, kleinen und großen Bildern und natürlich aus den vielen Katzenbüchern.

🔒 **142** [I7] **Le Patio Lifestyle**, im Palais Mozarteum, Jungmannova 30, Metro A, B: Můstek, Tel. 224934402, www.lepatiolifestyle.com, Mo.–Sa. 10–19 Uhr, So. 11–19 Uhr. Schmiedeeiserne Stühle und Lampen, mediterrane Keramik, schwere Bodenvasen, hübsche französische und tschechische Weingläser, Kerzen und Stoffservietten für einen festlichen Abend – das Angebot überzeugt.

🔒 **143** [I6] **Manufaktura**, Celetná 12, Metro B: Náměstí Republiky, www.manufaktura.cz, tägl. 10–20 Uhr. Große Auswahl an handgefertigten Produkten aus Holz, Stein, Leinen oder Bienenwachs, ätherischen Ölen, traditionellen Weihnachtsartikeln, bemalten Ostereiern und Naturkosmetik. Weitere Filialen im gesamten Stadtgebiet, eine befindet sich im Gebäude des Prager Hauptbahnhofs.

🔒 **144** [G8] **Papelote**, Vojtěšská 9, Metro B: Národní třída, Tel. 774719113, www.papelote.cz, Mo.–Fr. 11–19 Uhr, Sa. 12–18 Uhr. Selbst geschöpftes Geschenkpapier, farbenfrohe Notizbücher, Hefte, Buchumschläge und vieles mehr – alles aus recyceltem Papier.

🔒 **145** [F6] **Truhlář Marionety**, U Lužického semináře 5, Metro A: Malostranská, Tel. 602689918, tägl. 10–21 Uhr, www.marionety.com. In dem kleinen Laden auf der Kleinseite bekommt man keine Massenware, sondern die schönsten Holzmarionetten der Stadt. Jede Puppe ist ein originelles Kunstwerk, erzählt ihre Geschichte und ist in der besten tschechischen Tradition mit Liebe zum Detail von Hand gefertigt. Die Qualität hat allerdings ihren Preis.

Straßenmärkte

🔒 **146** [I7] **Havelský trh (Gallusmarkt)**, Havelská, Metro A, B: Můstek, tägl. 6–18.30 Uhr. Der bekannteste und älteste Prager Markt mit Obst und Gemüse, Holzspielzeug, Souvenirs und Schmuck, aber auch viel Touristenkitsch.

🔒 **147** [M4] **Pražská tržnice (Prager Markthalle)**, Bubenské nábřeží 306, Metro C: Vltavská, Straßenbahn Nr. 1, 14, 25, Haltestelle Pražská tržnice, Mo.–Sa. 8–20 Uhr. Der größte Volksmarkt Prags mit Obst- und Gemüseständen, billiger Kleidung und Schuhen, Elektrogeschäften, Läden mit Haushaltswaren und Autozubehör, Hallen mit nicht mehr so billigen antiquarischen Möbeln und Imbissbuden.

▷ *Schatten für Mensch und Tier spendet im Sommer die Slawische Insel (Slovanský ostrov) [G8]*

Prag zum Träumen und Entspannen

Hektisches Großstadttreiben, Scharen von Touristen und Autokolonnen sind zwar für Prag charakteristisch, doch hat die Stadt auch ihre ruhige Seite. Und die lässt sich in romantischen Parks und Gärten genießen.

Die grüne **Insel Kampa** 34, gleich in der Nähe der Karlsbrücke 16, lädt zu einem Spaziergang ein. Wer mag, kann sich auch in der Sonne auf der Wiese ausstrecken. Ebenso bietet der **Laurenziberg** 52 Ruhe und Erholung – und zudem einen herrlichen Ausblick auf die Stadt. Wem die Stadt zu viel wird, der macht es wie ein Prager: Er taucht in die Stille von **Stromovka** ein. Der Baumgarten, wie sein Name übersetzt heißt, zählt zu den schönsten und größten Prager Parks. Spaziergänger, Hundehalter, Inlineskater, Jogger, Kinder, Studenten – alle kommen hierher.

› Stromovka: Metro A: Staroměstská, weiter mit der Straßenbahn 17 zur Haltestelle Výstaviště oder Metro C: Vltavská, danach mit der Straßenbahn 14 zur Haltestelle Výstaviště

Gegenüber dem **Nationaltheater** 32 liegen zwei Inseln, die im Sommer von vielen Pragern aufgesucht werden: die **Slawische Insel** und die **Schützeninsel**. Zur **Slawischen Insel** (Slovanský ostrov, durchgehend geöffnet) führt eine kleine Steinbrücke. Auf der Insel gibt es einen Kinderspielplatz und einen Verleih von **Ruderbooten**. Die Badeanstalt auf Flößen, die Franz Kafka gerne besuchte, ist längst abgerissen worden. Das imposante Gebäude im Neorenaissancestil, Žofín, beherbergte 1848 den ersten Panslawischen Kongress – daher der Name der Insel. Die abgeschiedene **Schützeninsel** (Střelecký ostrov) verwandelt sich im Sommer in ein Kulturzentrum für Jugendliche mit täglichem **Open-Air-Kino und Konzerten**. Zur Schützeninsel gelangt man über die Brücke Most Legií. Bei ihrer feierlichen Einweihung im Jahr 1901 war Kaiser Franz Josef I. persönlich anwesend, schließlich trug sie damals seinen Namen. Erst 1918 wurde sie umbenannt. An den vier Türmen kassierten Wächter einen Brückenzoll.

● **148** [G8] **Bootsverleih Slovanka,** April–Sept. tägl. 11–23 Uhr, Tel. 777870511, www.slovanka.net, 180 Kč/Std., Motorboote 250 Kč/30 min. Angeboten werden auch bunte Tretschwäne und romantische nächtliche Schifffahrten mit Booten oder Tretbooten, die mit Petroleumlampen ausgestattet sind (20–24 Uhr, 230 Kč/Std.).

Zur richtigen Zeit am richtigen Ort

Klassik und Jazz, Film und Literatur – in Prag ist immer etwas los. So einzigartig die Architektur der Stadt ist, so vielfältig ist ihr kulturelles Angebot. Am schönsten ist die Stadt im Frühling, wenn alles blüht und grün leuchtet. Von ihrer magischen Seite zeigt sie sich im Herbst, wenn über der Moldau der Nebel aufsteigt. Der Festkalender aber ist zu jeder Jahreszeit voll, besonders 2016, dem Jahr des Gedenkens an Karl IV. Anlässlich des 700. Geburtstags des Kaisers findet eine ganze Reihe an Veranstaltungen statt, darunter Ausstellungen, Konzerte und Festgottesdienste.

Offizielle Feiertage

- **Neujahr** (Nový rok): 1. Januar
- **Karfreitag** (2016 neu eingeführt)
- **Ostermontag** (Velikonoční pondělí)
- **Tag der Arbeit** (Svátek práce): 1. Mai
- **Ende des Zweiten Weltkrieges** (Den vítězství nad fašizmem): 8. Mai
- **Tag der slawischen Apostel Kyrillos und Methodios** (Svátek sv. Cyrila a Metoděje): 5. Juli
- **Tag der Verbrennung des Predigers Jan Hus** (Výročí upálení Jana Husa): 6. Juli
- **Tag des hl. Wenzel** (Svátek sv. Václava): 28. September
- **Gründungstag der Tschechoslowakischen Republik** (Den založení Československé republiky): 28. Oktober
- **Tag des Freiheitskampfes** (Výročí sametové revoluce): 17. November
- **Weihnachten** (Vánoce): 24.–26. Dez.

Januar

› Die erste Januarwoche beginnt im Takt klassischer Musik: In den schönsten Prager Häusern wie der Staatsoper ㉗, im Nationaltheater ㉜, dem Gemeindehaus ❷ und im Rudolfinum ⓬ finden die Neujahrskonzerte statt. Am beliebtesten ist das Neujahrskonzert der Tschechischen Philharmonie im Rudolfinum (www.rudolfinum.cz).

Februar

› Für die Prager Gesellschaft ein fester Begriff: Der **Opernball** in der Staatsoper ㉗ eröffnet die Ballsaison (www.plesvopere.cz).
› Jedes Jahr zur Faschingszeit feiern bunt verkleidete Narren an unterschiedlichen Orten in der Altstadt, in Palais, Museen und Galerien den **Bohemian Carneval Praha** (www.carnevale.cz).

März

› Kinolegenden wie Claude Lelouch, Roman Polanski oder Nikita Michalkov haben das internationale Filmfestival **Febio-Fest** mit ihrer Anwesenheit beehrt. Dabei begann die Megaveranstaltung 1993 ganz bescheiden. Während in den zwölf Kinosälen des Multiplex Village Cinemas Anděl in Smíchov die Filmliebhaber auf ihre Kosten kommen, starten abends unten in den Tiefgaragen die Partys im Rhythmus von World Music, Jazz, Blues und Rock (www.febiofest.cz).
› Das internationale Filmfestival **One World** will ein Zeichen setzen und auf Menschenrechtsverletzungen in der Welt hinweisen. Gezeigt werden neue und bereits preisgekrönte Filmproduktionen in den Kinos Lucerna, Světozor, Atlas, Evald und im Französischen Institut (www.oneworld.cz).

Zur richtigen Zeit am richtigen Ort

April

> Anfang der 1990er-Jahre riefen einige EU-Diplomaten die **Europäischen Filmtage** ins Leben. Das tschechische und internationale Publikum sieht zehn Tage lang das Beste aus der neuesten Filmproduktion der EU-Länder (www.eurofilmfest.cz).
> Zum Frühlingsanfang werden in Tschechien die bösen Hexen – natürlich nur Puppen – verbrannt. Das traditionelle **Hexentreiben** findet am 30. April auf der Insel Kampa ㉞ auf der Kleinseite statt.
> Bunt bemalte böhmische Ostereier, Spielzeug aus Holz, Handwerk aus Glas und Metall – das alles und viel mehr gibt es bei den traditionellen **Ostermärkten** am Altstädter Ring ❹ und am Wenzelsplatz ㉕ zu kaufen.

Mai

> Am Tag der Arbeit, dem **1. Mai,** müssen die Prager keine Militärparaden mehr über sich ergehen lassen. Viele Paare und Verliebte ziehen heute zum Denkmal des romantischen Dichters Karel Hynek Mácha aus dem 19. Jh. auf dem Laurenziberg ㊼ und legen Blumen nieder.
> Seit 1995 präsentieren internationale Verlagshäuser ihre Neuerscheinungen bei der **Prager Buchmesse** im Ausstellungsgelände Výstaviště (www.bookworld.cz).
> Der Monat steht ganz im Zeichen der wichtigsten kulturellen Veranstaltung des Jahres, des internationalen **Musikfestivals Prager Frühling,** das 1946 der tschechoslowakische Präsident Edvard Beneš begründet hat. Dreieinhalb Wochen lang präsentieren sich in den Opernhäusern und Konzertsälen internationale Spitzenorchester und Stars der klassischen Musik. Den feierlichen Auftakt macht Smetanas Zyklus symphonischer Dichtungen „Má vlast" in der Regel im Gemeindehaus ❷ (www.festival.cz).

> Das internationale **Roma-Musikfestival Khamoro** (Ende Mai bis Anfang Juni) erfreut sich immer größerer Beliebtheit. Ergänzend zu den Auftritten internationaler Roma-Musiker finden Fotoausstellungen, Filmvorführungen und Workshops statt (www.khamoro.cz).

Juni

> Seit mehr als 25 Jahren werden jeden Juni auf einigen Theaterbühnen ambitionierte Tanzchoreografien aufgeführt. Schwerpunkt des internationalen Tanz-Festivals **Dance Prague** ist der zeitgenössische Tanz. Das Tanztheater Ponec markiert den Hauptveranstaltungsort (www.tanecpraha.cz und www.divadloponec.cz).

Juli

> **Sommerfestival der Alten Musik:** Barock- und Renaissancemusik, präsentiert von internationalen Künstlerensembles in Kirchen, Klöstern und Palais (www.letnislavnosti.cz, Mitte Juli–Anfang August)

August

> **Sommerfestival des Zirkus:** In der zweiten Augusthälfte locken internationale und einheimische Zirkus-Stars Kinder und Erwachsene in den Letná-Park. Das zweiwöchige Festival wird mit einem Feuerwerk eröffnet (www.letniletna.cz).

September/Oktober

> Das internationale Musikfestival **Dvořáks Prag** ist eine musikalische Verbeugung vor dem bedeutendsten böhmischen Komponisten Antonín Dvořák. Namhafte Orchester und Solisten präsentieren in mehreren Konzerten an verschiedenen Orten vor allem seine Werke (www.dvorakovapraha.cz).

EXTRATIPP

Aquapalace:
Badespaß zu jeder Jahreszeit

Auch an grauen Tagen kann man in Prag Sommerfeeling genießen. Mit einer Fläche von 9150 m² ist der Aquapalace im Südosten der Stadt das größte Erlebnisbad Mitteleuropas. „Toboggans", Riesenrutschen, eine 450 m lange Wildwasserbahn, ein Wellenbad, eine große Saunalandschaft, eine Kinderspielecke und ein acht Meter tiefes Tauchbecken bieten Spaß für Groß und Klein. Anschließend kann man sich bei einer Massage oder einer Gesichtsbehandlung verwöhnen lassen. Mehrere Restaurants und Bars sorgen für das leibliche Wohl. Abends werden im Wellenbad unterhaltsame Lasershows gezeigt (19.15 und 21.15 Uhr).

S149 Aquapalace, Pražská 138, Geschäftszone Průhonice-Čestlice, Metro C: Opatov, danach entweder mit dem Aquabus oder mit Busen 328, 363 oder 385, Haltestelle Častlice, Aquapalace, Tel. 271104111, www.aquapalace.cz/de, tägl. 9–22 Uhr, Eintritt Wasserwelt: Erw. 3 Std. 499 Kč, Kinder 100–150 cm 329 Kč, Familien 1399 Kč, nach 16 Uhr 599/399/1499 Kč, Tageskarten 719/469/1699 Kč, Kinder bis 100 cm gratis

› Das **Musikfestival „Herbst-Saiten"** („Struny podzimu") will anders sein als die anderen Prager Musikveranstaltungen. Das sieht man an der mutigen Dramaturgie und der Lust am Experimentieren. Herausragende Jazzkünstler und Opernsänger, Fado-Interpreten und klassische Quartetts treten mehrere Wochen lang solo und miteinander auf. Entsprechend dem Motto „Crossover" will das Festival eine Brücke zwischen Tradition und Moderne schlagen. Die Prager lieben es, deshalb muss man sich um die Eintrittskarten bereits im Vorverkauf kümmern (www.strunypodzimu.cz).

› Für Freunde der Jazzmusik beginnt jetzt eine große Zeit: Das zweiwöchige **Internationale Jazz-Festival** geht auf den Reduta Jazz Club (s. S. 96) zurück, in dem seit 1964 ein Festival stattfindet. Heute treten in vielen Jazzkneipen zunehmend auch internationale Musiker auf, die neben klassischem Jazz Jazzrock, Acid-Jazz, World Music, Blues oder Funk spielen (www.jazzfestivalpraha.cz).

November

› **Theaterfestival in deutscher Sprache:** Im November gehören einige der wichtigsten Bühnen ausgewählten Theaterensembles aus Deutschland, Österreich und der Schweiz. Die Idee dazu entstand 1996, die Tradition des deutschsprachigen Theaters in Prag ist natürlich viel älter (www.theater.cz/de).

Dezember

› **Weihnachtsmarkt:** Glühwein und Grillwürste, Kunsthandwerk, Streichelzoo und Open-Air-Adventskonzerte vor der Kulisse der Teynkirche ❻ – das alles macht Prager Weihnachten am Altstädter Ring ❹ und Wenzelsplatz ㉕ unwiderstehlich.

PRAG VERSTEHEN

Das Antlitz der Metropole

Die knapp 1,3 Millionen Prager lieben ihre Stadt und sind bei aller Nörgelei stolz auf sie. 25 Einwohner ballen sich auf jedem Hektar der insgesamt 49.613 ha Stadtfläche. Zum Vergleich: In München und Wien leben im Durchschnitt etwa 40 Menschen auf einem Hektar. Geliebt haben sie Prag auch während der kommunistischen Jahre, aus deren Tristesse jetzt eine **bunte, quicklebendige Metropole** hervorgegangen ist, die sich auf ihre einstige Bedeutung in der europäischen Geschichte und Kultur besinnt. Als Zeugen der ruhmreichen Vergangenheit blieben prächtige Baudenkmäler erhalten – Romanik, Gotik und vor allem Barock und Jugendstil prägen das Gesicht der Stadt. Wer das Glück hat, mit Einheimischen in nähere Bekanntschaft zu treten, sollte denn auch für ihre Begeisterung aufgeschlossen sein. Das Wachstum mag ein wenig an Tempo verloren haben, aber die **Stadt boomt**: Ausländische Investoren bringen Kapital, die

◰ *Altstädter Ring* ❹ *bei Nacht*

◱ *Vorseite: Ein Puppenspieler erfreut die Touristen auf der Karlsbrücke* ⓰

> **KURZ & KNAPP**
>
> **Die Stadt in Zahlen**
> › **Gegründet:** Im 6. Jh. v. u. Z. siedelten sich auf Prager Gebiet Slawen an.
> › **Einwohner:** 1.264.708 (2016)
> › **Stadtbezirke:** 22 (nummeriert)
> › **Höhe ü. M.:** 235 m

Das Antlitz der Metropole

Alles im Fluss

Prag liegt zentral im westlichen Tschechien, an der Moldau im Prager Becken. Der Fluss teilt die Stadt auf einer Länge von 31 km. Die Kontrolle über die Moldau und die Handelsstraße war für die früheren Herrscher Prags von existenzieller Bedeutung. In den Anfängen entwickelten sich zwei Machtzentren: Westlich der Moldau liegt die Burg **42***, östlich davon der Vyšehrad* **53***, beide im frühen Mittelalter Fürstensitze. Nach der Altstadt (10. Jh.), der ersten und bedeutendsten Niederlassung, entstanden Neustadt, Kleinseite und Hradschin, die mit insgesamt 40.000 Einwohnern zu den größten Städten im mittelalterlichen Europa gehörten. Erst 1784 wuchsen sie zur kaiserlich-königlichen Stadt zusammen. Für die Prager spielte die* **Moldau** *immer eine wichtige Rolle. Sie* ***inspirierte Dichter und Schriftsteller.*** *Bedřich Smetana schuf ihr in dem gleichnamigen Satz seiner symphonischen Dichtung aus seinem Zyklus „Mein Vaterland" ein musikalisches Denkmal, das für das tschechische Ohr wie eine zweite Nationalhymne klingt. Die Moldau zeigt zuweilen aber auch ein bedrohliches Gesicht, so 2002, als sie während* ***des schlimmsten Hochwassers in der Geschichte der Stadt*** *Altstadt und Kleinseite überflutete. 2013 trat die Moldau wieder über ihre Ufer, acht Metrostationen mussten vorübergehend geschlossen werden.*

Tourismusbranche bilanziert jedes Jahr neue Umsatzzuwächse, die Arbeitslosigkeit in Tschechien ist laut Eurostat die drittniedrigste in der EU, in Prag liegt sie bei 4,2 Prozent (Stand: 2016).

Die tschechische **Wirtschaft** ist stabil, das Wirtschaftswachstum betrug zwischen 2000 und 2015 jährlich durchschnittlich 2,5 %. Auch die Prognose für 2016 fällt nach Angaben der EU-Kommission positiv aus.

Ein wichtiger Vorteil Prags liegt im hohen Anteil der Bewohner im aktiven Alter von 15 bis 62 Jahren. Aber mit westlichem Lebensstil und freier Marktwirtschaft kamen neue Probleme: steigende Preise, Verkehrschaos, Umweltverschmutzung, Kriminalität und wachsende soziale Unterschiede. Die Prager beobachten diese Entwicklung skeptisch. Aber 90 % wollen einer Umfrage zufolge trotz aller Probleme Prag nicht verlassen und sind hier zufrieden. Es verwundert also nicht, dass ein Tscheche auf die Frage nach der schönsten europäischen Stadt nur eine Antwort kennt: „Prag". Und nicht wenige Touristen pflichten ihm nach einigen Tagen schon bei. Nur selten findet man eine so hohe Konzentration von Baudenkmälern und historischen Stadtvierteln, kaum eine andere europäische Stadt hat einen so kompakten, unversehrten Stadtkern, der zum **UNESCO-Weltkulturerbe** gehört. In das **Stadtbild** fügen sich elegante Geschäftsstraßen, mittelalterlich anmutende Plätze und Gassen, ruhige Flussinseln und grüne Parks ein. Die tschechische Hauptstadt ist unbestritten die „Schöne Europas". In der Ergebnisliste der beliebtesten Städte weltweit, die auf den Bewertungen der Nutzer der Reisewebsite TripAdvisor basiert (Travelers' Choice), verteidigte Prag 2015 seine Position vom Vorjahr und landete nach Marrakesch, Siem Reap, Istanbul und Hanoi erneut auf dem 5. Platz.

Das **mystische Prag** hat sich in das Gedächtnis Europas tief eingeschrieben. Der **Golem**, geschaffen aus Lehm, um die jüdische Gemeinde vor Unheil zu schützen, ist aber wie das ganze mystische Prag eine Erfindung reisender Schriftsteller und Romantiker des 19. Jahrhunderts. Golems angeblicher Schöpfer Rabbi Löw gab es dagegen wirklich, aber er war kein mystischer Kabbalist, sondern ein nüchterner Gelehrter. Autoren wie Gustav Meyrink und Leo Perutz haben das Bild vom mystischen Prag geprägt, das eng verbunden ist mit dem melancholischen Herrscher Rudolf II., der Kunst und Wissenschaft förderte und den alchimistischen Künsten zugetan war.

Für literarisch interessierte Besucher ist Prag vor allem die **Stadt von Kafka**. Die Tourismusindustrie hat Franz Kafka zum Marketingartikel gemacht: Sein Bild ziert Ansichtskarten, Tassen und T-Shirts. Aber seine Stadt, das Prag der Tschechen, Juden und Deutschen, gibt es nicht mehr. In das bunte Stadtbild passt auch die düstere Golemfigur nicht mehr, sie wurde in die Souvenirläden verbannt – auch wenn einige noch heute in den nächtlichen Gassen nach ihm suchen oder behaupten, den Golem in der Neigung der Prager zur Melancholie gefunden zu haben.

Viele Tschechen zieht es in die **Hauptstadt.** Hier gibt es Arbeit, höhere Gehälter, ein reiches kulturelles Leben, Universitäten und Hochschulen. Etwa jeder zweite Hochschulabsolvent will nach seinem Studium in Prag bleiben. Mit einem Bruttoinlandsprodukt von 49.000 Euro pro Kopf belegt die Stadt nach neuesten Eurostat-Angaben (2015) den 9. Platz unter den reichsten Regionen in der EU. Die Kluft zwischen der Hauptstadt und den ärmeren Regionen wächst allerdings zusehends. 65 % aller aus dem Ausland kommender Touristen Tschechiens kommen nach Prag, fast alle großen ausländischen Firmen lassen sich hier nieder, das Bruttohaushaltsprodukt ist doppelt so hoch wie in den ärmsten Regionen – und das alles in einem Staat mit nur zehn Millionen Bürgern.

Von den Anfängen bis zur Gegenwart

Fast jeder Platz, jede Straße erzählt Geschichte. Prag war seit seiner Entstehung vor mehr als 1000 Jahren der Hauptschauplatz der böhmischen Geschichte – und der Ort, an dem freies Denken gedieh und historische Umwälzungen mit Auswirkungen für ganz Europa ausgelöst wurden. Die Moldaustadt erlebte glanzvolle Phasen unter der Herrschaft Karls IV. oder Rudolfs II., aber auch Hussitenkriege, Schweden, Gegenreformation und den Zweiten Weltkrieg, in dem die jüdische Gemeinde fast ausgerottet wurde. Der Konflikt zwischen Tschechen und Deutschen mündete nach 1945 in die Vertreibung der deutschen Minderheit. Zwischen den Weltkriegen war die Tschechoslowakei eine Insel der Demokratie in Europa, die über ein höheres Bruttoinlandsprodukt verfügte als der österreichische Nachbar. Nach der Isolation hinter dem Eisernen Vorhang ist Prag seit 1989 auf dem Weg, wieder zu einer europäischen Metropole zu werden.

6. Jtsd. v. u. Z. Die ältesten Spuren menschlicher Besiedlung auf Prager Gebiet.

6.-2. Jh. v. u. Z. Nach dem keltischen Stamm der Bojen wird das Territorium „Bohemia" genannt. Germanen verdrängen die Kelten. Slawen siedeln sich an.

Von den Anfängen bis zur Gegenwart

9. Jh. Gründung des Großmährischen Reiches durch Mojmír I. Die christlichen Missionare Konstantin (Kyrill) und Method aus Byzanz führen die slawische Liturgie ein.

935: Fürst Wenzel wird auf Befehl seines Bruders Boleslav getötet, später kanonisiert und zum Patron Böhmens erklärt.

1169 Vladislavs II. Gemahlin Judith lässt die erste Prager Steinbrücke errichten.

1197–1253 Unter Přemysl Ottokar I. wächst die militärische Macht Böhmens stark an. Der böhmische König muss nicht mehr vom deutschen Kaiser gewählt, sondern lediglich bestätigt werden.

1306 Mit dem Tod von Fürst Wenzel (Václav) III. stirbt die 400 Jahre lang herrschende männliche Linie der Přemysliden-Dynastie aus.

1355 Karl IV. erwirbt den Titel des römischen Kaisers. Er macht Prag zur bedeutendsten Stadt des Reiches, gründet die Universität, die Neustadt, lässt die Karlsbrücke errichten.

1402 Jan Hus predigt in der Bethlehemskapelle in der Landessprache und will die Kirche nach dem urchristlichen Armutsideal reformieren. Am 6.7.1415 wird Hus wegen Ketzerei verurteilt und in Konstanz auf dem Scheiterhaufen verbrannt.

1419–1434 Die Revolte der Hussiten beginnt 1419 mit dem „Ersten Prager Fenstersturz". Aufgebrachte Bürger werfen zwei katholische Ratsherren aus den Fenstern des Neustädter Rathauses. Papst Martin V. ruft zum Kreuzzug gegen Böhmen auf. Die Hussiten werden bei Lipany (1434) von den katholischen Heeren besiegt.

1471–1516 Unter Vladislav Jagellon wird die böhmische Krone geteilt, in Mähren und in der Lausitz regiert der ungarische König Mathias Corvinus.

1526–1564 Böhmen fällt an die Habsburger.

1583–1611 Rudolf II. macht Prag zum Mittelpunkt der Künste in Europa. Das „goldene Zeitalter Prags" beginnt.

1618 „Zweiter Prager Fenstersturz": Drei prohabsburgische Burghalter werden von der Ständeopposition aus den Fenstern der Burg geworfen. Der Ständeaufstand mündet in den Dreißigjährigen Krieg.

1620 In der Schlacht am Weißen Berg bei Prag am 8.11.1620 erleidet das Ständeheer eine endgültige Niederlage. 400 Jahre lang wird Böhmen von Wien aus regiert.

1634–1648 Schwedische Truppen belagern Prag. Die Bilanz des Dreißigjährigen Krieges: Die Einwohnerzahl sinkt um ein Drittel, katholische ausländische Adlige übernehmen die Hälfte der Adelsresidenzen.

1744 Kaiserin Maria Theresia lässt alle Juden aus Böhmen vertreiben. Der Erlass

> *Der hl. Wenzel wacht über dem nach ihm benannten Platz* ㉕

wird wegen wirtschaftlicher Nachteile nach vier Jahren aufgehoben.

1780–1790 Ihr Sohn Joseph II. lässt das protestantische Bekenntnis wieder zu. Kirchen und Klöster werden aufgelöst. 1784 entsteht aus den vier Prager Städten (Altstadt, Neustadt, Kleinseite und Hradschin) eine Stadt mit gemeinsamer Verwaltung. 1787 Uraufführung der Oper Don Giovanni von W. A. Mozart im Ständetheater.

1848 Die Tschechen lehnen die Eingliederung Böhmens in ein vereinigtes Deutschland ab und fordern eine konstitutionelle Föderation gleichberechtigter Nationen statt der Monarchie. Die deutsche Minderheit wird aus Machtpositionen verdrängt.

1867 Die Verhandlungen um den böhmisch-österreichischen Ausgleich scheitern an Deutschen und Ungarn. Die tschechische Sprache setzt sich in Schulen und Ämtern durch. Tschechen und Deutsche gehen zunehmend auf Konfrontation.

1914–1918 Im Ersten Weltkrieg laufen Tausende tschechische Soldaten der österreichischen Armee zu den Alliierten über und kämpfen an der Seite Frankreichs, Russlands und Italiens gegen die Habsburger und für die Selbstständigkeit ihres Landes.

28.10.1918 Entstehung der ersten selbstständigen Tschechoslowakischen Republik mit T.G. Masaryk als Präsident.

1919–1938 Die Spannungen zwischen den Bevölkerungsgruppen wachsen. Im Parlament sind tschechische, slowakische, deutsche, ungarische und jüdische Parteien vertreten.

29.9.1938 Die Vertreter Deutschlands (Hitler), Italiens (Mussolini), Großbritanniens (Chamberlain) und Frankreichs (Daladier) unterzeichnen das Münchner Abkommen: Tschechoslowakische, überwiegend von Deutschen besiedelte Grenzgebiete müssen an das Deutsche Reich abgetreten werden.

1939–1945 Am 14.3.1939 wird in Bratislava die Slowakische Republik ausgerufen, ein Satellitenstaat Hitler-Deutschlands. Einen Tag darauf besetzen deutsche Truppen die tschechische Republik. Das Protektorat Böhmen und Mähren wird gebildet.

1945 Am 5. Mai bricht der Prager Aufstand aus. Drei Tage später endet der Zweite Weltkrieg. Die Sudetendeutschen werden aus dem Land vertrieben.

1948 Das Land gelangt in politische und wirtschaftliche Abhängigkeit von der Sowjetunion.

1968 Der „Prager Frühling", eine Reformbewegung für einen „Sozialismus mit menschlichem Antlitz", wird von den Armeen des Warschauer Paktes gewaltsam unterdrückt.

1977 Die oppositionelle Menschenrechtsbewegung „Charta 77" wird gegründet.

1989 Die „samtene Revolution" bringt das kommunistische Regime in Prag zu Fall.

1992–1993 Die Tschechoslowakei wird friedlich, allerdings ohne eine Volksabstimmung, in die Tschechische und die Slowakische Republik geteilt. Erster tschechischer Präsident wird Václav Havel.

2002 Prag wird von einem „Jahrhunderthochwasser" heimgesucht.

2004 Aufnahme in die Europäische Union.

2013 Die erste direkte Präsidentschaftswahl seit der Unabhängigkeit Tschechiens gewinnt der ehemalige Sozialdemokrat und Ex-Ministerpräsident (1998–2002) Miloš Zeman.

2014 Aus den vorgezogenen Neuwahlen geht als neuer Premier der Sozialdemokrat Bohuslav Sobotka hervor.

2015 Gegenüber den Flüchtlingen schottet sich das Land ab. Es gehört zu den schärfsten Kritikern einer Verteilungsquote in Europa. Nationalistische und fremdenfeindliche Töne beherrschen zunehmend den politischen Diskurs.

Leben in der Stadt

Nach 1989 kamen nicht nur ausländische Firmen, sondern auch neue **Minderheiten** – Amerikaner, Ukrainer, Russen, Deutsche, Slowaken und Roma. Doch es fehlt an bezahlbaren Wohnungen. Fast zwei Drittel der Prager wohnen in den *paneláky,* Plattenbausiedlungen, in denen neue Einkaufszentren entstanden. Wo Prag am schönsten ist, gehört die Stadt nicht mehr den Pragern – viele können sich Wohnen und Leben im Zentrum nicht mehr leisten. Die **Kluft zwischen Arm und Reich** wächst. Rentner, junge Familien, schlecht bezahlte Akademiker oder Krankenschwestern gehen oft einem zweiten Job nach. Alles wird teurer: Restaurants, Lebensmittel, Wohnungen und sogar das Nationalgetränk Bier.

Ähnlich wie in Ungarn, der Slowakei oder Polen herrscht auch in Tschechien im Zusammenhang mit der **Flüchtlingskrise** Angst vor einer angeblichen „Überfremdung" und generell vor dem Islam. Politologen sehen mangelnde Erfahrung mit Migranten als eine der Hauptursachen. Die populistische, bisweilen sogar nationalistische Rhetorik vieler tschechischer Politiker trägt zu der schlechten Stimmung bei. Tschechien gehört zu den schärfsten Kritikern einer Quotenregelung bei der Verteilung von Flüchtlingen, laut Umfragen unterstützt diese Politik die Mehrheit der Tschechen, Bewohner Prags sind da keine Ausnahme.

Die freie Marktwirtschaft brachte auch **gesellschaftliche Probleme** mit sich, die vor der politischen Wende fast unbekannt waren: etwa 4000 Obdachlose leben auf Prager Straßen (Stand: 2015), bis 2020 wird ihre Zahl nach Angaben der Sozialbehörden auf

Der Altstädter Ring ❹, *das Herz der Prager Altstadt, wird heute von Touristen beherrscht*

Homo Pragensis: die komplizierte Seele des Pragers

Als einen „nörgelnden Optimisten" hat Jiří Gruša, ehemaliger Botschafter in der BRD und Österreich, den Durchschnittstschechen beschrieben. Die Zustände sind schlecht, aber er ist gut und schlauer als alle anderen. So viel Schwejk ist in jedem Tschechen.

Der typische Prager, sofern derartige Verallgemeinerungen überhaupt zulässig sind, ist ein Mensch, der sich in seinem Denken und seinem Lebensstil ausgesprochen ungern bevormunden lässt. Das bekamen auch die Machthaber in der jüngsten Geschichte zu spüren: Im Widerstand gegen diese wirkte auch immer der Geist der populären Romanfigur aus dem antimilitaristischen, satirischen Schelmenroman von Jaroslav Hašek (1893-1923) mit, etwa im Prager Frühling, als die Bewohner der Stadt die Hinweisschilder auf den Straßen vor der Stadt umdrehten und die Panzerkolonnen des Warschauer Pakts damit zunächst in die Irre leiteten. „Ich habe das Gefühl, dass die Menschen hier immer irgendwie mit einer Form von Humor auch über schwierige Themen sprechen. Es gibt nicht diese absolute Schwere. Prag ist eine subversive Stadt", sagte 2013 die junge Berliner Schriftstellerin Tanja Dückers in einem Interview mit Radio Prag.

Die Tschechen, und das trifft auch auf die Prager zu, lieben zwar Humor, aber wehe, wenn man als Fremder Witze auf ihre Kosten macht. Dann reagieren sie dünnhäutiger als etwa die Deutschen, die in tschechischen Augen etwas humorlos und steif wirken.

Der „typische Prager" ist durchschnittlich 42 Jahre alt, neugierig und gesellig, diskutiert gerne und interessiert sich für Kunst, Politik und Literatur. In kaum einer anderen europäischen Stadt sieht man mehr Menschen mit einem Buch in der Hand als in Prag. Ein Prager misstraut Autoritäten in der Politik, der Kirche und der Gesellschaft. Nur die zunehmende Feindlichkeit gegenüber Roma und Migranten passt nicht in das Bild von Freidenkern und Individualisten.

Laut Statistik ist ein typischer Prager verheiratet, hat ein bis zwei Kinder, einen Job und verschuldet sich für eine Eigentumswohnung oder ein Haus. Er schimpft über Verkehrschaos, schmutzige Luft, steigende Preise und Touristen - aber sieht **wie Schwejk** stets optimistisch in die Zukunft.

◩ Die Prager haben Sinn für Humor

13.000 steigen. In einigen Stadtwinkeln blühen Prostitution und Drogenhandel und die Fremdenfeindlichkeit vor allem gegen Roma nimmt zu.

Sorge bereitet den Pragern auch die zunehmende Luftverschmutzung, Hauptverursacher ist der starke Autoverkehr. Die engen **Straßen der Innenstadt** sind verstopft mit Autos, dazwischen drängen sich Pferdekutschen und Ausflugszüge. Nach einem Unfall oder bei Straßenbauarbeiten ist der Verkehr für mehrere Stunden lahmgelegt. Für die hohe Zahl von Automobilen ist die Infrastruktur vollkommen unzureichend, die Suche nach einem Parkplatz zerrt an den Nerven. Dabei verfügt Prag über einen vorzüglich funktionierenden **öffentlichen Nahverkehr,** dessen Rückgrat die von den Sowjets gebaute Metro mit ihren drei Linien bildet, ergänzt von einem dichten Netz von Straßenbahnen. In die Außenbezirke fahren viele Busse, in die Vororte Lokalzüge.

Mehr als sechs Millionen Besucher kommen jährlich in die tschechische Hauptstadt, in den Sommermonaten ist der Ansturm mit täglich bis zu 50.000 Menschen besonders groß. Die Zahl der Besucher hat sich in den vergangenen zehn Jahren fast verdoppelt. Von den Zeiten des Billigtourismus, in denen vor allem junge Deutsche, aber auch Österreicher und Briten nach Prag strömten, hat sich die Stadt endgültig verabschiedet. Seit 2008 herrscht auf öffentlichen Plätzen ein Alkoholverbot. Steigernde Preise verteuern den Pragaufenthalt ohnehin. Das Niveau der Dienstleistungen ist aber mit den Preisen nicht immer und überall gestiegen. Die Touristen sind vorsichtiger geworden und für schlechtes Essen oder mürrische Bedienung wollen sie kein Geld ausgeben.

Prag prosperiert zwar noch durch den Tourismus, aber er scheint die Stadt zu verschlingen. Die engen Altstadtstraßen sind überfüllt, hupende Autos, rücksichtslose Segway-Fahrer, kreischende Straßenbahnen und schimpfende Taxifahrer gehören zum Alltag. Die Prager werden nervöser und unzufriedener, wie manche Psychologen zu erkennen glauben. „Ich glaube, wenn es so weitergeht, werden die Touristen aufhören, in unsere Stadt zu fahren. Sie wollen eine lebendige Stadt sehen, wo die Einheimischen wohnen, arbeiten, einkaufen, feiern, in den Kneipen sitzen. Sie machen keine Auslandsreisen, um andere Touristen zu treffen", warnte der 2011 verstorbene ehemalige Präsident Václav Havel. Für eine solche düstere Prophezeiung ist die Stadt aber zu schön.

Prag als Filmkulisse

Mal ist sie London, mal Paris – es vergeht kaum eine Woche, in der die Altstadt nicht als Kulisse für eine internationale Filmproduktion dient. Nicht immer zur Freude der Einheimischen.

Internationale Filmstudios haben Prag bereits in den 1980er-Jahren für sich entdeckt. Als einer der ersten Stars drehte 1983 Barbra Streisand für das Musical „Yentl" in der Nähe der Karlsbrücke **16**. Ihr folgte ein Jahr später der Exil-Tscheche und Oscar-Regisseur Miloš Forman, der in seiner Heimatstadt den Mozartfilm **„Amadeus"** drehte. Dafür gab es acht Oscars und eine Riesenwerbung für Prag. „Die Dreharbeiten zu Amadeus werde ich nie vergessen", sagte Forman Jahre später. „Vor allem wegen der ständigen Überwachung durch die politische Geheimpolizei waren sie

Prag als Filmkulisse

Verkehr, geschlossene Geschäfte und Büros, gesperrte Parkplätze. Im August 2013, während der Dreharbeiten zum Hollywood-Film „Child 44" mit Noomi Rapace, Tom Hardy und Gary Oldmann, mussten die Prager sogar eine vorübergehende Schließung einiger Metrostationen in Kauf nehmen. Der Produzent Ridley Scott wünschte sich eine authentische Kulisse, der Film spielt im Moskau der 1950er-Jahre. Eine solche Erlaubnis erteilte der Prager Magistrat zum ersten Mal. Nach anfänglicher Kritik nahmen es die meisten Hauptstadtbewohner jedoch mit Humor. Schließlich bringt Hollywood Glamour in die Stadt, außerdem profitieren Produktions- und Servicefirmen von Aufträgen, Hunderte Komparsen und Techniker bekommen Arbeit – und auch tschechische Stars und Sternchen dürfen gelegentlich mitspielen. Prag steht hoch im Kurs, auch wegen der gegenwärtig großen Beliebtheit historischer Serien. Filmemacher finden hier noch viele authentische, nicht sanierte Drehorte. Der vom ZDF coproduzierte Streifen „Borgia" wurde in Teilen hier gedreht, die ARD filmte in der Nähe der Stadt bis Ende 2014 „Die Hebamme". Doch die Konkurrenz schläft nicht: Rumänien bietet noch niedrigere Produktionskosten, in Ungarn bekommen die Hollywoodstudios 20% des im Land investierten Geldes zurück. Die tschechische Regierung hat nach anfänglicher Ablehnung nachgezogen und bietet ebenfalls 20%. Auch die lange Filmtradition und die hohe Professionalität tschechischer Cutter, Tontechniker, Kameraleute, Maskenbildner und anderer Spezialisten sind für ausländische Produktionsfirmen von Nutzen. Die Stadt ist also nach wie vor der Liebling der internationalen Filmbranche.

eine eindringliche Erfahrung." In den ersten Jahren nach der politischen Wende wurde Prag zum „**Hollywood des Ostens**". Die Produktionskosten waren viel niedriger als im Westen, die Altstadt ist eine einzige Kulisse und die Filmstudios in Barrandov haben einen hervorragenden Ruf. Tom Cruise erfüllte seine „**Mission: Impossible**" in Prag, im Stadtteil Olšany jagte Johnny Depp in „From Hell" den Serienmörder Jack the Ripper. 2002 rettete Sean Connery in der „Liga der außergewöhnlichen Gentlemen" die Welt vor einem Terroranschlag. Bruce Willis („Das Tribunal") geriet durch wilde Partys mit tschechischen Models in die Schlagzeilen.

Die Prager haben aber oft die Nase voll: Mal wachsen Palmen, mal wird Papierschnee gestreut, mal weisen Schilder den Weg zur Pariser Metro. Aber vor allem schränkt jede aufwendige Produktion die Bewohner der Altstadt ein: Straßensperren, noch mehr

PRAKTISCHE REISETIPPS

An- und Rückreise

Mit dem Auto

Die Autobahn A6/D5 zwischen Nürnberg und Prag ist die wichtigste Verkehrsverbindung zwischen Bayern und der Tschechischen Republik. Vom Grenzübergang bei Waidhaus/Rozvadov führt die Strecke über Pilsen direkt nach Prag. Nach jahrelangen Verzögerungen soll Ende 2016 endlich auch die letzte Lücke der Autobahn aus Richtung Dresden (A17/D8) geschlossen werden. Von Wien kommend fährt man über die E59 direkt zur Autobahn D1 nach Prag. An der Autobahnverbindung von Wien nach Brünn wird noch gebaut.

Mit dem Flugzeug

Aus Deutschland, Österreich und der Schweiz fliegen nach Prag diese Fluggesellschaften:
- **Eurowings**, www.eurowings.com, Call Center Tschechien Tel. 228881350 (von Köln/Bonn, Berlin-Tegel, Berlin-Schönefeld, Stuttgart, Zürich, Wien)
- **Austrian Airlines**, www.aua.com, Call Center in Prag Tel. 227231231
- **Swiss**, www.swiss.com, Tel. in Prag 234008229
- **CSA**, www.czechairlines.de, Tel. in Prag 239007007
- **Lufthansa**, www.lufthansa.de, Tel. in Prag 234008234

Der internationale Flughafen Václav Havel Prag liegt 20 km vor der Stadt. Von hier aus gibt es mehrere Möglichkeiten, das Stadtzentrum zu erreichen. Am günstigsten fährt man mit dem Linienbus 119 bis zur Endstation Nádraží Veleslavín (keine Rolltreppen). Ab hier kann man mit der U-Bahn (Metrolinie A) bequem weiterfahren. Die Buslinie 100 fährt zwischen Flughafen (Terminal 1) und der Metrostation Zličín (Metrolinie B), die Buslinie 191 zur Metrostation Na Knížecí oder Anděl (Metrolinie B, [E10]). Der Fahrpreis beträgt jeweils 32 Kč.

Direkt vor dem Flughafengebäude halten Airport-Express-Busse, die tägl. 5.30 bis 22.30 Uhr in halbstündigem Rhythmus ins Zentrum (Náměstí Republiky, Metrolinie B, nur Ausstieg) und zum Hauptbahnhof Hlavní nádraží (Metrolinie C, Ein- und Ausstieg) fahren. Die Fahrkarten kann man nur beim Fahrer erstehen. Pro Person zahlt man 60 Kč. Minibusse der Firma ČEDAZ bringen Reisende tägl. zwischen 7.30 und 19 Uhr alle 30 Min. ins Zentrum zum Platz Náměstí Republiky (Metrolinie B, www.cedaz.cz, 150 Kč pro Person). Für den Taxiservice FIX-Airport Cars sind etwa 500–600 Kč fällig (Tel. 220117078, www.airportcarts.cz). Nicht viel billiger sind reguläre Taxis (s. S. 140). Eine Fahrt ins Zentrum mit dem AAA-Radiotaxi (Tel. 14014, www.aaaradiotaxi.cz) kostet etwa 500 Kč. Direkt vor der Ankunftshalle ist ein „Fair Place"-Taxistand, an dem man bedenkenlos in ein Taxi steigen kann. Einige Fluglinien und größere Hotels bieten Pendeldienste an, die ab 600 Kč aufwärts kosten.
- **Flugauskunft:** Tel. 220111888 (nonstop), 220113321

Mit dem Zug

Eine Bahnfahrt in die tschechische Metropole bietet sich sehr gut zur Anreise an. Die meisten internatio-

Vorseite: Das Wenzelsdenkmal auf dem gleichnamigen Platz 25

Autofahren **121**

nalen Züge kommen im Hauptbahnhof (Hlavní nádraží) [K7] an, der zentral in der Innenstadt liegt. Von hier aus kann man mit der Metrolinie C weiterfahren, die Automaten für die U-Bahn-Tickets befinden sich direkt vor dem Eingang in die U-Bahn. Von Frankfurt/Main fahren mehrere Züge täglich (direkte Fahrt dauert ca. 9 h), ebenso von München (6 h), Nürnberg (5 h), Köln (Nachtzug, 12 h) und Berlin (5 h). Reisende aus Wien erreichen Prag in etwa 4 h, aus Hamburg in etwa 7 h. Aus Basel fährt abends (Abfahrt um 21.13 Uhr) ein Nachtzug direkt nach Prag. Die Fahrtdauer beträgt 13 h.

- **150** [K7] **Hlavní nádraží (Hauptbahnhof)**, Wilsonova 8, Metro C: Hlavní nádraží

> **EXTRATIPP**
> **Günstig mit der Bahn fahren**
> Da Zugtickets in Tschechien günstiger sind, lohnt es sich u. U., ein Ticket nur bis zur tschechischen Grenze zu kaufen (Reisende aus Bayern kaufen am besten das günstige Bayern-Ticket, das in bestimmten Zügen bis zur tschechischen Grenze gilt, Bayern-Böhmen-Ticket bis nach Pilsen) und im Zug dann die Strecke bis nach Prag zu zahlen. Euros werden akzeptiert, es gibt auch günstigere Gruppenpreise. Auch mit dem Europa-Spezial-Ticket kann man günstig nach Prag fahren, ab Berlin z. B. schon ab 29 €, ab Dresden oder ab Wien ab 19 €. Infos auf www.bahn.de, www.ssb.ch, www.oebb.at, www.cd.cz/de.

Mit dem Bus

Bequem und günstig ist die Reise mit dem Bus. Die meisten Busse aus dem Ausland halten am Busbahnhof Florenc, die Metrolinie C fährt ins Zentrum. Auch andere große Busbahnhöfe befinden sich in der Nähe einer Metrolinie. Es gibt regelmäßige **Eurolines-Verbindungen** (Eurolines ist ein Zusammenschluss von mehr als 30 europäischen Busunternehmen) zwischen Prag und vielen deutschen, österreichischen und Schweizer Städten. Die Fahrpläne findet man übers Internet, Bustickets kann man online buchen. Auch die Deutsche Bahn ist mittlerweile ins Busgeschäft eingestiegen. Komfortable, weiß-rote IC-Doppeldecker-Busse verkehren täglich zwischen München und Prag, seit 2014 auch zwischen Prag, Pilsen, Nürnberg, Heidelberg und Mannheim. Die Ein- und Ausstiegsstation ist in der Wilsonova-Straße direkt vor dem Bahnhofgebäude (Metro C: Hlavní nádraží, über die Fantova kavárna im obersten Stockwerk geht es hinein/hinaus, Infos unter www.bahn.de).

- **151** [L6] **Busbahnhof Florenc**, Křižíkova 2 (Eingang), Metro B, C: Florenc, Informationen über Verbindungen Tel. 900144444, Infoschalter tägl. 5–24 Uhr, Tourismus-Info in der Abfertigungshalle tägl. 8.30–20.30 Uhr, www.florenc.cz
- › www.eurolines.de, www.eurolines.at, www.eurolines.ch, www.elines.cz

Autofahren

Ein Auto ist in Prag nicht unbedingt notwendig. Alle Plätze und Straßen mit wichtigen Sehenswürdigkeiten sind für den Autoverkehr gesperrt, außerdem sind die Parkplätze in der Innenstadt rar und teuer. Natürlich kann man aber auch mit einem Pkw durch die Stadt fahren, man sollte sich dabei allerdings in Geduld üben. Es gibt sehr oft Staus, viele mit Kopfstein gepflasterte Straßen und Straßenbahnen und Busse, denen man jederzeit Vorfahrt gewähren muss. Prager Autofahrer sind oft ungehalten und respektieren trotz Verbots die Fußgängerübergänge und die Überholverbote nicht immer. Während einer Besichtigung der autofreien Altstadt sollte man sein Fahrzeug lieber in der Garage seines Hotels stehen lassen. Viele kleinere Hotels in der Innenstadt haben allerdings keine eigenen Parkplätze oder die Parkgebühr wird extra berechnet. Eine Alternative sind die **Auffangparkplätze vom Typ P+R** (Park-and-Ride) mit direktem Anschluss an die U-Bahn.

Für tschechische Autobahnen ist eine **Autobahnvignette** Pflicht. Sie muss sichtbar an der Windschutzscheibe befestigt werden und ist an Grenzübergängen, auf Postämtern oder an Tankstellen erhältlich. Bei einer Gültigkeitsdauer bis 10 Tage (dreieckig, Aufdruck „D") zahlt man 310 Kč.

Sicherheitsgurte sind in Tschechien Pflicht, für den Fahrer gilt ein **absolutes Alkoholverbot**. Die zulässige Höchstgeschwindigkeit innerhalb geschlossener Ortschaften beträgt 50 km/h, auf Landstraßen 90 km/h und auf Autobahnen und Schnellstraßen 130 km/h. Außer dem Führerschein sind Fahrzeugschein und die grüne Versicherungskarte mitzuführen. **Achtung:** Man muss ganzjährig auch tagsüber mit Abblendlicht fahren!

> **EXTRAINFO**
>
> Im September 2015 wurde in Prag der größte innerstädtische Tunnelkomplex Europas eröffnet. „Blanka" ist 6,4 km lang und soll den Verkehr im Zentrum entlasten. Er ist an den Strahov-Tunnel angeschlossen und führt u. a. unter dem Hradschin hindurch in Richtung Trója.

Parken

Am **Rand der Altstadt** gibt es mehrere öffentliche Parkhäuser, Tiefgaragen und auch bewachte Parkplätze, beispielsweise der bewachte Parkplatz in der Wilsonova-Straße (beim Hauptbahnhof), am Malostranské náměstí (Kleinseitner Platz ❸❼), die Tiefgarage des Hotels Millenium Plaza in der Straße V Celnici 8 (Metro B, Náměstí Republiky), das Parkhaus in der Opletalova-Straße 9 (Nähe Wenzelsplatz ❷❺) oder das Parkhaus des Hotels Intercontinental in der Pařížská 30 (beim Altstädter Ring ❹).

Die Parkzonen im **Zentrum** sind mit Parkuhren versehen, die Parkdauer beträgt zwei bis sechs Stunden. Im Zentrum gibt es drei Parkzonen: Die für Anwohner reservierten sind blau gekennzeichnet, orange bedeutet, dass man max. sechs Stunden parken darf (ca. 30 Kč/Std.), in der grünen Zone bis zu zwei Stunden (ca. 40 Kč/Std.). Falschparker müssen mit einem saftigen Bußgeld rechnen.

Außerhalb der Innenstadt gibt es mehrere günstige **P+R-Plätze** (ca. 20 Kč/Tag), z. B. bei den Metrostationen Skalka (Linie A), Černý most, Nové Butovice, Palmovka, Rajská zahrada, Zličín (Linie B) und Chodov, Hostivař, Ládví, Letňany, Nádraží Holešovice sowie Opatov (Linie C).

Unfälle und Pannen

Auf Autobahnen und internationalen Routen findet man alle zwei Kilometer eine Notrufstation. Der Ústřední automobilový klub (UAMK, Zentraler Automobilklub) leistet rund um die Uhr Pannenhilfe (www.uamk.cz, Tel. 1230 bei Pannen, Tel. 261104111 für Informationen) und kooperiert mit den internationalen Automobilklubs.

Einen Rund-um-die-Uhr-Pannendienst bietet der Autoclub Bohemia Assistance (ABA), erreichbar unter Tel. 1240 (www.aba.cz).

Barrierefreies Reisen

Prag ist nicht gerade behindertenfreundlich. So sind schmale Bürgersteige und Kopfsteinpflaster in der Innenstadt für Menschen mit einer Gehbehinderung oder einem Rollstuhl nicht geeignet. Die Stadt hat immerhin mehrere Niederflurbusse und Straßenbahnen gekauft, ein barrierefreier Zugang ist in 38 der insgesamt 61 Metrostationen möglich (darunter die Station Muzeum, ein Hauptverkehrsknotenpunkt im Nahverkehr, die stark frequentierten Metrostationen Národní třída, Hlavní nádraží, Florenc, Anděl oder Vyšehrad). U-Bahn-Ausgänge werden nach und nach behindertengerecht gestaltet, 2016 wird Můstek als die letzte Umsteigestation einen Aufzug für Rollstuhlfahrer bekommen. Die meisten Ampeln im Zentrum sowie einige Eingänge in die Metro wurden mit einem akustischen Signal für Sehbehinderte und Blinde ausgestattet.

- **152** [I6] **Organisation der Prager Rollstuhlfahrer** (Pražská organizace vozíčkářů), Benediktská 6, Tel. 224827210, www.pov.cz, Mo.–Do. 9–16, Fr. 9–15 Uhr. Hier ist auch die mehrsprachige Broschüre „Über die Barieren" erhältlich, in der Hotels, Restaurants, Bahnhöfe und andere öffentliche Gebäude mit behindertengerechter Austattung verzeichnet sind.

› Unter der Woche fährt die für Rollstühle ausgestattete Buslinie H1 unter anderem zwischen dem Busbahnhof Florenc und dem Náměstí Republiky. Infos und Fahrpläne unter www.dpp.cz/de/sonderlinien-zum-transport-von-rollstuhlfahrern.

Diplomatische Vertretungen

- **153** [D6] **Botschaft der Bundesrepublik Deutschland**, Vlašská 19, Metro A: Malostranská, Tel. 257113111, www.prag.diplo.de
- **154** [E9] **Österreichische Botschaft**, Viktora Huga 10, Metro B: Anděl, Tel. 257090511, www.bmeia.gv.at/prag
- **155** [C4] **Schweizer Botschaft**, Pevnostní 7, Metro A: Dejvická, Tel. 220400611, www.eda.admin.ch/prag. Die Konsularabteilung der Schweizer Botschaft ist seit Oktober 2011 geschlossen. Ihre Aufgaben übernimmt das Regionale Konsularcenter (in Wien, Prinz-Eugen-Straße 9a, im Gebäude der Schweizer Botschaft, Tel. 0043179505).

Geld

Mit der Euroeinführung haben es die Tschechen nicht eilig, vor 2020 ist damit nicht zu rechnen. Bis dahin bleibt das gesetzliche Zahlungsmittel die **Tschechische Krone** (Česká koruna, Kč), unterteilt in 100 Heller. Bei Barzahlungen wird auf volle Kronen gerundet. Im Umlauf sind Münzen zu 1, 2, 5, 10, 20 und 50 Kč und Banknoten zu 100, 200, 500, 1000, 2000 und 5000 Kč. Geld sollte man erst in Tschechien umtauschen, da man hier bessere Konditionen erhält. Von einem **Geldumtausch** auf der Straße ist unbedingt abzuraten. Eine siche-

Prag preiswert

› *Prague Card:* Wenn Sie gleich mehrere Sehenswürdigkeiten, Museen und Galerien besichtigen wollen, lohnt sich der Kauf einer Prague Card, die in Tourist Information Centres (s. S. 126), in Tourismusbüros am Hauptbahnhof und im Busbahnhof Florenc (s. S. 121), in Museum-Shops der Prager Burg ㊷ und in einigen weiteren Verkaufsstellen erhältlich ist. Es handelt sich um eine 2 bis 4 Tage gültige Eintrittskarte, die freien Eintritt in 50 Prager Denkmalobjekte und Museen ermöglicht: darunter Objekte der Prager Burg ㊷ (Tour B, s. S. 59), die Ausstellungen der Nationalgalerie (s. S. 77), der Pulverturm ❶, das Altstädter Rathaus ❺, Vyšehrad ㊾, die Štefánik-Sternwarte, das Labyrinth auf dem Laurenziberg ㊾ und die Sehenswürdigkeiten des Jüdischen Viertels (⑱–㉔). Mit der Prague Card kann man außerdem kostenfrei mit **öffentlichen Verkehrsmitteln** fahren, an einer zweistündigen Stadtrundfahrt teilnehmen und 10 bis 40 % Ermäßigung für weitere ausgewählte Museen, Sehenswürdigkeiten, kulturelle Veranstaltungen und Schifffahrten erhalten. Die Karte ist nicht übertragbar. *Beispiel:* Ein Erwachsener zahlt 48 € (Gültigkeit: 2 Tage), Kinder und Studenten 35 €, für drei Tage zahlt man 58 € bzw. 42 €. Bevor man sich für die Prague Card entscheidet, sollte man aber genau rechnen: Wer nur die Burg und ein Museum besichtigt, kommt mit einer einzelnen oder einer Familieneintrittskarte günstiger davon. *Infos:* www.prague.eu/en/praguecard.

› *Goldenes Gässchen* ㊻ *bei Nacht:* 17–22 Uhr (im Winter 16–22 Uhr) hat man das Goldene Gässchen, abgesehen von verliebten Pärchen, für sich – gratis. Die historischen Häuschen sind allerdings geschlossen.

› *Freier Eintritt an bestimmten Tagen:* Während des „Internationalen Tages der Museen" (18. 6.) bieten viele Einrichtungen freien Eintritt. Während der „Langen Nacht der Museen" (11. Juni für 2016) kann man von 19 bis 1 Uhr u. a. das Jüdische Museum ㉔, die Einrichtungen der Nationalgalerie und die Meet-Factory (s. S. 77) gratis besuchen.

› *Freien Eintritt gibt es zu den* **Dauerausstellungen der Nationalgalerie** (s. S. 77) für Kinder und Jugendliche bis 18 Jahre sowie für Studenten bis 26 Jahre.

› *An vielen Wochenenden kann man die schönsten Räume des historischen Waldstein-Palais* ㊵ *kostenlos besichtigen.*

› *Gutes Essen auch bei einem schmalen Reisebudget: Viele (auch teure) Restaurants bieten* **günstige Mittagsmenüs** *an.*

069pr Abb.

Umtauschkurse

1 Kč = 0,037 €/0,04 CHF
1 € = 27,02 Kč
1 CHF = 24,42 Kč

(Stand: März 2016)

re Methode ist, in einer Bank Bargeld in tschechische Kronen zu tauschen, die Gebühr hängt von den Bestimmungen der Hausbank ab. Die meisten Geldinstitute sind an Wochenenden allerdings geschlossen. Der Bankautomat ist die einfachste und oft auch preisgünstigste Variante der Bargeldbeschaffung. Die Gebühren liegen je nach Bank bei mindestens 2 % der abgehobenen Summe, für die Umrechnung wird der aktuelle Wechselkurs der jeweiligen Bank angewendet. Bei den Wechselstuben ist große Vorsicht geboten: Die Abschläge bewegen sich zwischen 1 und 30 %. Man sollte vorher nach dem exakten Auszahlungsbetrag fragen – da gelegentlich mit Verkaufs- statt Ankaufskursen geworben wird. Viele größere Hotels, Restaurants und Geschäfte akzeptieren EC- und Kreditkarten, in touristischen Gegenden kann man öfters auch mit Euro zahlen (vorher fragen).

Prag ist schon lange keine billige Stadt mehr. Vor allem im Zentrum sind die Preise für Unterkunft und Verpflegung nur noch geringfügig günstiger als in anderen europäischen Metropolen. Die **Preise** sind saisonal abhängig. Für ein Doppelzimmer in einem eleganten Hotel in der Innenstadt zahlt man im Sommer durchschnittlich 140–150 €. Wer aber im Spätherbst oder Winter nach Prag fährt, kann viel Geld sparen – der Durchschnittspreis für ein 4-Sterne-Hotel liegt dann bei ca. 110 €. Die Vielzahl an Hotelbetten zwingt Prager Hoteliers, die Gäste mit günstigen Angeboten zu locken. Es lohnt sich also, sich zu informieren und zu vergleichen.

Abseits der Touristenstrecken findet man viele preiswerte Lokale, die für 250 bis 300 Kč (9–11 €) ein gutes Essen auftischen, für bescheidenere Ansprüche empfehlen sich einfache Kneipen. Wirklich billig sind in Prag die Fahrkarten für öffentliche Verkehrsmittel, günstiger als im westlichen Ausland sind auch die Eintrittspreise für kulturelle Veranstaltungen – und Alkohol (vor allem Bier).

Informationsquellen

Infostelle zu Hause

Die Filiale von Czech Tourism (im Internet: www.czechtourism.com):
> **Deutschland:** Tschechische Zentrale für Tourismus, Wilhelmstraße 44, 10117 Berlin, www.czechtourism.com/de/home, Tel. 030 2044770

Infostellen in Prag

Die Tourist Information Centres (TIC, Tel. 221714714, http://www.praguecitytourism.cz/en/our-services/tourist-information-centres) sind die wichtigsten Auskunftsstellen vor Ort. Sie vermitteln Unterkünfte, verteilen kostenlose Stadtpläne, Informationsbroschüren, Kulturprogrammvorschauen und ver-

Den Euro hat Tschechien noch nicht, aber zumindest schon mal den passenden Hotdog

Informationsquellen

Prag im Internet

> www.prag.cz: allgemeine Informationen über Prag, die Geschichte der Stadt und den Verkehr sowie eine breite Auswahl von Restaurants im Zentrum und Unterkünften mit Last-Minute-Angeboten

> www.prague.eu/en: Die offizielle Internetseite des Prager Informationsservice (Prague City Tourism) mit allen Informationen für die praktische Organisation einer Pragreise: Anreise, Unterkunft, ärztliche Notdienste und vieles mehr. Detaillierte Beschreibung der wichtigsten Sehenswürdigkeiten.

> www.dpp.cz/de: offizielle Informationen des Prager Verkehrsamtes, Hinweise zu den öffentlichen Nahverkehrsmitteln und konkreten Verbindungen (in deutscher Sprache)

> www.cd.cz/de: offizielle Seite der Tschechischen Bahn, mit Fahrplänen, Fahrpreisen und Bahnverbindungen in der Tschechischen Republik und ins Ausland (auf Deutsch)

> www.jizdnirady.idnes.cz/autobusy/spojeni: Busverbindungen im In- und ins Ausland (auf Deutsch)

> www.ticketpro.cz: Eintrittskartenvorverkauf für kulturelle Veranstaltungen in Prag (in Tschechisch und Englisch).

> www.hrad.cz: Infos über die Prager Burg, ihre Geschichte, Veranstaltungen (Englisch).

> www.radio.cz/de: Auf der Internetseite der deutschen Redaktion des Tschechischen Rundfunks, deren Sendungen man auch im Internet hören kann, kann man aktuelle Nachrichten und interessante Hintergrundberichte lesen.

kaufen Touristenfahrkarten und diverse Eintrittskarten.

- ❶156 [H6] **TIC im Altstädter Rathaus,** Staroměstské náměstí 1, tägl. 9–19 Uhr
- ❶157 [I8] **TIC am Wenzelsplatz,** Václavské náměstí/Ecke Štěpánská, tägl. 10–18 Uhr
- ❶158 **TIC am Flughafen,** Terminal 1, Ankunftshalle, tägl. 9–19 Uhr, Terminal 2, Ankunftshalle, tägl. 8–20 Uhr
- ❶159 [I7] **TIC Na Můstku,** Rytířská 12, tägl. 9–19 Uhr

Prag-Apps

> **Eunic App:** 2014 gestartete App mit Infos zu aktuellen und geplanten Veranstaltungen der Kulturinstitute der EU-Länder in Prag (kostenlos für Android und iOS)

In den verwunschenen Gassen der Prager Kleinseite

> **m.lunchtime.cz:** täglich aktualisierte Tagesmenüs in Prager Restaurants (kostenlos für Android und iOS)
> **TAXIcheck:** Preisgekrönte App der tschechischen Firma Et Netera, mit der sich betrügerische Taxifahrer entlarven lassen. Virtuelle Berechnung der tatsächlichen Fahrtkosten und optimalsten Routen (kostenlos für Android, Nokia und iPhone).

Publikationen und Medien

Jeden Donnerstag erscheint die deutschsprachige „Prager Zeitung" (www.pragerzeitung.cz, 55 Kč), die Informationen zu Politik, historischen Ereignissen, Sport und Kulturveranstaltungen und dazu gute Touristentipps bietet. Die Zeitung liegt in größeren Hotels aus oder ist an Zeitungskiosken am Wenzelsplatz ㉕ erhältlich. Dort bekommt man auch Tageszeitungen und Zeitschriften aus Deutschland, Österreich und der Schweiz. Auch Stadtpläne sind an Zeitungsständen und in den meisten Hotels erhältlich, außerdem noch in vielen Buchläden und Tourismusbüros. Die Tourist Information Centres (TIC, s. S. 126) verteilen Infobroschüren und Kulturprogramme auf Englisch.

Internet und Internetcafés

Prag ist mit Internetcafés gut ausgerüstet. Immer mehr Hotels, Bars, Cafés und Fast-Food-Restaurants bieten auch einen kostenlosen WLAN-Zugang. Internetcafés in Prag und in der Tschechischen Republik findet man unter www.netcafeguide.cz.

@160 [F9] **Café Bar Tečka,**
Pavla Švandy ze Semčic 2, Metro B: Anděl, Tel. 774292969, www.bartecka.cz, Mo.–Do. 13–1, Fr. 13–3, Sa. 16–3,

Unsere Literaturtipps

> *Peter Demetz:* ***Prag in Schwarz und Gold.*** *Der Literaturwissenschaftler kennt wie kaum ein anderer die tausendjährige Geschichte seiner Heimatstadt, die er spannend und kenntnisreich erzählt. Das 1997 erschienene Buch gilt als unübertroffenes Standardwerk.*
> *Hartmut Binder:* ***Prag. Literarische Spaziergänge durch die Goldene Stadt.*** *Auf Spaziergängen führt der Kafka-Spezialist in die schillernde Welt der Prager Literatur und stellt deutsch- und tschechischsprachige Schriftsteller vor: Franz Werfel, Rainer Maria Rilke, Max Brod, Jan Neruda, Egon Erwin Kisch und Jaroslav Hašek, aber auch zeitgenössische Autoren wie Ota Filip, Pavel Kohout, Milan Kundera.*
> *Lenka Reinerova:* ***Das Traumcafé einer Pragerin.*** *Sie war die letzte deutschsprachige Autorin in Prag und hat alle gekannt: Egon Erwin Kisch, Bodo Uhse, Franz Carl Weiskopf und Anna Seghers.*
> *Leo Perutz:* ***Nachts unter der steinernen Brücke.*** *Im Zentrum dieses historischen Romans über das Prag des 16. Jh. steht das magische Prag mit dem Rabbi Löw und dem Golem.*
> *Jindřich Lion:* ***Jüdisches Prag.*** *Lion gibt einen umfassenden Überblick über Geschichte und Leben der Prager Juden von ihren Anfängen bis in die Gegenwart.*

So. 16–24 Uhr. Lässige Internetbar und -café in einer Seitenstraße im Stadtteil Smíchov.

@161 [H8] **Café Jericho**, Opatovická 26, www.cafejericho.cz, Metro A, B: Můstek, Mo.–Fr. 10–1 Uhr, Sa./So. 15–1 Uhr. Literarisches Café mit einheimischem Publikum und kostenlosem WLAN.

› **Globe Bookshop & Café** (s. S. 85), Pštrossova 6, Metro B: Karlovo náměstí, www.globebookstore.cz

@162 [J7] **Internet Café**, Opletalova 28, Metro C: Hlavní nádraží, www.intera.cz, tägl. 10–22 Uhr. Zentrale Lage zwischen Wenzelsplatz und Hauptbahnhof, preiswerte internationale Telefongespräche.

@163 [J6] **Relax Café Bar**, Dlážděná 4, Metro B: Náměstí Republiky, www.relaxcafebar.cz, Tel. 224211521, Mo.–Fr. 8–22 Uhr, Sa. 14–22 Uhr

Medizinische Versorgung

Die Erste-Hilfe-Behandlung im Notfall ist in der Tschechischen Republik in der Regel kostenlos. Touristen aus EU-Ländern und der Schweiz können im Falle einer Erkrankung grundsätzlich medizinische Leistungen in staatlichen Krankenhäusern in Anspruch nehmen, die Kosten werden von ihrer Krankenversicherung erstattet. Dazu benötigt man als gesetzlich Versicherter die Europäische Krankenversicherungskarte, die von der eigenen Krankenkasse ausgegeben wird, allerdings keine Rückholversicherung beinhaltet. Daher wird zusätzlich der Abschluss einer **Auslandsreisekrankenversicherung** angeraten. Privatversicherte bezahlen wie immer die medizinische Leistung und rechnen danach mit ihrer Versicherung ab.

✚164 **Hospital Na Homolce**, Roentgenova 2, Stadtteil Motol, www.homolka.cz, Metro B: Anděl, dann Bus 167 bis Endstation, Tel. 257273289, Notfalldienst nachts, Wochenende, Feiertage: Tel. 257272191. Gut ausgerüstetes Krankenhaus mit fremdsprachigem Dienst.

✚165 [H10] **Abteilung der Medizinischen Fakultät der Karlsuniversität,** U nemocnice 2, Metro B: Karlovo náměstí, Tel. 224961111 (Zentrale). Die meisten Ärzte sprechen deutsch oder englisch.

✚166 [G8] **Privatklinik Poliklinik in der Národní** (Poliklinika na Národní), Národní 9, 3. Stock, Metro B: Národní třída, Tel. 222075120, 24-Std.-Notrufhotline 777942270, Mo.–Fr. 8.30–17 Uhr, www.poliklinika.narodni.cz. Krankenhaus in zentraler Lage, die meisten Ärzte sowie die Rezeptionistinnen sprechen englisch, einige auch deutsch.

✚167 **HNO Klinik**, Fakultätskrankenhaus, Dr. Aleš Hahn (spricht deutsch), Šrobárova 50, Tel. 267161111 (Zentrale)

✚168 **Kinderärztin Dr. Barbara Taušová** (spricht deutsch und englisch), Poliklinika Soukalova 3355, Tel. 244403114, mobil 724300303

✚169 **Canadian Medical Center**, Veleslavínská 1, www.cmcpraha.cz/en-US/kontakty (auf Englisch), auch hier praktiziert die Kinderärztin Dr. Taušová, Tel. 235360133; Frauenheilkunde: Dr. Daniela Marie Gruber (deutsch/englisch), Tel. 235360133

✚170 [I8] **Apotheke mit Bereitschaftsdienst: Lékárna (Apotheke)**, Palackého 5, Tel. 224946982 oder in Belgická 37, Tel. 222519731

✚171 [H8] **Zahnärztlicher Bereitschaftsdienst**: Spálená 12, Stadtpoliklinik, Tel. 222924268, Mo.–Fr. 19–6 Uhr, Sa./So. 24 Std.

Mit Kindern unterwegs

Auch für Kinder hat Prag einiges zu bieten. Auf dem Gipfel des **Laurenziberges** 52 etwa kann man mit den Kindern spielen, ein Picknick machen, die Aussicht auf die Türme der Stadt genießen oder wie Prager Familien die **Sternwarte** und das verwinkelte **Spiegellabyrinth** (s. S. 66) besuchen. Im Sommer lässt sich die Stadt nicht nur zu Fuß oder mit der Straßenbahn, sondern zum Teil auch mit einem **Ruder- oder Tretboot** erforschen. Die Boote werden auf der Moldauinsel Slovanský ostrov beim Nationaltheater 32 ausgeliehen (s. S. 105). Neben einer Gaststätte gibt es auf der Insel einen Spielplatz. Sichere Kinderspielplätze gibt es auch auf dem Laurenziberg 52 neben dem Eingang, auf der nördlichen Seite der Kampa-

Spaß für Groß und Klein: der Prager Zoo

EXTRATIPP: Der Prager Zoo

Der Prager Zoo liegt im Norden der Stadt direkt gegenüber dem Schloss Trója. Auf einer Fläche von 60 ha Größe leben rund 2000 Tiere, darunter Przewalski-Pferde, von denen es weltweit nur etwa 120 gibt. Eine Sesselbahn verbindet den unteren mit dem oberen Teil des Zoos.

- **172 Zoologická zahrada Praha**, U Trojského zámku 12, Tel. 296112230, www.zoopraha.cz, tägl. Nov.–Feb. 9–16 Uhr, März 9–17 Uhr, April–Mai und Sept.–Okt. 9–18 Uhr, Juni–Aug. 9–21 Uhr (Kasse bis 19 Uhr). Eintritt 200 Kč, für Kinder von 3 bis 15 Jahre, Studenten und Rentner bis 70 Jahre 150 Kč (2016 „Happy Mondays": Kinder, Studenten und Rentner zahlen Mo. nur 50 Kč), Familienticket 600 Kč, Rentner über 70 Jahre 1 Kč, Kinder unter 3 Jahre Eintritt frei. Metro C: Nádraží Holešovice, danach mit dem Bus 112 bis zur Endstation Zoologická zahrada.

Insel ㉞ oder an der Vlašská auf der Kleinseite. Begeistert sind Kinder immer wieder von den Porträtmalern, Straßenmusikern und Gauklern auf der Karlsbrücke ⓰. Ein beliebtes Spektakel ist auch die Wachablösung auf der Burg ㊷. Bei schlechtem Wetter kann man das **Spielzeugmuseum** (s. S. 75) besuchen.

Notfälle

› **Notruf:** Tel. 112 (auch auf Deutsch)
› **Rettungsdienst, Krankenwagen (Záchranná služba):** Tel. 155
› **Polizei (Policie):** Tel. 158
› **Stadtpolizei (Městská policie):** Tel. 156
› **Feuerwehr (Hasiči):** Tel. 150
› **Unfall- und Pannenhilfe für Autofahrer:** Tel. 1230, 1240

Polizeitstationen und Fundbüros

➤**173** [H7] **Polizeistation**, Bartolomějská 14, Tel. 974851229 (Polizeistation in der Altstadt mit 24-Stunden-Betrieb)
➤**174** [I7] **Polizeistation Můstek**, Jungmannovo náměstí 9, Tel. 974851750 (24 Std.). Anlaufstelle für Touristen, die im Zentrum Prags bestohlen wurden oder einen Verlust melden wollen. Mit Dolmetscher.
➤**175** [E6] **Polizeistation**, Vlašská 3, Tel. 974851730 (Station auf der Kleinseite, nahe der US-Botschaft). Man spricht Englisch.
●**176** [G7] **Städtisches Fundbüro (Ztráty a nálezy)**, Karolíny Světlé 5 (Straßenbahnlinien 6, 9, 18, 22, 23, Haltestelle Národní divadlo), nur wenige Minuten vom Nationaltheater ㉜ entfernt, Tel. 224235085. Ein Fundbüro befindet sich auch **am Flughafen** (24 Std, Tel. 220115005, für verlorene Gepäckstücke: Tel. 220114283) und **am Hauptbahnhof** (Tel. 840112113).

Wer seine Reisedokumente verloren hat, wendet sich an folgende Stelle:
➤**177** [L6] **Fremdenpolizei**, Křižíkova 12, Tel. 974820730 (Zentrale). Das Verlust- bzw. Diebstahlprotokoll der tschechischen Polizei ist notwendig, damit man von der Botschaft einen Reiseausweis für die Rückfahrt erhält. Am besten kopiert man wichtige Dokumente vor der Reise und bewahrt sie getrennt von den Originalen auf. Mitzubringen sind zwei Lichtbilder. Notfalls geht man zum nächsten Fotoautomat. Einer befindet sich z. B. in der Metrostation Muzeum, Ausgang Vinohradská.

Kartensperrung

Bei **Verlust der Debit-(EC-)** oder der **Kreditkarte** gibt es für Kartensperrungen eine **deutsche Zentralnummer** (unbedingt vor der Reise klären, ob die eigene Bank diesem Notrufsystem angeschlossen ist). **Aber Achtung:** Mit der telefonischen Sperrung sind die Karten zwar für die Bezahlung/Geldabhebung mit der PIN gesperrt, nicht jedoch für das **Lastschriftverfahren mit Unterschrift**. Man sollte daher auf jeden Fall den Verlust zusätzlich **bei der Polizei zur Anzeige bringen**, um gegebenenfalls auftretende Ansprüche zurückweisen zu können.

In **Österreich** und der **Schweiz** gibt es keine zentrale Sperrnummer, daher sollten sich Besitzer von in diesen Ländern ausgestellten Debit-(EC-) oder Kreditkarten vor der Abreise bei ihrem Kreditinstitut über den zuständigen Sperrnotruf informieren.

Generell sollte man sich immer die **wichtigsten Daten** wie Kartennummer und Ausstellungsdatum **separat notieren**, da diese unter Umständen abgefragt werden.

> **Deutscher Sperrnotruf:** Tel. +49 116116 oder Tel. +49 3040504050
> **Weitere Infos:** www.kartensicherheit.de, www.sperr-notruf.de

Öffnungszeiten

Im Zentrum öffnen die Geschäfte in der Regel zwischen 8.30 und 9.30 Uhr und schließen um 18 oder 19 Uhr. Einkaufen kann man auch an Wochenenden und an vielen Feiertagen. Viele Lebensmittelgeschäfte öffnen bereits um 7 Uhr, mehrere kleine Läden (im Zentrum) schließen erst um Mitternacht. Große Kaufhäuser kann man wochentags bis 20 Uhr besuchen, samstags und sonntags bis 18 Uhr. Banken in der Altstadt sind von Montag bis Freitag von 8 oder 9 Uhr bis 17 Uhr geöffnet, Behörden von 8 bis 12 Uhr und von 13 bis 16 bzw. 17 Uhr. Viele Museen sind montags geschlossen.

Post

178 [J7] **Hauptpost (Hlavní pošta),** Jindřišská 14, Metro A, B: Můstek, Tel. 221131111, www.cpost.cz, tägl. 2 Uhr morgens bis 24 Uhr. Frankierte Briefe und Postkarten kann man auch in die orangefarbenen Briefkästen werfen. Die anderen Postämter sind meist Mo.–Fr. 8–18 Uhr und Sa. 8–11 Uhr geöffnet.

Radfahren

Nur etwa ein Prozent der Prager nutzt ein Fahrrad als Verkehrsmittel, also viel weniger als in anderen Großstädten. Kein Wunder: Ein Radfahrer wird häufig im Straßenverkehr missachtet, lebt sogar gefährlich, weil nicht wenige Autofahrer auch noch aggressiv reagieren. Auf den Straßen gibt es fast keine Radwege und wer dennoch ins Zentrum radelt, muss durch Abgaswolken und Autoschlangen hindurch. Außerhalb des Zentrums sieht es etwas besser aus: In Randbezirken und Vororten werden asphaltierte Radwege angelegt, vor allem die grünen Strecken entlang der Moldau sind zu empfehlen. Der **Letná-Park** und **Stromovka** (s. S. 105) eignen sich zum Radfahren. Den Letná-Park, einen grünen Hügel zwischen Hradschin und dem Stadtteil Holešovice, erreicht man am besten, wenn man die Brücke Čechův most und die anschließende Straße überquert und die Treppe hochsteigt. Man kann aber auch mit der Straßenbahn 1, 8, 12, 25 und 26 fahren und an der Haltestelle Letenské náměstí aussteigen. In Randbezirken und Vororten sind mehrere asphaltierte Radwege angelegt, vor allem die grünen Strecken entlang der Moldau sind zu empfehlen. Auf vielen Stadtplänen sind die Radwege eingetragen. Fahrräder und E-Bikes können gemietet werden:

179 [I6] **Praha Bike,** Dlouhá 24, Metro B: Náměstí Republiky, Tel. 732388880, www.prahabike.cz (englisch), ganzjährig 24 Std. vorab reservieren, im Winter abhängig von Wetterbedingungen. Angeboten werden verschiedene organisierte Gruppenfahrten, die Classic-Tour durch Prag dauert 2,5 Std., man zahlt 590 Kč. Auch E-Bikes- und Segway-Touren.

Schwule und Lesben

Die Szenezeitschrift „Maxxx" (mit ein paar Seiten auf Englisch), die an jedem Kiosk erhältlich ist, informiert über Events und Szenetreffs. In Prag haben sich zwei Szeneviertel herausgebildet: In der Nähe des Wenzelsplatzes ㉕ und im Stadtteil Vinohrady, wo es viele Gay-Bars und Discos gibt. Über das aktuelle Angebot informiert das Internet (www.czechgayguide.org).

- ❼180 [M9] **Club Termix**, Třebízského 4a, Metro A: Jiřího z Poděbrad, Tel. 222710462, www.club-termix.cz, Mi.–So. 22–6 Uhr. Angesagter Szenetreff mit einer intimen Tanzfläche und guten Cocktails.
- ❼181 [H7] **Friends**, Bartolomějská 11, Metro B: Národní třída, Tel. 226211920, www.friendsprague.cz, tägl. 18–4 Uhr. Populäre, gayfreundliche Bar und Disco im Zentrum von Prag. Dienstags Karaoke-Show.
- 🏠182 [M10] **Pension Arco**, Donská 13, Metro A: Náměstí Míru, danach mit der Straßenbahn 4 oder 22 bis Haltestelle Krymská, Tel. 271740734, www.arco-guesthouse.cz. Die Pension hat ein gutes Preis-Leistungs-Verhältnis und heißt gern Homosexuelle willkommen, was auch am netten schwulen Besitzer liegt. DZ (mit WLAN) 1200–1500 Kč.

Sicherheit

Die Kriminalitätsrate liegt nicht höher als in anderen europäischen Großstädten, schwere Gewaltdelikte sind laut Statistik deutlich zurückgegangen. Dafür nimmt die Kleinkriminalität zu. **Taschendiebe** sind in der Metro, Straßenbahn und an touristischen Zentren wie Karlsbrücke ⓰, Karlova Straße, Wenzelsplatz ㉕, Altstädter Ring ❹ oder auf der Burg ㊷ unterwegs. Vorsichtig sollte man bei einem Bummel über den nächtlichen Wenzelsplatz ㉕ sein, dann sind nämlich auch Betrunkene und Diebe unterwegs. Größere Geldbeträge, Wertsachen und Dokumente sollte man im Hotelsafe aufbewahren. Auf keinen Fall sollte man Geld auf der Straße wechseln! Wie überall muss man eine verlorene oder gestohlene Kreditkarte sofort sperren lassen. Immer noch verbreitet sind Autoeinbruch und **Autodiebstahl**, auch wenn die Zahl dieser Delikte rückläufig ist. Auch hier gilt: Besser vorbeugen – also das Auto auf bewachten Parkplätzen oder in Parkhäusern abstellen und keine Wertsachen darin lassen. Polizisten verhalten sich korrekt, eine Quittung für ein **Bußgeld** sollte man jedoch verlangen. Ein Geschädigter geht am besten mit einem Übersetzer (das kann auch ein freundlicher Mitarbeiter oder der Besitzer der Pension sein) zur Polizei, die ein Protokoll verfasst und aushändigt.

Sprache

Englisch ist bei jungen Tschechen wie in den meisten europäischen Ländern am beliebtesten, aber immer mehr lernen als zweite Fremdsprache Deutsch. Nicht wenige ältere Menschen sprechen passabel Deutsch. Auch in Hotels oder Pensionen kann man sich in der Regel auf Englisch oder Deutsch verständigen. Ein Tscheche wird eher überrascht sein, wenn der Tourist versucht, sich mit ihm auf Tschechisch zu unterhalten und das sehr positiv aufnehmen. Man ist gut beraten, wenn man in Läden und Restaurants auf Tschechisch zumindest „Danke", „Bitte", „Guten Tag" und „Auf Wiedersehen" sagen kann. Für das bessere Kennenlernen der Sprache empfehlen wir den Sprachführer „Tschechisch – Wort für Wort" der Kauderwelsch-Reihe aus dem REISE KNOW-HOW Verlag.

Stadttouren und Rundfahrten

› Organisierte **deutsprachige Führungen und Rundfahrten** (auch individuell) kann man in den Tourist Information Centres buchen (s. S. 126). Einen Schalter findet man zum Beispiel im Erdgeschoss des Altstädter Rathauses ❺, wo sich auch die Tourguide-Zentrale der Stadt befindet (Mo.–Fr. 9–19, Sa./So. 9–17 Uhr). Für eine klassische Stadtführung auf Deutsch („Zum ersten Mal in Prag", Treffpunkt Altstädter Rathaus) zahlen zwei Personen etwa 1600 Kč, eine Tour dauert 3 Std. Auch themenspezifische Rundgänge werden angeboten (Infos: www.eshop.prague.eu/catalog/en/privatni-pruvodci/cokruzky.html, auf Englisch). Bei Gruppen ab vier Personen wird es billiger, jeder Teilnehmer zahlt 500 Kč.

› **Themenspezifische Spaziergänge** zur Prager Neustadt, neueren Geschichte, eine Gespenstertour oder eine Kneipentour organisiert u. a. **Prague Walks:** Na Bělidle 4, Tel. 608973390, www.praguewalks.com.

› Unter dem Namen **Free Walking Tours** werden in vielen Städten weltweit (beinahe) kostenlose, populäre Rundgänge angeboten. Die Stadtführer erwarten freilich ein Trinkgeld, üblich ist, mindestens 10 € zu geben. In Prag werden sie z. B. von SANDEMANs NEW Europe angeboten (Tel. 222317229, www.newpraguetours.com, man spricht Englisch).

› In der Karlova Straße [G7], in der Mostecká [F6] und an der Kreuzung Rytířská und Melantrichova [I7] kann man Fahrten in einem tschechischen **Oldtimer** der Marke „Praga" buchen (mit Fahrer). Für eine einstündige Fahrt zahlt man pro Wagen (1–4 Personen) 1500 Kč. Angeboten werden auch Nachtfahrten: **Oldtimer History Trip,** Tel. 776829897, www.historytrip.cz.

› Anlegestelle für **Schifffahrten** auf der Moldau ist zwischen den Brücken Palacký most und Jiráskuv most entlang der Rašínovo nábřeží [G9], Metro B: Karlovo náměstí: **Prager Passagierschifffahrt,** Tel. 224930017, www.paroplavba.cz/de. Angeboten werden Moldaurundfahrten (ganzjährig, einstündige Rundfahrt p. P. 250 Kč), Linienfahrten zum Zoo oder zur Talsperre Slapy. **Evropská vodní doprava** (www.evd.cz, Tel. 724202505, Büro: Dvořákovo nábřeží, bei der Brücke Čechův most [H5]) und ihre Partnerorganisation Prague Boats (www.prague-boats.cz/de, gleiche Kontaktadresse) bieten ganzjährig Schifffahrten von der Anlegestelle Čechův most (am Hotel Intercontinental) an. Einstündige Ausflüge kosten p. P. 290 Kč (20. März–1. Nov. stündlich zwischen 10–21 Uhr, Juni/Juli bis 22, 2. Nov.–19. März 11–19 Uhr), zweistündige Fahrten (ab 15 Uhr) 450 Kč, dreistündige mit Musik und Dinner (ab 19 Uhr) 950 Kč.

› Für nostalgische Gefühle sorgt die Fahrt mit der **historischen Straßenbahn Nr. 91.** Sie verkehrt zwischen Depot Střešovice, Prager Burg und Ausstellungsgelände, man kann beliebig ein- und aussteigen. Ende März–Mitte Nov. Sa., So. und Feiertage stündlich 12–17.35 Uhr, p. P. 35 Kč, Reiseroute: Prager Burg, Kleinseitner Platz, Nationaltheater, Wenzelsplatz, Náměstí Republiky und Messegelände (Výstaviště). Fahrkarten bekommt man in der Straßenbahn (www.dpp.cz/de/nostalgiefahrt-mit-der-stra-enbahn-nr-91).

› Die Abfahrtsstelle für Rundfahrten in **Pferdekutschen** ist der Altstädter Ring. Kosten: 20-minütige Fahrt pro Kutsche 800 Kč.

› **Organisierte E-Bike- und Segway-Touren** bietet Ecotours (Náměstí Curieových 43/5, beim Hotel Intercontinental, Metro A: Staroměstská, Tel. 724006800, www.ecotours.cz, tägl. 10–19 Uhr).

Telefonieren

› **Vorwahl für Tschechien und Prag:** 00420 – dann die meist mit 2 beginnende Teilnehmernummer (ohne Ortsvorwahl!)
› **Vorwahl nach Deutschland:** 0049 + Ortsvorwahl ohne die Null
› **Vorwahl für Österreich: 0043**
› **Vorwahl für die Schweiz: 0041**
› **Telefonauskunft für Anschlüsse im Inland: 1180, im Ausland: 1181**
› Mit **Handys** kann man in Prag einwandfrei telefonieren.
› Mitte 2016 sollen die **Roaming-Gebühren** für Telefonate im EU-Ausland gesenkt und ab Mitte 2017 ganz abgeschafft werden.

Unterkunft

Das Angebot reicht vom Stockbett in der Jugendherberge bis zum Luxuszimmer oder Appartement im 5-Sterne-Hotel. Besonders in der **Hochsaison** (Mai–Sept.), während der Osterfeiertage, zu Weihnachten und vor allem an Neujahr ist eine Reservierung nötig. Die Übernachtung ist dann oft doppelt so teuer wie sonst. Gerade bei kurzfristigen Reisen sollte man abwägen: Ein Zimmer im Zentrum ist zwar teurer, dafür spart man aber Zeit und Geld für Verkehrsmittel von den Außenbezirken und ist mitten im historischen Stadtkern. Viele Hotels und Pensionen bieten bei **Onlinebuchung** Nachlässe, Pauschalangebote, Last-Minute-Preise und Frühbucherrabbatte. Ein Blick ins Internet lohnt sich auf jeden Fall: Viele Prag-Websites enthalten nützliche Bewertungen von Hotelgästen.

Unterkunftsvermittlung

› **Tourist Information Centres** (s. S. 126)
› **Accomodation Service,** Haštalská 7, Metro B: Náměstí Republiky, Tel. 224813002, www.apartment4rent.cz. Vermittelt u. a. billige Unterkünfte in Studentenwohnheimen.
› **Prague Accomodation Service,** Malostranské náměstí 11/260, Metro A: Malostranská, Tel. 242406964, www.pragueaccommodationservice.com. Vermittelt preiswerte Hotelzimmer auf der Kleinseite.

Empfehlenswerte Unterkünfte

Die von uns ausgewählten Unterkünfte liegen entweder im historischen Zentrum Prags oder sind mit öffentlichen Verkehrsmitteln gut erreichbar.

Altstadt

183 [I5] **Hotel Casa Marcello** €€€, Řásnovka 783, Metro B: Náměstí Republiky, Tel. 222311230, www.casa-marcello.cz/de, WLAN. **Perfekt gelegen, dennoch ruhig:** In der malerischen und ruhigen Gasse Řásnovka steht dieses charmante und gediegene Hotel, das früher einmal ein Adelssitz war. Der Altstädter Ring liegt gleich in der Nähe.

184 [H7] **Hotel Cloister Inn** €€-€€€, Konviktská 14, Metro B: Národní třída, Tel. 224211020, www.hotel-cloister.com, WLAN. **Sauber und gut gelegen:**

Preiskategorien
Für eine Übernachtung im Doppelzimmer inklusive Frühstück:

€	bis 1900 Kč (bis 70 €)
€€	1900–3600 Kč (70–130 €)
€€€	3600–5500 Kč (130–200 €)
€€€€	über 5500 Kč (ab 200 €)

Das Gebäude gehörte früher zu einem Franziskanerinnenkloster. 1950 wurde es von der kommunistischen Staatssicherheit besetzt und im heutigen Frühstücksraum wurden die Geheimagenten geschult. Die Zimmer sind modern eingerichtet, die unter dem Dach gelegenen Räume verfügen über eine Minibar. Das Hotel eignet sich für Familien mit Kleinkindern und auch einige behindertengerechte Zimmer stehen zur Verfügung.

🏠**185** [H7] **Hotel Dům U krále Jiřího (Haus Zum König Georg)** €€, Liliová 10, Metro A, B: Národní třída, Tel. 261264369, www.hotelkinggeorge.cz/en, WLAN. **Einfach und preisgünstig:** Diese sympathische, in historischem Gemäuer untergebrachte Pension befindet sich zentral zwischen der Karlsbrücke und dem Platz Betlémské náměstí. Die Zimmer sind mit Stilmöbeln eingerichtet und haben einen Fernseher, eine Minibar und einen Tresor. Am schönsten sind die Appartments mit Deckenbalken im Dachgeschoss. Gayfreundlich. Im gleichen Gebäude ist auch die Jazz-Bar Blues Sklep (s. S. 96) untergebracht. WLAN-Hotspot.

🏠**186** [I6] **Hotel Josef** €€€, Rybná 20, Metro B: Náměstí Republiky, Tel. 221700901, www.hoteljosef.com, WLAN. **Stylish und sehr freundlich:** Mehrmals schon wurde das 4-Sterne-Hotel „Josef" für sein modernes Design ausgezeichnet. In den Zimmern finden die Hotelgäste Glastische, LCD-Fernseher, automatische Rollos, WLAN ermöglicht das Surfen im Internet. Die Lage ist ebenfalls gut: In der Umgebung gibt es Restaurants und Bars, alle wichtigsten Sehenswürdigkeiten der Altstadt sind zu Fuß erreichbar.

🏠**187** [J6] **Hotel Paris** €€€, U Obecního domu 1, Metro B: Náměstí Republiky, Tel. 222195666, www.hotel-paris.cz, WLAN. **Jugendstil vom Feinsten:** Das herrliche Gebäude von 1904 besticht durch prunkvolle Stilelemente und Kunstwerke der Jahrhundertwende, bunte Mosaikwände und Holzvertäfelungen in Gemeinschaftsbereichen, 86 individuell und modern eingerichtete Zimmer mit eleganten Bädern und Internetanschluss. Die Zimmer der Kategorie „Executive" ermöglichen einen weiten Blick auf die Altstadt und sind noch geräumiger als die der Kategorie „Deluxe". Hotelgäste können auch den hoteleigenen „Wellness & Spa"-Bereich kostenlos nutzen. Im berühmten Café de Paris (s. S. 85) kann man sich bei dezenter Pianomusik entspannen.

🏠**188** [H7] **Hotel Savic** €€€, Jilská 7, Metro A, B: Můstek, Tel. 2242485557, www.savic.eu, WLAN. **Gemütlich und perfekt gelegen:** Das 4-Sterne-Hotel lässt keine Wünsche offen: Man wohnt hier mitten in der historischen Altstadt, die Zimmer sind geräumig und geschmackvoll mit klassischen Möbeln aus Mahagoniholz eingerichtet, das Frühstück ist reichhaltig und die großen marmornen Bäder luxuriös. Zur Begrüßung gibt es ein Willkommensgetränk, auch Zimmer mit Himmelbett sind verfügbar.

🏠**189** [H7] **Hotel U Červené židle** €€, Liliová 4, Metro B: Národní třída, Tel. 296180018, www.redchairhotel.com, WLAN. **Klein und familiär:** In der gleichen Straße wie „Haus Zum König Georg" steht auch das charmante und empfehlenswerte Nichtraucher-Hotel „Zum roten Stuhl". Es ist in einem Haus aus dem 15. Jh. eingerichtet worden. Zur Zimmerausstattung gehören Internetanschluss, Sat-TV und eine Minibar.

🏠**190** [I5] **Travellers' Hostel** €, Dlouhá 33, Metro B: Náměstí Republiky, Tel. 777738608, www.travellers.cz. **Mitten im Ausgehviertel:** Beliebtes Hostel mit Mehrbett- und Doppelzimmern in zentraler Lage. An der Bar ist WLAN kostenlos. Im Sommer gibt es auch Filialen in Husova 3, Střelecký ostrov und U lanové dráhy.

Neustadt

191 [H8] **Best Western Hotel Páv** €€, Křemencova 13, Metro B: Národní třída, Tel. 221502111, www.hotel-pav.cz/de. **Sauber und zweckmäßig:** Angenehmes Mittelklassehotel in schönem Gebäude mit klassizistischer Fassade. Gleich in der Nähe befinden sich die Geschäftsstraße Národní třída und das Nationaltheater ㉜. WLAN.

192 [I10] **Hotel 16** €€, Kateřinská 16, Metro B: Karlovo náměstí, WLAN, Tel. 224920636, www.hotel16.cz. **Wohlfühlatmosphäre in bequemer Innenstadtlage:** Kleines, sauberes und sehr freundliches Hotel mit gutem Preis-Leistungs-Verhältnis und einer günstigen Verkehrsanbindung zum Zentrum. Zum Frühstück gibt es u. a. leckere Palatschinken (Pfannkuchen).

193 [H8] **Hotel Elite** €€€, Ostrovní 32, Metro B: Národní třída, Tel. 211156500, www.hotelelite.cz/de, WLAN. **Zentrumsnah und nicht teuer:** Das Gebäude aus dem 14. Jh. wurde 2001 komplett renoviert und zu einem romantischen 4-Sterne-Hotel umgebaut und steht ruhig im Herzen der Neustadt. Die Zimmer sind mit Stilmöbeln ausgestattet, besonders hübsch ist die denkmalgeschützte Suite mit einer fantastischen Renaissancedecke aus dem 17. Jh. Im Sommer kann man im schönen Innenhof sitzen.

194 [J9] **Hotel Raffaello** €€, Legerova 54, Metro C: I. P. Pavlova, Tel. 221590390, www.garzottohotels.cz/en/hotel-raffaello-prague, WLAN. Nahe des Wenzelsplatzes: Gepflegtes, 2009 komplett renoviertes und sauberes Nichtraucherhotel mit individuell eingerichteten Zimmern. Auch Familienappartements mit Balkon und Küche. In den Zimmern, die zur Straße gehen, ist es laut, deshalb sollte man die Zimmer nach hinten verlangen.

195 [J6] **K+K Hotel Central** €€€, Hybernská 10, Metro B: Náměstí Republiky, Tel. 225022000, www.kkhotels.com, WLAN. **Jugendstil-Ambiente inklusive:** Das Hotel K+K Central bietet eine perfekte Mischung aus Alt und Neu. Untergebracht in einem denkmalgeschützten Gebäude wurde es in modernem Design ausgebaut.

196 [I9] **Miss Sophie's Hostel** €, Melounova 3, Metro C: I.P. Pavlova, Tel. 246032621, www.miss-sophies.com, WLAN. **Geschmackvoll und lässig:** Sauberes, empfehlenswertes Hostel mit freundlicher Atmosphäre und jungem fremdsprachigem Personal.

197 [H7] **Pension U Medvídků** €€, Na Perštýně 7, Metro B: Můstek, Tel. 224211916, www.umedvidku.cz, WLAN. **Mit eigener Brauerei:** Im Erdgeschoss befindet sich ein populäres Bierlokal (s. S. 81), in den drei Stockwerken darüber eine renovierte Pension. In einigen Zimmern sind noch historische Dachbalken und Malereien im Renaissancestil erhalten – diese sind dann etwas teurer und auch größer als die anderen. Zum Wenzelsplatz ㉕ kann man bequem zu Fuß gehen.

Kleinseite

198 [C6] **Hotel Loreta** €, Loretánské náměstí 8, Metro A: Malostranská, Straßenbahn 22, Haltestelle Pohořelec, Tel. 233310510, www.hotelloreta.cz/de, WLAN. **Romantisch und ruhig:** Tipp für Paare und Singles auf der Kleinen Seite. Die Mitarbeiter dieses kleinen Hotels, das eher den Charakter einer Familienpension hat, sind stets um ihre Gäste bemüht, die gemütlichen Zimmer und der Frühstücksraum sind im französischen Landhausstil eingerichtet. In unmittelbarer Nähe steht die Loretokapelle, deren nostalgischen Glockenklang man im Haus hört. Zur Burg ㊷ sind es höchstens fünf Gehminuten.

199 [C6] **Hotel Questenberk** €€, Úvoz 15/155, Metro A: Malostranská, Stra-

Unterkunft

ßenbahn 22, Haltestelle Pohořelec, oder zu Fuß über die Nerudova hinauf, www.hotelq.cz, Tel. 220407600, WLAN. **Terrasse mit traumhafter Aussicht:** Romantiker werden sich in den historischen Gemäuern dieses Hotels am Fuße der Prager Burg ㊷ bestens aufgehoben fühlen. Gemütliche Zimmer mit hohen Decken (einige auch mit Balken), und vor allem die unschlagbare Dachterrasse des Hotelrestaurants mit tollem Blick auf die Stadt sprechen dafür. Einige Zimmer haben Fenster „mit Aussicht" und kosten etwas mehr.

🏨 **200** [D6] **Hotel Sax** €€€, Jánský vršek 3, Metro A: Malostranská, Tel. 257531268, www.hotelsax.cz/de, WLAN. **Fans von Austin-Powers-Filmen werden es lieben:** Das relativ kleine, elegante Hotel besticht durch seine Zimmer im herrlichen Retrostil der 1960er- und 1970er-Jahre und durch die romantische Lage im Gewirr der Kleinseitner Gassen. Zur Burg ㊷ sind es nur wenige Gehminuten. Hotelgästen stehen auch eine kleine Terrasse, ein Fitness- und Wellness-Bereich sowie eine DVD-Bibliothek zur Verfügung.

🏨 **201** [F7] **Pension Dientzenhofer** €, Nosticova 2, Metro A: Malostranská, Tel. 257 311 319, www.dientzenhofer.cz, WLAN. **Sehr gutes Preis-Leistungs-Verhältnis:** Einfache, freundliche Pension in historischen Gemäuern, mit geräumigen Zimmern (besonders schön ist das Zimmer Nr. 7 im Dachgeschoss) und einem hervorragenden Preis-Leistungs-Verhältnis. Die Lage ist Top: Zur Karlsbrücke ⑯ sind es nur wenige Gehminuten, dennoch herrscht hier Ruhe. In der Umgebung findet man viele nette Kneipen. Für den bewachten Parkplatz neben der Pension muss man – wie fast überall im historischen Zentrum – extra zahlen. Haustiere sind erlaubt.

🏨 **202** [F5] **Pension Pohádka** €€, Valdštejnská 4a, Metro A: Malostranská, Tel. 257214153, www.pensionpohadka.

> **EXTRAINFO**
>
> ### Buchungsportale
> Neben Buchungsportalen für **Hotels** (z. B. www.booking.com, www.hrs.de oder www.trivago.de) bzw. für **Hostels** (z. B. www.hostelworld.com oder www.hostelbookers.de) gibt es auch Anbieter, bei denen man **Privatunterkünfte** buchen kann. Portale wie www.airbnb.de, www.wimdu.de oder www.9flats.com vermitteln Wohnungen, Zimmer oder auch nur einen Schlafplatz auf einer Couch. Diese oft recht günstigen Übernachtungsmöglichkeiten sind nicht unumstritten, weil manchmal normale Wohnungen gewerblich missbraucht werden. Wenn die Stadt regulierend eingreift, kann das zu kurzfristigen Schließungen führen. Eine Buchung unterliegt also einem gewissen Restrisiko.

cz/de/home, WLAN. **Geschmackvolle Zimmer in perfekter Lage:** Ein idealer Ort für Singles oder Paare ist die freundliche Minipension „Märchen" unterhalb der Prager Burg ㊷. Ihre Eigentümer beschäftigen sich eigentlich mit Herstellung und Verkauf traditionellen tschechischen Spielzeugs. Fünf Zimmer (zwei von ihnen erstrecken sich auf zwei Etagen) mit schmiedeeisernen Betten und pastellfarbenen Wänden bieten genügend Komfort, rechtzeitige Reservierung ist notwendig.

Smíchov und Vinohrady

🏨 **203** [E10] **Anděl's Hotel** €€€€, Stroupežnického 21, Metro B: Anděl, Tel. 296889688, www.andelshotel.com, WLAN. **Modernes Design und eigene Tiefgarage:** Schickes Hotel mit Zimmern in kühlem zeitgenössischen Design. Das Besondere an der Ausstattung sind die Bäder aus Chrom und Glas. Zum Wenzelsplatz ㉕ sind es mit der U-Bahn vier Minuten, in der Nähe befindet sich ein modernes Einkaufszentrum.

🏨**204** [G10] **Botel Admiral** €€, Hořejší nábřeží, Metro B: Anděl, Tel. 257321302, www.admiral-botel.cz. **Idylle auf dem Schiff:** Eines von mehreren Hotelschiffen auf der Moldau, mit engen, sauberen Schiffskabinen, die für zwei bis drei Nächte gut sind, für einen längeren Aufenthalt allerdings zu wenig Platz bieten. Von den Zimmern auf der Flussseite und dem gemütlichen Frühstücksraum oder bei schönem Wetter von der Bordterrasse aus hat man eine herrliche Aussicht. Das Nationaltheater 32 oder die Karlsbrücke 16 sind in 15 bzw. 20 Minuten Fußweg erreichbar.

🏨**205** [L9] **Hotel Anna** €, Budečská 17, Metro A: Náměstí Míru, Tel. 222513111, www.hotelanna.cz/de, WLAN. **Ruhig und preiswert:** Saubere und gemütliche Zimmer in einem Jugendstilgebäude aus dem Jahr 1892 im Prager Prestigeviertel Vinohrady. Das Hotelpersonal ist sehr hilfsbereit, die U-Bahn-Station nur 200 m entfernt und wer gehen will, ist in etwa 10 Minuten am Wenzelsplatz 25.

🏨**206** [L9] **Hotel Claris** €, Slezská 26, Metro A: Náměstí Míru, Tel. 222522508, www.claris.ubytovani-hotel-praha.eu/Unterkunft-Praha-2.htm, WLAN. **Zweckmäßig und sehr günstig:** Schlichtes und preisgünstiges Hotel mit 24 sauberen Zimmern. Ins Zentrum fährt man zwei Minuten.

🏨**207** [F8] **Hotel Julian** €€-€€€, Elišky Peškové 11, Metro B: Anděl, Tel. 257311150, www.julian.cz, WLAN. **Dachterrasse mit herrlicher Aussicht:** Kleines, elegantes Hotel mit freundlichem Personal, gepflegten, pastellfarbenen Zimmern, einer Terrasse mit Blick auf die Burg 42 und entspannter Atmosphäre. Es gibt behindertengerechte Zimmer und zwei Familiensuiten.

🏨**208** [K9] **Hotel Tyl** €€, Tylovo náměstí 668/5, Metro C: I.P. Pavlova, Tel. 221595711, www.hotel-tyl-prague.cz. **Zentrumsnah und freundlich:** Das kleine Mittelklassehotel ist für einen Kurzurlaub ideal: In das Zentrum sind es nur drei Haltestellen mit der U-Bahn (die Metrostation liegt um die Ecke), die klimatisierten Zimmer sind mit italienischen Stilmöbeln eingerichtet, das Frühstücksbüffet ist gut und das Hotelpersonal sehr zuvorkommend. Die Preis-Leistungs-Relation stimmt. Haustiere sind erlaubt (10 €/Tag).

🏨**209** [H10] **Hotel U Svatého Jana** €, Vyšehradská 28, Metro B: Karlovo nám., www.hotelusvatehojana.cz/en, Tel. 222560243, WLAN. **Wohnen in einer alten Pfarrei:** Saubere Standardzimmer für Nichtraucher in einem schönen Haus. Die U-Bahn-Station ist etwa 8 Gehminuten enfernt. In der Nähe des Hotels steht das berühmte Faust-Haus (s. S. 45). Die Zimmer, die zur Straße führen, sind laut, die hinteren ruhiger. Im Sommer kann man im Garten sitzen.

› **Pension Arco** € (s. S. 132). **Freundliches Budget-Hotel:** Gay- und heterofreundliche Pension im schönen Stadtteil Vinohrady mit gepflegten und preisgünstigen Zimmern und Appartements.

Holešovice

🏨**210** [M3] **Sir Toby's Hostel** €, Dělnická 24, Metro C: Vltavská, Straßenbahn 1, 14, 25, Haltestelle Dělnická, www.sirtobys.com, Tel. 246032611, WLAN. **Tolle Atmosphäre, hilfsbereites Personal:** Saubere Zimmer mit Gemeinschafteinrichtungen, auch Schlafsäle für vier bis acht Personen. Im Innenhof kann man im Sommer entspannt frühstücken.

Camping in Trója

⛺**211** **Camping Sokol Trója,** Trojská 171a, Metro C: Nádraží Holešovice, Bus 112, Haltestelle Trojská, www.sokolcamping.cz, Tel. 233542908, WLAN. **Verkehrsgünstige Lage:** Grüne Anlage neben dem Schloss Trója 55 mit 75 Stellplätzen, Restaurant und guter Infrastruktur. Ganzjährig geöffnet.

Verkehrsmittel

Prag hat ein sehr gut funktionierendes öffentliches Verkehrssystem, das im Vergleich mit anderen Hauptstädten auch preisgünstig ist. Die **Fahrkarten** *(jízdenky)* sind für Metro, Straßenbahn *(tramvaj)* und Bus gültig und müssen vor dem Einsteigen bzw. vor dem Betreten der Metrostationen in Automaten entwertet werden. Die Tickets können in Fahrkartenautomaten in der Nähe vieler Bus- und Straßenbahnhaltestellen oder in Eingängen zu Metrostationen gekauft werden; oder in Zeitungskiosken, Informationszentren des Prager Verkehrsbetriebes (Dopravní podnik hl. města Prahy) und häufig in Hotels und Reisebüros. **Fahrkartenkontrollen** sind häufig und die Prager Kontrolleure rigoros: Alle Schwarzfahrer müssen zahlen. Der Kontrolleur muss eine Quittung ausstellen.

› **Einzelfahrkarten mit Umsteigemöglichkeit:** 32 Kč, für Kinder (6–15 Jahre) und Senioren bis 69 Jahre 16 Kč, ab 70 Jahren frei. Mit dieser Fahrkarte kann man mit U-Bahn, Straßenbahnen und Bussen 90 Minuten lang fahren. 24 Kč, für Kinder und Senioren 12 Kč, kosten die Fahrkarten, die 30 Minuten gültig sind.
› Für größere **Gepäckstücke oder Fahrräder** muss eine Extrafahrkarte für 16 Kč gekauft werden.

Infostellen Prager Verkehrsbetrieb:
› U-Bahn-Linien A und C in der Unterführung der Metrostation Muzeum, tägl. 7–21 Uhr
› U-Bahn-Linie B in der Unterführung der Station Můstek, unter dem Platz Jungmannovo náměstí, Mo.–Fr. 7–18 Uhr
› U-Bahn-Linie B, Station Anděl, Mo.–Fr. 7–18 Uhr
› U-Bahn-Linie C, Station Nádraží Holešovice, Mo.–Fr. 7–18 Uhr

> **EXTRATIPP** **Fahrkartenvorrat**
> Es kann sehr nützlich sein, sich mit Fahrkarten gut einzudecken. Die Automaten funktionieren schon mal nicht und nehmen nur Münzen, die man dann gerade nicht bei sich hat.

› Auf dem Flughafen Václav Havel, Terminal 1 und 2, tägl. 7–22 Uhr
› Alle Infos unter www.dpp.cz, Tel. 296 191 817, tägl. 7–21 Uhr

Touristen-Fahrkarten

Wenn Ihre Unterkunft nicht zentral liegt oder Sie auch Ziele außerhalb der Innenstadt besichtigen wollen, ist eine Touristenfahrkarte für alle städtischen Verkehrsmittel richtig. Es gibt sie in den Infozentren des Prager Verkehrbetriebes oder in den Filialen des Prager Informationsservice PIS.

› Für eine **24-Stunden gültige Fahrkarte** zahlt man 110 Kč, die Kinderfahrkarte (6–15 Jahre) kostet 55 Kč.
› Eine **3-Tages-Karte** kostet 310 Kč, es gibt keine Vergünstigung für Kinder ab 6 Jahre oder für Senioren.

Metro

Die Metro ist das schnellste und bequemste Verkehrsmittel in Prag. Das Metrosystem besteht aus drei Linien. Die grüne Strecke markiert Linie A, gelb steht für Linie B und rot für Linie C. Die Züge verkehren zwischen 5 und 24 Uhr alle 4 bis 10 Minuten, in der Hauptverkehrszeit sogar alle 2 bis 3 Minuten. Die Umsteigestationen sind Muzeum (hier kreuzen sich Linien A und C), Můstek (Linien A und B) und Florenc (Linien B und C).

Bus und Straßenbahn

Das Bus- und Straßenbahnnetz ist sehr dicht ausgebaut, die Fahrpläne sind an den einzelnen Haltestellen angebracht. Busse fahren hauptsächlich in die Außenbezirke Prags. Auch viele Straßenbahnen verkehren bis in die Vorstädte. Die Tageslinien fahren von 4.30 bis 24 Uhr (in den Stoßzeiten im 5-Minuten-Takt), nachts fahren die Straßenbahnen bis 4.30 Uhr. Die Nachtlinien haben eine andere Nummerierung: Bei Straßenbahnen werden die Hauptstrecken von den 50er-Linien befahren, bei Bussen sind es die Linien 501–514 und 601–604.

Taxi

Prager Taxifahrer haben nach wie vor keinen guten Ruf. Die Stadt hat den Betrügern unter ihnen den Kampf angesagt – aber ohne viel Erfolg. Von Touristen, aber auch Einheimischen verlangen manche Taxifahrer deutlich höhere Preise, als von der Stadt festgelegt wurde. Auch auf das Taxameter ist dann kein Verlass, es kann manipuliert worden sein. Wir raten davon ab, ein Taxi auf der Straße anzuhalten oder in eines der Taxis am Wenzelsplatz ㉕, am Altstädter Ring ❹, in der Národní třída oder an einem der Prager Bahnhöfe zu steigen. Sie sind immer teurer als ein Funktaxi auf Bestellung. Sollte man kein Funktaxi bekommen, muss man noch vor Fahrtantritt den Fahrpreis für die gewünschte Strecke erfragen – offizielle Höchstpreise liegen bei 40 Kč Grundgebühr plus 28 Kč pro Kilometer. Taxi-Vermittlungszentralen mit 24-h-Service:

› **AAA Radio Taxi:** Tel. 14014
› **Halo Taxi:** 244114411
› **Profi Taxi:** 14015

Wetter und Reisezeit

Nach Prag kann man zu jeder Jahreszeit reisen. Am angenehmsten sind die Temperaturen im Frühjahr, wenn in den Gärten der Kleinseite und auf dem Laurenziberg der Flieder blüht. Die Gassen sind dann nicht so überlaufen wie im Sommer und überhaupt in der Hauptsaison zwischen Ostern und Ende September. Im Herbst, wenn über der Moldau dichter Nebel aufsteigt, zeigt sich Prag von seiner melancholischen Seite. Sehr reizvoll ist die Stadt auch um die Weihnachtszeit mit Weihnachtsmärkten, festlichen Konzerten und einer traumhaften Atmosphäre in den Gassen. Ein Erlebnis sind die ausgelassenen Open-Air-Silvesterpartys auf dem Hradschin, der Karlsbrücke ⓰ oder dem Wenzelsplatz ㉕. Während der Schulferien im Juli und im August flüchten die Prager vor der Hitze und den Touristen aus ihrer Stadt.

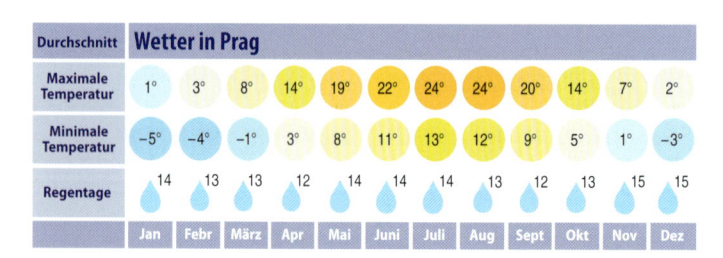

Durchschnitt: Wetter in Prag

	Jan	Febr	März	Apr	Mai	Juni	Juli	Aug	Sept	Okt	Nov	Dez
Maximale Temperatur	1°	3°	8°	14°	19°	22°	24°	24°	20°	14°	7°	2°
Minimale Temperatur	−5°	−4°	−1°	3°	8°	11°	13°	12°	9°	5°	1°	−3°
Regentage	14	13	13	12	14	14	14	13	12	13	15	15

ANHANG

Kleine Sprachhilfe

Aussprache

Tschechische Wörter werden auf der ersten Silbe betont. Vokale mit Akzent (z. B. á, é, í) werden gedehnt, die ohne Akzent kurz ausgesprochen.

- das tschechische č wird wie das deutsche „tsch" ausgesprochen
- c wie „ts"
- š wie „sch"
- ž wie das „j" im Wort „Journalist"
- z ist stimmhaft wie das „s" in „Siegel"
- s wird stimmlos wie in „Essen" ausgesprochen
- v spricht man wie ein „w" aus
- ň klingt wie „nj"
- ě spricht man als „je" aus
- ů als langes „u"
- ř ist am schwierigsten auszusprechen, man soll versuchen, ihn einfach als „rsch" auszusprechen

Allgemeines

Dobré jitro!	Guten Morgen!
Dobrý den!	Guten Tag!
Dobrý večer!	Guten Abend!
Ahoj!	Hallo!
Na shledanou	Auf Wiedersehen
Jmenuji se...	Ich heiße...
nerozumím	Ich verstehe nicht
děkuji	danke
prosím	bitte
ano/ne	ja/nein
promiňte, prosím	Entschuldigen Sie, bitte
není zač	nichts zu danken
nevadí	das macht nichts
pošta	Postamt
policie	Polizei
lékař	Arzt
nemocnice	Krankenhaus
jak	wie?
Pomoc!	Hilfe!

Schilder

otevřeno	geöffnet
zavřeno	geschlossen
záchody, toalety, WC	Toiletten, WC
vstupné	Eintritt
vchod	Eingang
východ	Ausgang
noviny	Zeitung

Wichtige Phrasen

Jak se máte/máš?	Wie geht es Ihnen/dir?
Mluvíte německy?	Sprechen Sie Deutsch?
Je mi líto...	Tut mir leid...
Kde je...?	Wo ist...?
Kolik to stojí?	Wie viel kostet das?
Vezmu to.	Ich nehme es.
Prosím Vás, kde je..?	Bitte, wo ist..?
Kolik je hodin?	Wie spät ist es?
Hledám...	Ich suche...
Potřebuji	Ich brauche...
Máte...?	Haben Sie...?

Allgemeine Zeitbegriffe

teď	jetzt
pozdě, později	spät, später
dnes	heute
zítra	morgen
včera	gestern
ráno	Morgen
poledne	Mittag
odpoledne	Nachmittag
večer	Abend
noc	Nacht
den	Tag
týden	Woche
měsíc	Monat
rok	Jahr

Wochentage

pondělí	Montag
úterý	Dienstag
středa	Mittwoch
čtvrtek	Donnerstag

+++ Die wichtigsten Wörter mit dem Bonus-Audiotrack des Kauderwelsch-

pátek	Freitag	hovězí maso	Rindfleisch
sobota	Samstag	jehněčí maso	Lammfleisch
neděle	Sonntag	kachna	Ente
		králík	Kaninchen

Orientierung

		káva	Kaffee
dálnice	Autobahn	...s mlékem	mit Milch
doleva/doprava	links/rechts	...s cukrem	mit Zucker
most	Brücke	knedlíky	Knödel
náměstí	Platz	maso/drůbež	Fleisch/Geflügel
ostrov	Insel	maso z diviny	Wildfleisch
přímo	geradeaus	minerálka	Mineralwasser
semafor	Ampel	pečivo	Gebäck
ulice	Straße	polévka	Suppe
		oběd	Mittagessen
		omáčka	Soße
		opékaný	gebraten

Im Hotel

		ovoce	Obst
cena	Preis	pivo	Bier
jednolůžkový pokoj	Einzelzimmer	příbor	Besteck
dvoulůžkový pokoj	Doppelzimmer	předkrm	Vorspeise
se sprchou/vanou	mit Dusche/Bad	přílohy	Beilagen
s balkónem	mit Balkon	rajčina	Tomate
Se snídaní?	Mit Frühstück?	ryba	Fisch
Kde mohu prakovat?	Wo kann ich parken?	rýže	Reis
Kolik stojí pokoj	Wie viel kostet das	smažený	paniert
na noc?	Zimmer pro Nacht?	snídaně	Frühstück
Máte volný pokoj?	Haben Sie ein freies Zimmer?	sůl/pepř	Salz/Pfeffer
		sýr	Käse
		svíčková	Lendenbraten
		šunka	Schinken

Unterwegs

		večeře	Abendessen
informace	Auskunft	vejce	Eier
jízdenka, jízdenky	Fahrkarte, Fahrkarten	vepřové maso	Schweinefleisch
kolej	Gleis	víno	Wein
letiště	Flughafen	...červené/bílé/	rot/weiß/
nádraží	Bahnhof	růžové	rosé
tramvaj	Straßenbahn	voda	Wasser
zastávka	Haltestelle	zelenina	Gemüse
		zelí	Kraut
		zmrzlina	Eis
		Jídelní lístek, prosím	Die Speisekarte, bitte

Im Restaurant

		Dobrou chuť!	Guten Appetit!
bezmasá jídla	fleischlose Gerichte	Na zdraví!	Zum Wohl!
brambory	Kartoffel	Účet, prosím!	Rechnung, bitte!
čaj	Tee	Chutnalo Vám?	Hat es geschmeckt?
dezert	Nachspeise	Bylo to velmi dobré!	Es war sehr gut!
grilovaný	gegrillt	ne moc	nicht so sehr
guláš	Gulasch		

AusspracheTrainers auf PC oder Smartphone lernen (siehe Umschlag hinten) +++

Register

A
Agneskloster 29
Alfa-Palast 43
Alter Königspalast 62
Altneue Synagoge 39
Altstadt 22
Altstädter
 Rathaus 26
Altstädter Ring 24
Anežský klášter 29
Antiquitäten 98
An- und Rückreise 120
Apotheke 128
Apps 126
Ärzte 128
Astronomische Uhr 25
Auslandsreisekranken-
 versicherung 128
Aussprache 142
Auto 120
Autofahren 121
Automobilklubs 123

B
Bahn 121
Barrierefreies
 Reisen 123
Bars 93
Bazilika sv. Jiří 62
Behinderte 123
Benutzungshinweise 5
Bethlehems-
 kapelle 32
Betlémská kaple 32
Bier 79
Bierkneipen 80
Bistros 84
Böhmische Küche 78, 86
Botschaften 123
Brahe, Tycho 27
Břevnov 71
Brückentürme 36
Bücher 99
Burg, Prager 56
Bus 121, 140

C
Cafés 83
Camping 138
Carolinum 29
Chrám sv. Mikuláše 28
Czech Tourism 125

D
Designer, tschechische 103
Diplomatische
 Vertretungen 123
Discos 94
Dům U Černé Matky Boží 24

E
EC-Karte 130
Einkaufen 98
Einkaufspassagen 101
Einwohner 110
Eiscafés 86
Emmaus-Kloster 46
Entspannen 105
Essen 78
Events 106

F
Fahrkarten 139
Fahrrad 131
Fausthaus 45
Feiertage 106
Fenstersturz,
 Prager 46, 58, 63
Festivals 106
Filmproduktionen 117
Flohmarkt 101
Flughafen 120
Flugzeug 120
Franziskanergarten 43
Fremdenverkehrsamt 125
Fundbüros 130

G
Galerien 77
Gastronomie 78
Gaststätten 86
Gay-Szene 131
Geld 123
Gemeindehaus 22
Gerichte, traditionelle 78
Geschäfte 98
Geschichte 112
Getränke 79
Glas 101
Goldenes Gässchen 63
Golem 112
Goltz-Kinský Palais 28
Grandhotel Evropa 42, 43
Großprioratsplatz 50
Gulasch 78, 80, 81, 88

H
Handy 134
Hašek, Jaroslav 46
Haštal-Platz 29
Haštalské náměstí 29
Haus zur schwarzen
 Madonna 24
Havel, Václav 25, 43
Hl. Georgkirche 62
Homo Pragensis 116
Homosexuelle 132
Hotel Adria 43
Hotel Evropa 42, 43
Hotels 134
Hrabal, Bohumil 82
Hradčanské náměstí 64
Hradschin 56
Hradschinplatz 64
Hus, Jan 31
Hussiten 31

I
Informationsquellen 125
Insel Kampa 50
Internet 126

J
Jazzklubs 96
Johannesbergl 55
Josef Gočár 23
Josefstadt 36
Jüdische Literatur 40
Jüdisches Museum 41
Jüdisches Rathaus 40

K

Kaffeehäuser 83
Kafka, Franz 39, 40, 63, 67
Kampa 50
Karlovo náměstí 44
Karlsbrücke 34
Karlsplatz 44
Karlův most 34
Kartensperrnummer 130
Kartenvorverkauf 98
Katedrála sv. Cyrila a Metoděje 47
Katedrála sv. Víta 60
Kathedrale des hl. Kyrill Method 47
Kaufhäuser 100
Kinder 129
Kirche der hl. Muttergottes vom Siege 51
Kirche der hl. Peter und Paul 69
Kirche des hl. Nikolaus 52
Klášter Emauzy 46
Klausen-Synagoge 38
Klausova synagóga 38
Kleinkunst 97
Kleinseite 50
Kleinseitner Platz 52
Klementinum 32
Kloster Břevnov 71
Kloster Strahov 65
Klubs 94
Königsgarten 63
Konzerte 96
Kostel Panny Marie Vítězné 51
Kostel sv. Františka z Assisi 33
Kostel sv. Mikuláše 52
Královská zahrada 63
Krankenhaus 128
Krankenversicherung 128
Kreditkarte 130
Kreuzherrenkirche 33
Kriminalität 132

Krone 123
Kunst 74, 98
Kunsthandwerk 104

L

Laurenziberg 66
Lennon-Wand 50
Lesben 131
Letná-Park 131
Literatur, jüdische 40
Literaturtipps 127
Lobkowitz-Palais 55
Lokale 86
Loreta 65
Loretokapelle 65
Lucerna-Palais 43

M

Maestro-Karte 130
Maiselova synagóga 39
Maisel-Synagoge 39
Malostranské náměstí 52
Märkte 101, 104
Medien 127
Medizinische Versorgung 128
Melantrich-Gebäude 43
Metro 139
Mode 102
Moldau 111
Mostecké věže 36
Mucha-Museum 44
Museen 74
Museum Kampa 51
Musical 96
Musik 101
Musikalien 103
Musikinstrumente 103

N

Nachtleben 93
Národní divadlo 47
Národní muzeum 43
Nationalmuseum 43
Nationaltheater 47
Nerudagasse 54

Nerudova ulice 54
Neue Welt 65
Neustadt 41
Notfälle 130
Notruf 130
Nový svět 65

O

Obecní dům 22
Obstknödel 78, 86, 87
Öffnungszeiten 131
Oper 96
Operette 96

P

Palác Golz-Kinských 28
Palácové zahrady pod Pražským hradem 53
Palastgärten unter der Prager Burg 53
Pannen 122
Parken 122
Petřín 66
Pinkasova synagóga 37
Pinkas-Synagoge 37
Polizei 130
Porzellan 101
Post 131
Prager Burg 56
Prager Fenstersturz 46, 58, 63
Prague Card 124
Prašná věž 22
Pražský hrad 56
Preise 125
Publikationen 127
Pulverturm 22

R

Rabbi Löw 112
Radfahren 131
Rathausturm 26
Rauchen 91
Reisezeit 140
Religion 31
Restaurace u Kalicha 46

Restaurants 86
Rondokubismus 23
Rudolfinum 30
Rundfahrten 133
Rundgang 11, 13, 16, 19

S

Schloss Trója 70
Schützeninsel 105
Schwarzenberg-
   palais 65
Schwarzenberský
   palác 65
Schwejk 46
Schwule 131
Shopping 98
Sicherheit 132
Slawische Insel 105
Souvenirs 104
Španělská
   synagóga 39
Spanische
   Synagoge 39
Spaziergang 11, 13,
   16, 19
Speisen 78
Sperrnotruf 130
Sprache 132
Sprachhilfe 142
Stadtrundgang 11, 13,
   16, 19
Staatsoper 44
Stadttouren 133
Ständetheater 28
Staroměstská
   radnice 26
Staroměstské
   náměstí 24
Staronová synagóga 39

Starý královský palác 62
Státní opera 44
Stavovské divadlo 28
Sternbergpalais 64
Šternberský palác 64
St. Nikolaus-Kirche 28
Strahov-Hügel 65
Strahovský klášter 65
Straßenbahn 8, 140
Straßenmärkte 104
Stromovka 105
Szenetreffs 93

T

Tančící dům 49
Tanzendes Haus 49
Taxi 140
Telefonieren 134
Teynkirche 27
Tickets,
   Veranstaltungen 98
Touristeninformation 125
Traditionelle
   Gerichte 78
Tram 8, 140
Trinken 79
Trinkgeld 87
Trödelmarkt 101
Trója 70
Tschechisch 132, 142
Tschechische
   Designer 103
Týnský chrám 27

U

Umtauschkurse 125
Unfälle 122
Unterkunft 134
U Zlatého tygra 82

V

Václavské náměstí 42
Valdštejnská zahrada 54
Valdštejnský palác 54
Vegetarische Speisen 90
Veitsdom 60
Veranstaltungs-
   kalender 106
Veranstaltungs-
   tickets 98
Verhalten im Lokal 87
Verkehrsbetriebe 139
Verkehrsmittel 139
Verkehrsregeln 122
Verlust,
   Reisedokumente 130
Villa Bertramka 69
Visa-Karte 130
Vorwahl 4, 134
Vrtba-Garten 53
Vyšehrad 68

W

Währung 123
Waldsteingarten 54
Waldsteinpalais 54
Wenzelsplatz 42
Wetter 140

Z

Židovské muzeum 41
Zlatá ulička 63
Zoo 129
Zug 120
Zum Goldenen
   Tiger 82
Zum Kelch 46

Die Autoren

Eva Gruberová kennt Prag seit ihrem Studium an der Karls-Universität. Nach ihrem Studienaufenthalt in Deutschland kehrte sie 1997 nach Prag zurück und arbeitete jahrelang als Journalistin für das ZDF und die slowakische Tageszeitung „Sme". Auch nach ihrer endgültigen Übersiedelung nach Deutschland bleibt Prag ihre Lieblingsstadt, die sie immer wieder besucht.

Helmut Zeller, Redakteur der Süddeutschen Zeitung, lernte durch seine Frau die Stadt kennen. Der einzigartige Zauber Prags hat ihn seitdem nicht mehr losgelassen.

Schreiben Sie uns

Dieses Buch ist gespickt mit Adressen, Preisen, Tipps und Daten. Unsere Autoren recherchieren unentwegt und erstellen alle zwei Jahre eine komplette Aktualisierung, aber auf die Mithilfe von Reisenden können sie nicht verzichten. Darum: Teilen Sie uns bitte mit, was sich geändert hat oder was Sie neu entdeckt haben. Gut verwertbare Informationen belohnt der Verlag mit einem Sprachführer Ihrer Wahl aus der Reihe „Kauderwelsch".

Kommentare übermitteln Sie am einfachsten, indem Sie die Web-App zum Buch aufrufen (siehe Umschlag hinten) und die Kommentarfunktion bei den einzelnen auf der Karte angezeigten Örtlichkeiten oder den Link zu generellen Kommentaren nutzen. Wenn sich Ihre Informationen auf eine konkrete Stelle im Buch beziehen, würde die Seitenangabe uns die Arbeit sehr erleichtern. Unsere Kontaktdaten entnehmen Sie bitte dem Impressum.

Impressum

Eva Gruberová, Helmut Zeller

CityTrip Prag

© REISE KNOW-HOW Verlag Peter Rump GmbH
2009, 2011, 2012, 2013, 2014
6., neu bearbeitete und komplett aktualisierte Auflage 2016

Alle Rechte vorbehalten.

ISBN 978-3-8317-2781-0
PRINTED IN GERMANY

Druck und Bindung:
Media-Print, Paderborn

Herausgeber: Klaus Werner
Layout: amundo media GmbH (Umschlag, Inhalt), Peter Rump (Umschlag)
Lektorat: amundo media GmbH
Karten: Ingenieurbüro B. Spachmüller, amundo media GmbH
Anzeigenvertrieb: KV Kommunalverlag GmbH & Co. KG, Alte Landstraße 23, 85521 Ottobrunn, Tel. 089 928096-0, info@kommunal-verlag.de
Kontakt: Osnabrücker Str. 79, 33649 Bielefeld, info@reise-know-how.de

Alle Angaben in diesem Buch sind gewissenhaft geprüft. Preise, Öffnungszeiten usw. können sich jedoch schnell ändern. Für eventuelle Fehler übernehmen Verlag wie Autoren keine Haftung.

Bildnachweis

Umschlagvorderseite und Umschlagklappe rechts: Eva Gruberová/Helmut Zeller
Soweit ihre Namen nicht vollständig am Bild vermerkt sind, stehen die Kürzel an den Abbildungen für die folgenden Fotografen, Firmen und Einrichtungen. Eva Gruberová/Helmut Zeller: he/gz | fotolia.com: fo | Jiří und Iva Gebeltovi: jig

148 Metroplan

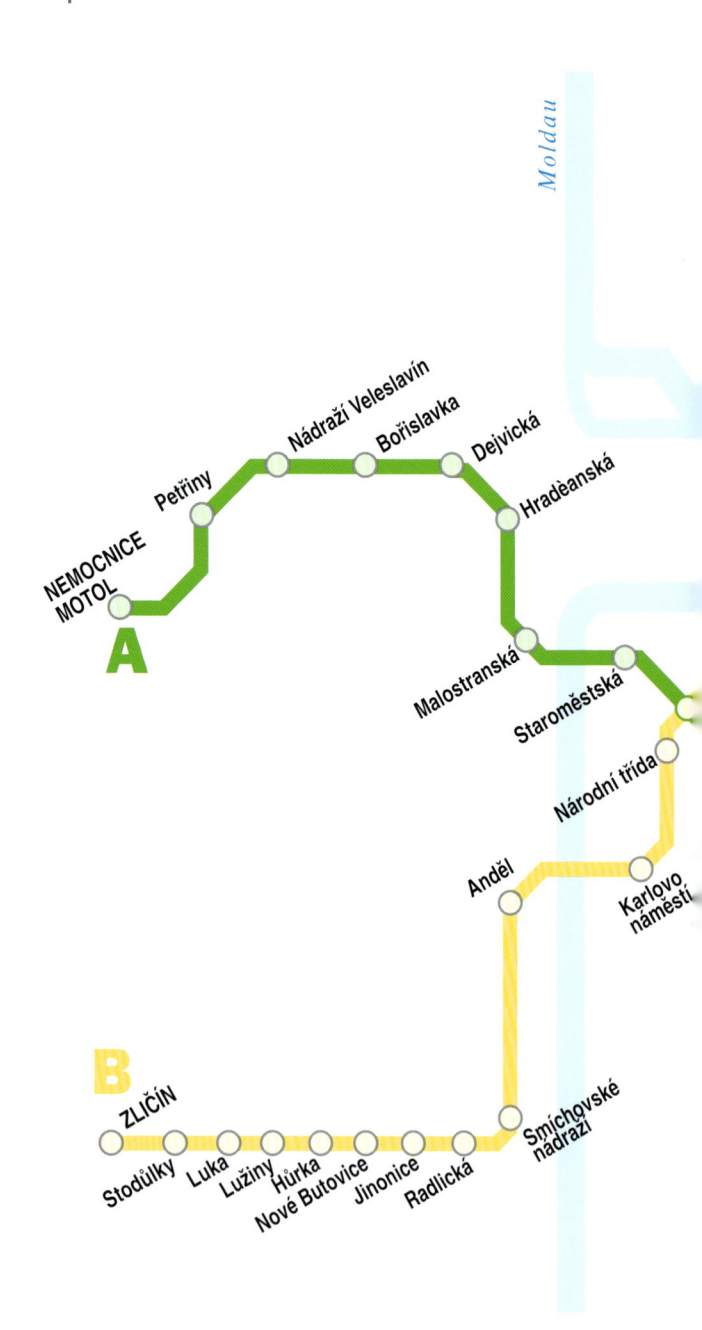

Moldau

A
- NEMOCNICE MOTOL
- Petřiny
- Nádraží Veleslavín
- Bořislavka
- Dejvická
- Hradčanská
- Malostranská
- Staroměstská

B
- ZLIČÍN
- Stodůlky
- Luka
- Lužiny
- Hůrka
- Nové Butovice
- Jinonice
- Radlická
- Smíchovské nádraží
- Anděl
- Karlovo náměstí
- Národní třída

Metroplan 149

150 Prag, Übersicht

1 cm = 300 m
0 — 1 km

- Hanspaulka
- Bubeneč
- Dejvice
- Jugoslávských partyzánů
- Evropská
- Pod kaštany
- Svatovítská
- 130
- Ořechovka
- • 155
- Milady Horákové
- Střešovice
- Jelení
- Mariánské hradby
- Nábřeží Edvarda Beneše
- Hradčany (Hradschin)
- Jelení Příkop
- Prager Burg 42
- Patočkova
- Keplerova
- Sternberg-Palais
- Senát
- Rudolfinum
- Karlsbrücke 16
- Myslbekova
- Loreta
- Waldstein-palais
- Kirche des hl. Nikolaus 38
- Kreuzherren-kirche
- Kloster Strahov
- Malá Strana (Kleinseite)
- Smetana-Museum
- s. Umschlag vorne
- Petřín
- Museum Kampa
- Vaníčkova
- Střelecký ostrov
- Národní
- Pod stadiony
- Strahovský tunel
- V botanice
- Resslova
- Zborovská
- Rašínovo nábřeží
- Plzeňská
- 54
- Plzeňská
- Nádražní
- Vltavská
- Vrchlického
- Villa Bertramka
- Radlická
- Svornosti
- Podolské nábřeží
- Košiře
- Smíchov

Prag, Übersicht

151

Liste der Karteneinträge Seite 152

Reise Know-How 2016

Map labels

Holešovice – Vrbenského, Plynární, U Uranie, Argentinskaa, Partyzánská, U Výstaviště, Železničářů, Bubenská, Dělnická, Jaroše, Kpt. Jaroše, Nábřeží

Letná – Korunovační, Veletržní, Letenský tunel

Karlín – Rohanské nábřeží, Těšnovský tunel, Klimentská, Wilsonova, Husitská, Koněvova, Prokopova, Seifertova

Josefov (Josefstadt) – Agneskloster, Altneue Synagoge, Spanische Synagoge, Der Alte Jüdische Friedhof, Altstädter Ring

St. Město (Altstadt) – Karolinum, Bethlehemskapelle, Gemeindehaus, Mucha-Museum, Na Příkopě

Nové Město (Neustadt) – Wenzelsplatz, Praha Masarykovo nádraží, Praha Hlavní nádraží (Hbf), Staatsoper Prag, Nationalmuseum

Vinohrady – Žitná, Ječná, Anglická, Jugoslávská, Sokolská, Rumunská, Francouzská, Bělehradská, Legerova, Korunní, Slezská, Ruská, Dvořák-Museum

Beneše, s. Umschlag hinten

Emmaus-Kloster, Svoboda, Vnislavova, Na Slupi, Sekaninova, Jaromírova, Křesomyslova, Otakarova, Vršovická, sv. Petr a Pavel

siehe Faltplan

Numbered entries visible: 88, 5, 11, 117, 210, 13, 89, 147, 19, 4, 2, 13, 25, 57, 180, 138, 90, 182, 115, 53

Liste der Karteneinträge

① [J6] Pulverturm (Prašná brána) S. 22
② [J6] Gemeindehaus (Obecní dům) S. 22
③ [I6] Haus zur schwarzen Madonna (Dům U Černé Matky Boží) S. 24
④ [H6] Altstädter Ring (Staroměstské náměstí) S. 24
⑤ [H6] Altstädter Rathaus (Staroměstská radnice) S. 26
⑥ [I6] Teynkirche (Týnský chrám) S. 27
⑦ [I6] Goltz-Kinský-Palais (Palác Golz-Kinských) S. 28
⑧ [H6] St. Nikolaus-Kirche (Chrám sv. Mikuláše) S. 28
⑨ [I6] Ständetheater (Stavovské divadlo) S. 28
⑩ [I6] Karolinum S. 29
⑪ [I5] Agneskloster (Anežský klášter) S. 29
⑫ [G6] Rudolfinum S. 30
⑬ [H7] Bethlehemskapelle (Betlémská kaple) S. 32
⑭ [H6] Klementinum S. 32
⑮ [G6] Kreuzherrenkirche (Kostel sv. Františka z Assisi) S. 33
⑯ [G6] Karlsbrücke (Karlův most) S. 34
⑰ [F6, G6] Brückentürme (Mostecké věže) S. 36
⑱ [H6] Pinkas-Synagoge (Pinkasova synagoga) S. 37
⑲ [H6] Alter Jüdischer Friedhof (Starý židovský hřbitov) S. 38
⑳ [H6] Klausen-Synagoge (Klausova synagoga) S. 38
㉑ [H6] Maisel-Synagoge (Maiselova synagoga) S. 39
㉒ [H6] Spanische Synagoge (Španělská synagoga) S. 39
㉓ [H6] Altneue Synagoge (Staronová synagoga) S. 39
㉔ [H6] Jüdisches Museum (Židovské muzeum) S. 41
㉕ [I8] Wenzelsplatz (Václavské náměstí) S. 42
㉖ [J8] Nationalmuseum (Národní muzeum) S. 43
㉗ [J8] Staatsoper (Státní opera) S. 44
㉘ [J7] Mucha-Museum S. 44
㉙ [H9] Karlsplatz (Karlovo náměstí) S. 44
㉚ [H10] Emmaus-Kloster (Klášter Emauzy) S. 46
㉛ [H9] Kathedrale des hl. Kyrill und Method (Katedrála sv. Cyrila a Metoděje) S. 47
㉜ [G8] Nationaltheater (Národní divadlo) S. 47
㉝ [G9] Tanzendes Haus (Tančící dům) S. 49
㉞ [F6] Kampa S. 50
㉟ [F7] Museum Kampa S. 51
㊱ [E7] Kirche der hl. Muttergottes vom Siege (Kostel Panny Marie Vítězné) S. 51
㊲ [E6] Kleinseitner Platz (Malostranské náměstí) S. 52
㊳ [E6] Kirche des hl. Nikolaus (Kostel sv. Mikuláše) S. 52
㊴ [F5] Palastgärten unter der Prager Burg (Palácové zahrady pod Pražským hradem) S. 53
㊵ [F6] Waldsteinpalais (Valdštejnský palác) S. 54
㊶ [E6] Nerudagasse (Nerudova ulice) S. 54
㊷ [E5] Prager Burg (Pražský hrad) S. 56
㊸ [E5] Veitsdom (Katedrála sv. Víta) S. 60
㊹ [E5] Alter Königspalast (Starý královský palác) S. 62
㊺ [E5] Hl. Georgkirche (Bazilika sv. Jiří) S. 62
㊻ [E5] Das Goldene Gässchen (Zlatá ulička) S. 63
㊼ [E5] Königsgarten (Královská zahrada) S. 63
㊽ [D6] Hradschinplatz (Hradčanské náměstí) S. 64
㊾ [C5] Neue Welt (Nový svět) S. 65
㊿ [C6] Loretokapelle (Loreta) S. 65
51 [C6] Kloster Strahov (Strahovský klášter) S. 65

Liste der Karteneinträge

- **52** [D7] Laurenziberg (Petřín) S. 66
- **53** [H12] Vyšehrad S. 68
- **54** [D10] Villa Bertramka S. 69
- **❶1** [H6] Informations-und Reservierungszentrum S. 37
- **●2** [E6] Vrtba-Garten S. 53
- **🏛3** [I9] Dvořák-Museum S. 74
- **🏛4** [G6] Franz Kafka Museum S. 74
- **🏛5** [K2] Lapidárium S. 75
- **🏛6** [L6] Museum der Hauptstadt Prag (Muzeum hlavního města Prahy) S. 75
- **🏛7** [I7] Museum des Kommunismus (Muzeum komunismu) S. 75
- **🏛8** [E5] Spielzeugmuseum (Muzeum hraček) S. 75
- **●9** [H8] Novoměstská radnice (Neustädter Rathaus) S. 76
- **🏛10** [F7] Tschechisches Musikmuseum (České muzeum hudby) S. 77
- **🎨11** [M1] DOX – Zentrum für zeitgenössische Kunst (Dox – Centrum současného umění) S. 77
- **🎨13** [J3] Nationalgalerie im Messepalast S. 77
- **◯14** [E6] Baráčnická rychta S. 80
- **◯15** [J7] Bredovský dvůr S. 80
- **◯16** [F6] Malostranská pivnice S. 80
- **◯17** [I8] Novoměstský pivovar S. 81
- **◯18** [C6] U černého vola S. 81
- **◯19** [H8] U Fleků S. 81
- **◯20** [J9] U Kalicha S. 81
- **◯21** [H7] U Medvídků S. 81
- **◯22** [G6] U Rudolfína S. 81
- **◯23** [D6] U zavěšenýho kafe S. 81
- **◯24** [H7] U Zlatého tygra S. 82
- **◯25** [I7] Adria Café-Restaurant S. 83
- **◯26** [H7] Café Louvre S. 83
- **◯27** [J6] Café Obecní dům (Gemeindehaus) S. 83
- **◯28** [F8] Café Savoy S. 83
- **◯29** [G8] Café Slavia S. 84
- **◯30** [K6] Café und Restaurant Imperial S. 84
- **◯31** [I6] Grand Café Orient S. 84
- **◯32** [K6] Café Archa Barista S. 84
- **◯33** [I7] Café-Café S. 84
- **◯34** [H7] Café Ebel S. 85
- **◯35** [H7] Café Montmartre S. 85
- **◯36** [C5] Café Nový Svět S. 85
- **◯37** [I8] Café und Konditorei Saint Tropéz S. 85
- **◯38** [H7] Literární kavárna Řetězova S. 85
- **◯39** [H8] The Globe S. 85
- **◯40** [I6] Týnská literární kavárna S. 86
- **◯41** [H7] Créme de la Créme S. 86
- **◯42** [D6] Prague Chocolate S. 86
- **🍴43** [G5] Hanavský pavilón S. 86
- **🍴44** [C6] Klášterní pivovar Strahov S. 86
- **🍴45** [H6] Kolkovna S. 86
- **🍴46** [I5] Lokál S. 87
- **🍴47** [D7] Nebozízek S. 87
- **🍴48** [J6] Potrefená husa S. 87
- **🍴49** [H6] Restaurace U Parlamentu S. 87
- **🍴50** [F8] Střelecký ostrov (Schützen-insel) S. 87
- **🍴51** [F7] U modré kachničky S. 88
- **🍴52** [I7] U Provaznice S. 88
- **🍴53** [J5] U sádlů S. 88
- **🍴54** [E6] U sedmi švábů S. 88
- **🍴55** [H7] V zátiší S. 88
- **🍴56** [J6] Ambiente Pizza Nuova S. 89
- **🍴57** [M8] Aromi S. 89
- **●58** [I6] Beas Vegetarian Dhaba S. 89
- **🍴59** [F7] Café de Paris S. 89
- **●60** [J9] Café Radost FX S. 90
- **●61** [I5] Chéz Marcel S. 90
- **🍴62** [J6] Francouzská restaurace Art Nouveau S. 90
- **🍴63** [F6] Hergetova cihelna S. 91
- **🍴64** [H7] Klub architektů S. 91
- **🍴65** [I7] Kogo S. 91
- **🍴66** [H6] La Bodeguita del Medio S. 91
- **🍴67** [I5] La Casa Blů S. 92
- **●68** [G7] Lehká hlava S. 92
- **🍴69** [H6] Mistral Café-Restaurant S. 92
- **🍴70** [F5] Pálffy Palác Club S. 92
- **🍴71** [G7] Restaurant Století S. 92
- **◯72** [I6] Rybí trh (Fischmarkt) S. 92
- **●73** [H6] Bugsy's S. 93
- **●74** [G7] Café und Galerie Kampus S. 93
- **●75** [H7] Hemingway Bar S. 93
- **●76** [I6] Kozička S. 93
- **●77** [H8] Solidní Jistota S. 93
- **●78** [I6] Tretter's New York Bar S. 94
- **●79** [H7] Vagon S. 94
- **●80** [F6] Blue Light S. 94

Liste der Karteneinträge

- ❂81 [E6] U Malého Glena S. 94
- ❂82 [F6] Vinograf Wine Bar S. 94
- ❂83 [I6] Club Roxy S. 94
- ❂84 [I7] Duplex S. 95
- ❂85 [G7] Karlovy lázně S. 95
- ❂86 [I8] Lucerna Music Bar S. 95
- ❂87 [J9] Club Radost FX S. 95
- ❂88 [L1] Cross Club S. 95
- ❂89 [K4] Neone S. 95
- ❂90 [M9] Palác Akropolis S. 95
- ❂91 [I6] AghaRTA Jazz Centrum S. 96
- ❂92 [H7] Blues Sklep S. 96
- ❂93 [H5] Jazz Boat S. 96
- ❂94 [H7] Reduta S. 96
- ❂95 [I6] Ungelt Jazz Blues Club S. 96
- ❂96 [H7] U Staré paní S. 96
- ○97 [L6] Musiktheater Karlín (Hudební divadlo Karlín) S. 96
- ○98 [J6] Hybernia-Theater (Divadlo Hybernia) S. 97
- ○99 [I7] Black Light Theatre Srnec S. 97
- ○100 [G8] Laterna Magica S. 97
- ○101 [H6] Nationales Marionettentheater S. 97
- ○102 [E8] Švanda Theater S. 98
- ○103 [K6] Theater Archa S. 98
- ●104 [I7] Bohemia Ticket International S. 98
- ●105 [J7] Ticket Art S. 98
- ●106 [I8] Ticket Pro S. 98
- 🛍107 [E6] Ahasver S. 98
- 🛍108 [H7] Art Deco Galerie S. 98
- 🛍109 [E8] Starožitnosti pod Kinskou S. 99
- 🛍110 [F9] Amadito & Friends S. 99
- 🛍111 [H6] Antikvariát Judaica S. 99
- 🛍112 [I6] Kafkovo knihkupectví S. 99
- 🛍113 [I8] Kanzelsberger-Orbis S. 99
- 🛍114 [J8] Palác knih Luxor S. 100
- 🛍115 [M10] Shakespeare & Sons S. 100
- 🛍116 [I6] Kotva S. 100
- 🛍117 [H7] My S. 100
- 🛍118 [I7] Černá růže S. 101
- 🛍119 [I7] Myslbek S. 101
- 🛍120 [J6] Palladium S. 101
- 🛍121 [J6] Slovanský dům S. 101
- 🛍122 [I7] Bontonland S. 101
- 🛍123 [I6] Via Musica S. 101
- 🛍124 [I6] Český granát S. 101
- 🛍126 [I7] Moser S. 102
- 🛍127 [I7] Baťa S. 102
- 🛍128 [I7] Bella Brutta Shoes S. 102
- 🛍129 [I6] První Republika S. 102
- 🛍130 [H6] Report's S. 102
- 🛍131 [H6] The Item S. 102
- 🛍132 [H6] Bohéme S. 103
- 🛍133 [H7] Galerie Heleny Fejkové S. 103
- 🛍134 [J8] if...Art & Fashion Gallery S. 103
- 🛍135 [I6] Klára Nademlýnská S. 103
- 🛍136 [I6] Tatiana S. 103
- 🛍137 [I6] Timoure et group S. 103
- 🛍138 [N9] Antikvariát S. 103
- 🛍139 [H7] Maximum Underground S. 104
- 🛍140 [I6] Botanicus S. 104
- 🛍141 [I6] Cat's Gallery S. 104
- 🛍142 [I7] Le Patio Lifestyle S. 104
- 🛍143 [I6] Manufaktura S. 104
- 🛍144 [G8] Papelote S. 104
- 🛍145 [F6] Truhlář Marionety S. 104
- 🛍146 [I7] Havelský trh (Gallusmarkt) S. 104
- 🛍147 [M4] Pražská tržnice (Prager Markthalle) S. 104
- ●148 [G8] Bootsverleih Slovanka S. 105
- ●150 [K7] Hlavní nádraží (HBF) S. 121
- ●151 [L6] Busbahnhof Florenc S. 121
- ●152 [I6] Organisation der Prager Rollstuhlfahrer S. 123
- ●153 [D6] Botschaft der Bundesrepublik Deutschland S. 123
- ●154 [E9] Österreichische Botschaft S. 123
- ●155 [C4] Schweizer Botschaft S. 123
- ❶156 [H6] TIC im Altstädter Rathaus S. 126
- ❶157 [I8] TIC am Wenzelsplatz S. 126
- ❶159 [I7] TIC Na Můstku S. 126
- @160 [F9] Café Bar Tečka S. 127
- @161 [H8] Café Jericho S. 128
- @162 [J7] Internet Café S. 128
- @163 [J6] Relax Café Bar S. 128
- ✚165 [H10] Abteilung der Medizinischen Fakultät der Karlsuniversität S. 128
- ✚166 [G8] Privatklinik Poliklinik in der Národní S. 128
- ✚170 [I8] Apotheke mit Bereitschaftsdienst: Lékárna S. 128
- ✚171 [H8] Zahnärztlicher Bereitschaftsdienst: S. 128

- ➤173 [H7] Polizeistation S. 130
- ➤174 [I7] Polizeistation Můstek S. 130
- ➤175 [E6] Polizeistation S. 130
- •176 [G7] Städtisches Fundbüro (Ztráty a nálezy) S. 130
- ➤177 [L6] Fremdenpolizei S. 130
- ✉178 [J7] Hauptpost (Hlavní pošta) S. 131
- 🚲179 [I6] Praha Bike S. 131
- ❶180 [M9] Club Termix S. 132
- ❶181 [H7] Friends S. 132
- 🏨182 [M10] Pension Arco S. 132
- 🏨183 [I5] Hotel Casa Marcello S. 134
- 🏨184 [H7] Hotel Cloister Inn S. 134
- 🏨185 [H7] Hotel Dům U krále Jiřího (Haus Zum König Georg) S. 135
- 🏨186 [I6] Hotel Josef S. 135
- 🏨187 [J6] Hotel Paris S. 135
- 🏨188 [H7] Hotel Savic S. 135
- 🏨189 [H7] Hotel U Červené židle S. 135
- 🏨190 [I5] Travellers' Hostel S. 135
- 🏨191 [H8] Best Western Hotel Páv S. 136
- 🏨192 [I10] Hotel 16 S. 136
- 🏨193 [H8] Hotel Elite S. 136
- 🏨194 [J9] Hotel Raffaello S. 136
- 🏨195 [J6] K+K Hotel Central S. 136
- 🏨196 [I9] Miss Sophie's Hostel S. 136
- 🏨197 [H7] Pension U Medvídků S. 136
- 🏨198 [C6] Hotel Loreta S. 136
- 🏨199 [C6] Hotel Questenberk S. 136
- 🏨200 [D6] Hotel Sax S. 137
- 🏨201 [F7] Pension Dientzenhofer S. 137
- 🏨202 [F5] Pension Pohádka S. 137
- 🏨203 [E10] Anděl's Hotel S. 137
- 🏨204 [G10] Botel Admiral S. 138
- 🏨205 [L9] Hotel Anna S. 138
- 🏨206 [L9] Hotel Claris S. 138
- 🏨207 [F8] Hotel Julian S. 138
- 🏨208 [K9] Hotel Tyl S. 138
- 🏨209 [H10] Hotel U Svatého Jana S. 138
- 🏨210 [M3] Sir Toby's Hostel S. 138

Hier nicht aufgeführte Nummern liegen außerhalb der abgebildeten Karten. Ihre Lage kann aber wie die von allen Ortsmarken im Buch mithilfe der Web-App angezeigt werden (s. rechts).

Prag mit PC, Smartphone & Co.

QR-Code auf dem Umschlag scannen oder **www.reise-know-how.de/citytrip/prag16** eingeben und die **kostenlose Web-App** aufrufen (Internetverbindung zur Nutzung nötig)!

★**Anzeige der Lage und Satellitenansicht aller** beschriebenen Sehenswürdigkeiten und weiteren Orte
★**Routenführung** vom aktuellen Standort zum gewünschten Ziel
★**Exakter Verlauf** der empfohlenen Stadtspaziergänge
★**Audiotrainer** der wichtigsten Wörter und Redewendungen
★**Updates** nach Redaktionsschluss

GPS-Daten zum Download
Auf der Produktseite dieses Titels unter www.reise-know-how.de stehen die GPS-Daten aller Ortsmarken als KML-Dateien zum Download zur Verfügung.

Stadtplan für mobile Geräte
Um den Stadtplan auf Smartphones und Tablets nutzen zu können, empfehlen wir die App „PDF Maps" der Firma Avenza™. Der Stadtplan wird aus der App heraus geladen und kann dann mit vielen Zusatzfunktionen genutzt werden.

Die Web-App und der Zugriff auf diese über QR-Codes sind eine freiwillige, kostenlose Zusatzleistung des Verlages. Der Verlag behält sich vor, die Bereitstellung des Angebotes und die Möglichkeit der Nutzung zeitlich und inhaltlich zu beschränken. Der Verlag übernimmt keine Garantie für das Funktionieren der Seiten und keine Haftung für Schäden, die aus dem Gebrauch der Seiten resultieren. Es besteht ferner kein Anspruch auf eine unbefristete Bereitstellung der Seiten.

Zeichenerklärung

Zeichenerklärung

- ⓫ Hauptsehenswürdigkeit
- [L6] Verweis auf Planquadrat im Cityatlas
- ✚ ✚ Arzt, Apotheke, Krankenhaus
- Bar, Klub
- Bierkneipe
- Café, Eiscafé
- Denkmal
- Fischrestaurant
- Galerie
- Geschäft, Kaufhaus, Markt
- Hotel, Unterkunft
- Imbiss
- Informationsstelle
- @ Internetcafé
- Jugendherberge, Hostel
- Kirche
- Metro
- Museum
- Musikszene, Disco
- P Parkplatz
- Pension
- Polizei
- Postamt
- Restaurant
- Sonstiges
- S Sporteinrichtung
- ✡ Synagoge
- Theater
- Vegetarisches Restaurant
- Weinstube

— Spaziergang Nr. 1 (s. S. 11)
— Spaziergang Nr. 2–4 (s. S. 13, S. 16, S. 19)

- Shoppingareale
- Gastro- und Nightlife-Areale

Abkürzungen

Abkürzungen in Adressangaben:

Nám.	*náměstí*	Platz
Ul.	*ulice*	Straße
Nábř.	*nábřeží*	Ufer
Tř.	*třída*	Allee